公路工程造价人员考试用书

# 公路工程定额编制与管理

Gonglu Gongcheng Ding'e Bianzhi yu Guanli

交通专业人员资格评价中心
交 通 公 路 工 程 定 额 站

人 民 交 通 出 版 社

## 内 容 提 要

本书为《公路工程造价人员考试用书》之一，主要内容包括：绪论、工程材料、施工机械、公路工程施工定额、公路工程机械台班费用定额、公路工程预算定额、公路工程概算定额、公路工程费用定额。

本书主要供公路工程造价人员考试复习使用，也可供公路工程造价专业技术人员以及高等学院校师生学习参考。

**图书在版编目(CIP)数据**

公路工程定额编制与管理 / 交通专业人员资格评价中心，交通公路工程定额站组织编写. —北京：人民交通出版社，2010.7

公路工程造价人员考试用书

ISBN 978-7-114-08510-9

I. ①公… II. ①交… ②交… III. ①道路工程 – 预算定额 – 定额管理 – 资格考核—教材 IV. ①U415.13

中国版本图书馆 CIP 数据核字(2010)第 116629 号

公路工程造价人员考试用书

**书　　名：公路工程定额编制与管理**

**著 作 者：**交通专业人员资格评价中心<br>交通公路工程定额站

**责任编辑：**沈鸿雁　岑　瑜

**出版发行：**人民交通出版社

**地　　址：**(100011) 北京市朝阳区安定门外外馆斜街 3 号

**网　　址：**http://www.ccpress.com.cn

**销售电话：**(010) 59757969，59757973

**总 经 销：**人民交通出版社发行部

**经　　销：**各地新华书店

**印　　刷：**北京市密东印刷有限公司

**开　　本：**787 × 1092　1/16

**印　　张：**10.5

**字　　数：**256 千

**版　　次：**2010 年 7 月　第 1 版

**印　　次：**2010 年 8 月　第 2 次印刷

**书　　号：**ISBN 978-7-114-08510-9

**印　　数：**3001 ~ 5000 册

**定　　价：**36.00 元

《公路工程造价人员考试用书》

# 编写委员会


**主　　编：** 赵晞伟

**副 主 编：** 黄自力　刘朝晖

**编写人员：** 王首绪　杨玉胜　李明顺　李　杰　彭维和
郭庆余　许忠楠　吴梅生　贺贤明　庞宝琴
左　慧　刘丽君　周庆蝉　周　娴　彭军龙
戴聆春　秦仁杰　刘伟军　曹丹阳　杨文安
李　珏　周学林　赵锋军　毛大德　刘　艺
吴江宁　李晶晶　刘代全　丁加明　李凤求
段　冶　谢　萍　周景阳

# 前　言

公路交通基础设施是我国国民经济和社会发展的重要保障设施。在公路建设过程中，以科学发展观为指导，加强公路建设的投资控制和造价管理，提高投资效益，是建设资源节约型、环境友好型行业，实现我国公路建设事业全面、协调、可持续发展的必由之路。培养建立一支高素质的造价管理人才队伍，是加强公路建设资金管理的重要保证。

为加强公路建设市场管理，规范公路工程计价行为，全面提高公路工程造价人员的业务能力和管理水平，保证公路工程造价工作质量，合理有效控制工程投资，交通专业人员资格评价中心将组织公路工程造价人员过渡考试，共设公路工程造价管理相关知识、公路工程造价的确定与控制、公路工程技术与计量、公路工程造价案例分析 4 个考试科目。

为方便广大公路工程造价从业人员备考，交通专业人员资格评价中心和交通公路工程定额站组织有关高校和部分省（区、市）公路（交通）工程定额（造价管理）站的专家编写了一套《公路工程造价人员考试用书》。该套考试用书包括《公路工程造价管理相关知识》、《公路工程定额编制与管理》、《公路工程造价编制与项目经济评价》、《公路工程技术》和《公路工程施工招投标与计量》5 册。

本书全面体现了近年来我国公路建设技术的最新发展和近年来在设计、施工中广泛应用的新结构、新设备和新材料；反映了交通运输部最新颁布和修订的行业标准、规范的相关内容；强调了"安全、耐久、节约、和谐"的建设理念。本书注重理论联系实际，实用性和操作性强。

本书参考了大量相关文献资料，各省（区、市）公路（交通）工程定额（造价管理）站提出了宝贵意见。在此，谨向有关单位和专家、学者表示衷心的感谢！

交通专业人员资格评价中心
交通公路工程定额站
2010 年 7 月

# 目 录

**第一章 绪论** …… 1
第一节 概述 …… 1
第二节 工程建设定额的特点 …… 4
第三节 工程建设定额体系 …… 6
第四节 工程建设定额管理 …… 10
思考题 …… 14
**第二章 工程材料** …… 16
第一节 材料的基本性质 …… 16
第二节 常用工程材料 …… 21
第三节 材料品种及意义 …… 33
思考题 …… 34
**第三章 工程机械** …… 35
第一节 土石方机械 …… 35
第二节 路面工程机械 …… 44
第三节 混凝土机械 …… 48
第四节 水平运输机械 …… 51
第五节 起重及垂直运输机械 …… 52
第六节 打桩及钻孔机械 …… 53
第七节 其他机械 …… 54
思考题 …… 55
**第四章 公路工程施工定额** …… 56
第一节 施工定额的作用及其内容和表现形式 …… 56
第二节 施工定额的编制原则 …… 61
第三节 工作时间的研究和分类 …… 64
第四节 测定时间消耗的基本方法——计时观察法 …… 70
第五节 施工定额的编制 …… 86
第六节 施工定额的贯彻 …… 107
思考题 …… 110
**第五章 公路工程机械台班费用定额** …… 112
第一节 机械台班费用定额的编制原则和依据 …… 112
第二节 机械台班费用定额的构成与确定 …… 113
思考题 …… 122
**第六章 公路工程预算定额** …… 123
第一节 预算定额的作用 …… 123

第二节　预算定额的编制原则和依据……124
第三节　预算定额的编制程序和质量要求……126
第四节　预算定额的编制……128
第五节　预算定额的表现形式……138
第六节　补充预算定额的编制……139
思考题……144
**第七章　公路工程概算定额**……145
第一节　概算定额的作用……145
第二节　概算定额的编制原则和依据……146
第三节　概算定额的编制……147
第四节　概算定额的表现形式……150
思考题……151
**第八章　公路工程费用定额**……152
第一节　费用定额的作用……152
第二节　费用定额的编制原则与依据……152
第三节　编制办法的主要内容……153
第四节　编制办法的项目划分……154
第五节　公路工程概预算基本计算程序……158
思考题……159
**参考文献**……160

# 第一章　绪　论

## 第一节　概　述

### 一、定额的定义

定额属于计价依据主要内容之一。所谓计价依据系指用以计算工程造价的基础资料的总称,除包括定额、指标、费率、基础单价外,还包括工程量数据以及政府主管部门颁发的各种相关经济法规、政策、计价办法等。

定额、指标分两部分,一是实物定额、指标;二是费用定额。公路工程实物定额、指标是指《公路工程预算定额》、《公路工程概算定额》、《公路工程估算指标》;费用定额是指《公路工程机械台班费用定额》以及《公路基本建设工程投资估算编制办法》、《公路工程基本建设项目概算预算编制办法》中规定的各项费用定额(或费率)。

"定额"二字顾名思义,"定"是确定的定,"额"是数额的额,综合起来是确定的数额。即是规定在生产中各种社会必要劳动的消耗量的标准额度。所以,定额是一种标准,是衡量劳动生产率水平的尺度。就我国当前建设工程而言,定额中的"定额"二字有其特定的含义,即"定"是法定的,"额"是人工、材料、机械用量的数额。由于定额是在正常施工条件下,完成规定计量单位的符合国家技术标准、技术规范(包括设计、施工、验收等技术规范)和质量评定标准,并反映一定时间内通过施工技术和工艺流程所消耗的人工、材料、施工机械台班(时)数量的额定标准。在建筑材料、设计、施工及相关规范等未有突破性的变化之前,其消耗量具有相对的稳定性。

定额是标准,是计算工、料、机械台班消耗量的依据,它是随着现代化大生产的出现和管理科学的产生而产生的。定额的产生和发展,与企业管理科学化以及管理科学的发展不可分割地联系在一起,是反映社会商品生产发展的必然产物,也是反映一个国家的生产力水平和科技水平的标志。20 世纪初,许多西方国家就已经考虑利用定额,设法提高工效而增加产量,有力地促进了国家经济的发展与繁荣;前苏联十月革命之后,十分注意吸取资本主义国家的管理经验,以利于创造苏维埃国家的物质技术基础。国际上这样广泛利用定额管理经济,对我国建国初期建立定额管理产生了极大影响。

### 二、定额的发展及现状

19 世纪末 20 世纪初,技术最发达、资本主义发展最快的美国,形成了系统的经济管理理论。而管理成为科学应该说是从美国人泰勒开始的,因此,西方人都尊称他为"管理之父"。当时美国的科学技术发展很快,机器设备虽然先进,但在管理上仍然沿用传统的经验方法,生产力受到极大的约束。泰勒发现了这一问题并很快找到解决方法,主要着眼于提高劳动生产率,刺激工人的劳动积极性。他突破了当时传统经验方法的羁绊,通过科学试验,对工作时间的合理利用进行细致的研究,制定出所谓标准的操作方法,即通过对工人进行训练,要求工人改变过去不良习惯的操作方法,取消不必要的操作,并且在此基础上制定出较高的工时定额,用工时定额评价工人工作的好坏;为了使工人能够达到定额,大大提高工作效率,又制定了工具、机器、材料和作业环境的标准化原理;为了鼓励工人努力完成定额,还制定了一种有差别的计件工资制度。

从泰勒制定的标准操作方法、工时定额、工具和材料等要素的标准化,有差别的计件工资制度等主要内容来看,工时定额占十分重要的位置。首先,较高的定额水平直接体现了泰勒制的主要目的,即提高工人的劳动效率,降低产品成本,增加企业盈利,而所有其他方法的内容则是为了达到这一目的而制定的措施。其次,工时定额作为评价工人工作的尺度,并和有差别的计件工资制度相结合,使其本身也成为提高劳动效率的有力措施。

继泰勒之后,20 世纪 20 年代出现了行为科学。它从社会学和心理学的角度,对工人在生产中的行为以及这些行为产生的原因进行分析研究,强调重视社会环境及人际关系对人的行为的影响。着重研究人的本性和需要、行为的动机,特别是生产中的人际关系,以达到提高生产效率的目的。行为科学是在资本主义社会矛盾加剧的情况下出现的,它弥补了泰勒等人科学管理理论的不足,但并不能取代科学管理。相反,在后期的发展中二者进行了有机的结合,即定额的发展朝着更先进、更合理、更科学的方向发展。

中华人民共和国成立以来,定额工作一直受到高度重视,如在"一五"期间,国家计划委员会(现为国家发展和改革委员会)就在 1954 年颁布了《建筑工程设计预算定额(试行草案)》。由于我国公路工程建设起步很晚,建国初期基本上都是凭经验自编一些定额试用。公路工程定额的出现应该追溯到 1954 年 8 月,当时的交通部在公路总局的设计局内设立了预算定额科,由此拉开了公路工程定额工作及管理工作的序幕。1954 年在国家技术标准、技术规范统一的前提下,开始增加力量编制《公路基本建设预算定额》,1955 年正式在全国公布施行。随着初步设计和施工图设计模式的确立,公路定额管理部门陆续编制了《公路工程施工定额》,其中劳动定额作为衡量施工企业工人劳动生产力的标志,也是贯彻按劳分配的原则,以作为编制工程预算(人工部分)的依据;接着编制了《公路工程概算指标》,并重新修订《公路工程预算定额》。1957 年至 1976 年,概预算工作几经反复,一直处于停顿状态。1978 年,公路工程建设才得以开始发展,定额工作全面走向正规化管理的轨道。1984 年 11 月 15 日,在原国家计委文件的指导下,经原交通部批准组建"交通部公路工程定额站",从此定额管理工作及编制工作在全国各省区定额站展开。经过对其他土建行业定额工作的研究分析后,组织造价人员系统建立公路工程定额及造价工作完整的体系,以适应公路工程技术标准、规范的发展需要,并与国家经济的方针、政策相协调,且具有中国公路工程造价管理的特色。于 1992 年全面系统地制定并公布了《公路工程施工定额》、《公路工程预算定额》、《公路工程概算定额》、《公路工程估算指标》、《公路工程机械台班费用定额》、《公路工程基本建设工程概算预算编制办法》、《公路基本建设工程投资估算编制办法》。

计划经济下的定额是国家作为调控物价的文件,它反映的是测算造价的指令;市场经济下的定额用来作为测算产品价格的工具,反映公路工程建筑市场的客观现实,同时标志着政府在指导和促进施工企业提高劳动生产率方面,起到很大的指导作用。在市场经济环境下,企业与社会平均水平的差距,通过这些定额就可以很准确地测算出来。因此公路工程定额在相当长的一段时期内对社会、对企业、对工程价格测算都会发挥十分重要的作用。

## 三、定额管理的二重属性

定额管理的二重性主要取决于管理的二重属性。管理的二重性即自然属性和社会属性。

管理的自然属性是生产和劳动社会化的客观要求。凡是人类共同劳动，就需要管理。它不受社会经济形态和社会制度不同的影响。

管理的社会属性，主要取决于生产关系。任何劳动都处在一定的生产关系之中，因此管理总带有占统治地位的生产关系烙印。在资本主义条件下，管理的社会属性表现为监督劳动的性质。在以公有制为基础的社会主义条件下，管理的社会属性发生了根本变化，定额和定额管理的社会属性发生了根本的变化，它们不再是那种监督劳动，而是为全社会、为全体劳动人民的利益、为日益增长的物质文化生活的要求服务。

## 四、定额在现代管理中的地位

定额是管理科学的基础，也是现代管理科学中的重要内容和基本环节。我国要实现工业化和生产的社会化、现代化，就必须积极吸收和借鉴世界上各个发达国家的先进管理方法，必须充分认识定额在社会主义经济管理中的地位。

(1)定额是节约社会劳动、提高劳动生产率的重要手段。降低劳动消耗，提高劳动生产率，是人类社会发展的普遍要求和基本目标。定额为生产者和经营管理人员树立了评价劳动成果和经营效益的标准尺度，同时也使广大职工明确了自己在工作中应该达到的具体目标，从而增强责任感和自我完善的意识，自觉地节约社会劳动和消耗，努力提高劳动生产率和经济效益。在我国，整个社会的经济效益还很低，生产、建设和流通领域浪费资源和社会劳动的现象还很严重，因此，定额在这方面的作用更具现实意义。

(2)定额是组织和协调社会化大生产的工具。“一切规模较大的直接社会劳动或共同劳动，都或多或少地需要指挥，以协调个人活动，并执行生产总体的运动……所产生的各种一般职能。”随着生产力的发展，分工越来越细，生产社会化程度不断提高，任何一种产品都可以说是许多企业、许多劳动者共同完成的社会产品。因此，必须借助定额实现生产要素的合理配置，以定额作为组织、指挥和协调社会生产的科学依据和有效手段，从而保证社会生产持续、顺利地发展。

(3)定额是宏观调控的依据。我国社会主义经济是以公有制为主体的，它既要充分发展市场经济，又要有计划地指导和调节，这就需要利用一系列定额为预测、计划、调节和控制经济发展提供有技术依据的参数，提供可靠的计量标准。

(4)定额在实现合理分配、兼顾效率与社会公平方面有巨大的作用。定额作为评价劳动成果和经营效益的尺度，能合理判断劳动者个体和社会群体为整个社会发展而贡献的数量，从而成为按有限资源分配个人消耗品及社会群体使用品的分配依据。

## 五、工程建设定额的作用

(1)在工程建设中，定额仍然具有节约社会劳动和提高生产效率的作用。其一，企业以定额作为促使工人节约社会劳动(工作时间、原材料等)和提高劳动效率、加快工作进度的手段，以增加市场竞争能力，获取更多的利润；其二，作为工程造价计算依据的各类定额，又促使企业加强管理,把社会劳动的消耗控制在合理的限度内;其三,作为项目决策依据的定额指标,又在更高的层次上促使项目投资者合理而有效地利用和分配社会劳动。这都证明了定额在工程建设中节约社会劳动和优化资源配置的作用。

(2)定额是国家对工程建设进行宏观调控和管理的手段。市场经济并不排斥宏观调控,即使在资本主义国家,政府也要利用各种手段影响和调控经济的发展。

(3)定额有利于市场公平竞争。定额所提供的准确的信息为市场需求主体和供给主体之间的竞争,以及供给主体之间的公平竞争提供了有利条件。

(4)定额是对市场行为的规范。定额既是投资决策的依据,又是价格决策的依据。对投资者来说,他可以利用定额权衡自己的财务状况和支付能力、预测资金投入和预期回报,还可以充分利用有关定额的大量信息,有效地提高其项目决策的科学性,优化其投资行为。对于建筑企业来说,在投标报价时,只有充分考虑定额的要求,作出正确的价格决策,才能占有市场竞争优势,才能获得更多的工程合同。可见,定额在上述两个方面规范了市场主体的经济行为,因而对完善我国固定资产投资市场和建筑市场,都能起到重要作用。

(5)工程建设定额有利于完善市场的信息系统。定额管理是对大量市场信息的加工,也是对大量信息进行市场传递,同时也是市场信息的反馈。信息是市场体系中的不可或缺的要素,它的可靠性、完备性和灵敏性是市场成熟和市场效率的标志。在我国,以定额形式建立和完善市场信息系统,是以公有制经济为主体的社会主义市场经济的特色,在发达的资本主义国家是难以想象的。

(6)定额有利于推广先进的施工技术和工艺。定额水平中包含着某些已成熟的先进的施工技术和经验,工人要达到和超过定额,就必须掌握和应用这些先进技术;如果工人要大幅度超过定额水平,他就必须创造性地劳动。第一,在自己的工作中注意改进工具和改进技术操作方法,注意原材料的节约,避免能源的浪费。第二,企业或主管部门为了推行施工工具和施工方法,所以贯彻定额也就意味着推广先进技术。第三,企业或主管部门为了推行定额,往往要组织技术培训,以帮助工人能达到或超过定额。这样,新技术、新工艺、新材料、新经验就很容易推广而大大提高全社会的劳动生产效率。

从以上分析可以看出,在市场经济条件下定额作为管理的手段是不可或缺的。

## 第二节　工程建设定额的特点

### 一、科学性

工程建设定额的科学性包括两重含义:一重含义是指工程建设定额和生产力发展水平相适应,反映出工程建设中生产消耗的客观规律;另一重含义,是工程建设定额管理在理论、方法和手段上适应现代科学技术和信息社会发展的需要。

工程建设定额的科学性,首先表现在用科学的态度制定定额,尊重客观实际,力求定额水平合理;其次表现在制定定额的技术方法上,利用现代科学管理的成就,形成一套系统的、完整的、在实践中行之有效的方法;第三,表现在定额制定和贯彻的一体化。“制定”是为了提供贯彻的依据,“贯彻”是为了实现管理的目标,也是对定额的信息反馈。

工程建设定额科学性的约束条件主要是生产资料的公有制和社会主义市场经济。前者使定额超脱出资本主义条件下为资本家赚取最大利润的局限；后者则使定额受到宏观和微观的两重检验。只有科学的定额才能使宏观调控得以顺利实现，才能适应市场运行机制的需要。

## 二、系统性

工程建设定额既是相对独立的系统，又是由多种定额结合而成的有机的整体。它的结构复杂，有鲜明的层次，有明确的目标。

工程建设定额的系统性是由工程建设的特点决定的。按照系统论的观点，工程建设就是庞大的实体系统。工程建设定额是为这个实体系统服务的，因而工程建设本身的多种类、多层次就决定了为它服务的工程建设定额的多种类、多层次。从整个国民经济来看，进行固定资产生产和再生产的工程建设，是由包括农林水利、轻纺、机械、煤炭、电力、石油、冶金、化工、建材、交通运输、邮电工程，以及商业物资、科学教育、文化卫生体育、社会福利和住宅工程等多项工程集合的整体。这些分项工程的建设都有严格的项目划分，如建设项目、单项工程、单位工程、分部分项工程；在计划和实施过程中有严密的逻辑阶段，如规划、可行性研究、设计、施工、竣工交付使用，以及投入使用后的维修。与此相适应必然形成工程建设定额的多种类、多层次。

## 三、统一性

工程建设定额的统一性，主要是由国家对经济发展的有计划的宏观调控职能决定的。为了使国民经济按照既定的目标发展，就需要借助于某种标准、定额、参数等，对工程建设进行规划、组织、调节、控制。而这些标准、定额、参数必须在一定范围内是一种统一的尺度，才能实现上述职能，才能利用它对项目的决策、设计方案、投标报价、成本控制进行比选和评价。

工程建设定额的统一性按照其影响力和执行范围来看，有全国统一定额、行业统一定额和地区统一定额等，层次清楚，分工明确；按照定额的制定、颁布和贯彻使用来看，有统一的程序、统一的原则、统一的要求和统一的用途。

在生产资料私有制的条件下，定额的统一性是很难想象的，充其量也只是工程量计算规则和信息提供的统一。我国工程建设定额的统一性和工程建设本身的巨大投入和巨大产出有关。它对国民经济的影响不仅表现在投资的总规模和全部建设项目的投资效益等方面，而且往往表现在具体建设项目的投资数额及其投资效益等方面，因而需要借助统一的工程建设定额进行社会监督。这一点与工业生产、农业生产中的工时定额、原材料定额是不同的。

## 四、权威性

主管部门颁发的工程建设定额具有很大的权威，这种权威性在一些情况下具有经济法规性质。权威性反映统一的意志和统一的要求，也反映信誉和信赖程度以及定额的严肃性。

工程建设定额权威性的客观基础是定额的科学性，只有科学的定额才具有权威。但是，在社会主义市场经济条件下，它必然涉及各有关方面的经济关系和利益关系。赋予工程建设定额以一定的权威性，就意味着在规定的范围内，对于定额的使用者和执行者来说，不论主观上是否愿意，都必须按定额的规定执行。在当前市场不规范的情况下，赋予工程建设定额以权威性是十分重要的。但在竞争机制引入工程建设的情况下，定额的水平必然会受市场供求状况的影响，从而在执行中可能产生定额水平的浮动。

应该指出的是，在社会主义市场经济条件下，对定额的权威性不应绝对化。定额毕竟是主观对客观的反映,定额的科学性会受到人们认识的局限,与此相关,其权威性也就会受到削弱和新的挑战。更为重要的是,随着投资体制的改革和投资主体多元化格局的形成,随着企业经营机制的转变,他们都可以根据市场的变化和自身的情况,自主地调整自己的决策行为。在这里,一些与经营决策有关的工程建设定额的权威性特征,自然也就弱化了。但直接与施工生产相关的定额,在企业经营机制转换和增长方式转换的要求下,其权威性还必须进一步强化。

### 五、稳定性和时效性

工程建设定额中的任何一种都是一定时期技术水平和管理水平的反映,因而在一段时期内都表现出稳定的状态。根据具体情况不同,稳定的时间有长有短,一般在5~10年之间。保持定额的稳定性是维护定额权威性所必需的,更是有效地贯彻定额所必需的。如果某种定额处于经常修改变动之中,那么必然造成执行中的困难和混乱,使人们感到没有必要去认真对待它,很容易导致定额权威性的丧失。工程建设定额的不稳定也会给定额的编制工作带来极大的困难。

但是工程建设定额的稳定性是相对的。任何一种工程建设定额都只能反映一定时期的生产力水平,当生产力向前发展了,定额就会与已经发展了的生产力不相适应。这样,它原有的作用就会逐步减弱以至消失,需要重新编制或修订。

所以,工程建设定额在具有稳定性特点的同时,也具有显著的时效性。从一段时期看,定额是稳定的;从长时间看,定额是变动的。

## 第三节　工程建设定额体系

### 一、工程建设定额的种类

工程建设定额是工程建设中各类定额的总称。由于具体的生产条件各异,人们根据使用对象和组织生产的目的不同,编制出不同的定额。公路工程定额是管理工程建设活动中用于计算公路工程造价及评价公路工程经济技术指标的计算依据的总称,目前按交通运输部颁发的标准定额文件,在全国范围内,经交通运输部造价总站监督执行。

#### 1.按定额反映的物质消耗内容分类

按定额反映的物质消耗内容公路定额分为劳动消耗定额、机械消耗定额和材料消耗定额三种。

(1)劳动消耗定额,简称劳动定额。劳动消耗定额是在正常条件下完成一定的单位合格产品(工程实体或劳务)规定活劳动消耗的数量标准。为了便于综合和核算,劳动定额大多采用工作时间消耗量来计算劳动消耗的数量。所以劳动定额的主要表现形式是时间定额,但同时也表现为产量定额。

(2)机械台班消耗定额,简称机械定额。由于我国机械台班消耗定额是以一台机械一个工作班为计量单位,所以又称为机械台班定额。机械台班消耗定额是指在正常条件下为完成一定单位合格产品(工程实体或劳务)所规定的施工机械消耗的数量标准。机械消耗定额的主要表现形式是机械时间定额,但同时也表现为产量定额。

(3)材料消耗定额,简称材料定额。是指在正常条件下完成一定单位合格产品所需消耗材料的数量标准。

材料是指工程建设中使用的原材料、成品、半成品、构配件、燃料以及水、电等动力资源的统称。材料作为劳动对象构成工程的实体,需要数量很大,种类繁多。所以材料消耗量多少,消耗是否合理,不仅关系到资源的有效利用,影响市场供求状况,而且对建设工程的项目投资、建筑产品的成本控制都起着决定性影响。

材料消耗定额,在很大程度上可以影响材料的合理调配和使用。在产品生产数量和材料质量一定的情况下,材料的供应计划和需求都会受材料定额的影响。重视和加强材料定额管理,制定合理的材料消耗定额,是组织材料的正常供应,保证生产顺利进行,以及合理利用资源,减少积压、浪费的必要前提。

2. 按照定额的编制程序和用途分类

按定额的编制程序和用途公路定额分为施工定额、预算定额、概算定额、投资估算指标四种常用定额。

(1)施工定额。这是施工企业(建筑安装企业)为了组织生产和加强管理在企业内部使用的一种定额,属于企业生产定额的性质。它由劳动定额、机械台班定额和材料定额三个相对独立的部分组成。为了适应组织生产和管理的需要,施工定额的项目划分很细,是工程建设定额中分项最细、定额子目最繁的一种定额,也是工程建设定额中的基础性定额。在预算定额及一系列定额的编制过程中,施工定额的劳动、机械、材料消耗的数量标准,是计算预算定额中劳动、机械、材料消耗数量标准的重要依据。

(2)预算定额。这是在编制施工图预算时,计算工程造价和计算工程中劳动、机械台班、材料需要量使用的一种定额。预算定额是一种计价性的定额,在工程委托承包的情况下,它是确定工程造价的主要依据。在招标承包的情况下,它是计算标底和确定报价的主要依据。所以,预算定额在工程建设定额中占有很重要的地位。从编制程序看,施工定额是预算定额编制的基础,而预算定额则是概算定额或估算指标编制计算的基础。

(3)概算定额。这是编制设计概算时,计算和确定工程概算造价,计算劳动、机械台班、材料需要量所使用的定额。它的项目划分粗细程度与初步设计的深度相适应。它一般是在预算定额的基础上经综合扩大而编制的。概算定额是控制项目投资的重要依据,在公路工程建设的投资管理中有重要作用。

(4)投资估算指标。它是在项目建议书和可行性研究报告阶段编制投资估算、计算投资需要量时使用的一种定额。它非常概略,往往以独立的单项工程或完整的工程项目为计算对象,概略程度与可行性研究相适应。它的主要作用是为项目决策和投资控制提供依据。投资估算指标虽然往往根据历史的预、决算资料和价格变动等资料编制,但其编制基础仍然离不开预算定额、概算定额。

3. 按照投资的费用性质分类

按照投资的费用性质工程建设定额分为建筑工程定额、设备安装工程定额、其他直接费定额、现场经费定额、间接费定额、工器具定额,以及工程建设其他费用定额等。

(1)建筑工程定额,是建筑工程施工定额、建筑工程预算定额、建筑工程概算定额和建筑工程估算指标的统称。

建筑工程,一般理解为房屋和构筑物工程,具体包括一般土建工程、电气照明工程、卫生技术(水、暖、通风)工程、工业管道工程、特殊构筑物工程等。广义上它也被理解为除房屋和构筑物外还包含其他各类工程,如道路、铁路、桥梁、隧道、运河、堤坝、港口、电站、机场等工程。在我国统计年鉴中对于固定资产投资构成的划分,就是根据这种理解设计的,其概念几乎等同了土木工程的概念。从这一概念出发,建筑工程在整个工程建设中占有非常重要的地位。根据统计资料,在我国的固定资产投资中,建筑工程和安装工程的投资占60%左右。因此,建筑工程定额在整个工程建设定额中是一种非常重要的定额,在定额管理中占有突出的地位。

(2)设备安装工程定额,是安装工程施工定额、安装工程预算定额、安装工程概算定额和安装工程概算指标的统称。设备安装工程是对需要安装的设备进行定位、组合、校正、调试等工作的工程。在工业项目中,机械设备安装和电气设备工程占有重要地位。因为电气设备大多要安装后才能运转,不需要安装的设备很少。在非生产性的建设项目中,由于社会生活和城市设施的日益现代化,设备安装工程量也在不断增加,所以设备安装工程定额也是工程建设定额中不可缺少的一部分。

设备安装工程和建筑工程在工艺上有很大的差别,施工方法也很不相同,所完成的是不同类型的施工产品。但设备安装工程和建筑工程是一项工程的两个有机组成部分,在施工中有时间连续性,也有作业的搭接和交叉,需要统一安排,互相协调,在这个意义上通常把建筑和安装工程作为一个施工过程来看待,即建筑安装工程。所以在通用定额中建筑工程定额和安装工程定额合二为一,称为建筑安装工程定额。

(3)其他直接费定额,是指预算定额分项内容以外,而与建筑安装施工生产直接有关的各项费用开支标准。列入其他直接费的项目主要有冬季施工增加费、雨季施工增加费、夜间施工增加费、高原地区施工增加费、沿海地区工程施工增加费、行车干扰工程施工增加费及施工辅助费等。其他直接费定额是预算定额以外的直接费定额,也是编制施工图预算、设计概算、投资估算以及招标工程标底的依据,由于其费用发生的特点不同,只能独立于预算定额之外。

(4)现场经费定额,是指与现场施工直接有关,而又未包括在直接费定额内的某些费用的定额,包括临时设施费和现场管理费两项。它是施工准备、组织施工生产和管理所需的费用定额。

(5)间接费定额,是指为企业生产全部产品所必需,为维持企业的经营管理活动所必需发生的各项费用开支的标准。间接费包括企业管理费和财务费两类性质的费用。由于间接费中许多费用的发生和施工任务的大小没有直接关系,因此,通过间接费定额的管理,有效的控制间接费的发生是十分必要的。

(6)工器具定额,是为新建或扩建项目投资运转首次配置的工、器具数量标准。工具和器具,是指按照有关规定不够固定资产标准而起劳动手段作用的工具、器具和生产用家具,如翻砂用模型、锻造用锻模、工具台、工具箱、计量器、容器、仪器等。

(7)工程建设其他费用定额,是独立于建筑安装工程、设备和工器具购置之外的其他费用开支的标准。工程建设的其他费用主要包括土地征购费、拆迁安置费、建设单位管理费等。这些费用的发生和整个项目的建设密切相关。其他费用定额是按各项独立费用分别制定的,以便合理控制这些费用的开支。

4. 按照专业性质分类

按照专业性质工程建设定额可分为全国通用定额、行业通用定额和专业通用定额三种。

(1)全国通用定额,是指在部门间和地区间都可以使用的定额。

(2)行业通用定额,是指具有专业特点的在行业部门内可以通用的定额。

(3)专业通用定额,是指特殊专业的定额,只能在指定的范围内使用。

5.按主编单位和管理权限分类

按主编单位和管理权限工程建设定额可分为全国统一定额、行业统一定额、地区统一定额、企业定额和补充定额五种。

(1)全国统一定额。是由国家建设行政主管部门,综合全国工程建设中技术和施工组织管理的情况编制,并在全国范围内执行的定额,如全国统一安装工程定额。

(2)行业统一定额。是考虑到各行业部门专业工程技术的特点,以及施工生产和管理水平编制的,一般是只在本行业和相同专业性质的范围内使用的专业定额,如矿井建设工程定额、铁路建设工程定额、公路建设工程定额等。

(3)地区统一定额。包括省、自治区、直辖市定额。地区统一定额主要是考虑地区性特点和全国统一定额水平作适当调整补充编制的。由于各地区不同的气候条件、经济技术条件、物质资源条件和交通运输条件等,构成对定额项目、内容和水平的影响,是地区统一定额存在的客观依据。

(4)企业定额。是指由施工企业考虑本企业具体情况,参照国家、部门或地区定额的水平制定的定额。企业定额只在企业内部使用,是企业素质的一个标志。企业定额水平一般应高于国家现行定额,才能满足生产技术发展、企业管理和市场竞争的需要。

(5)补充定额。是指随着设计、施工技术的发展,现行定额不能满足需要的情况下,为了补充缺项所编制的定额。补充定额只能在指定的范围内使用,常作为以后修订定额的基础。

## 二、工程建设定额体系

工程建设各类定额之间相互区别、相互交叉、相互补充、相互联系,从而形成一个与建设程序分阶段工作深度相适应、层次分明、分工有序的庞大工程建设定额体系,见图 1-1。图中展现的是我国工程建设定额体系的现状,从长远来看,它也不是一成不变的,因为是简单示意,所以不可能展现出现行的所有定额,其中每类定额有许多种,如每个省市和一些主管部门都根据

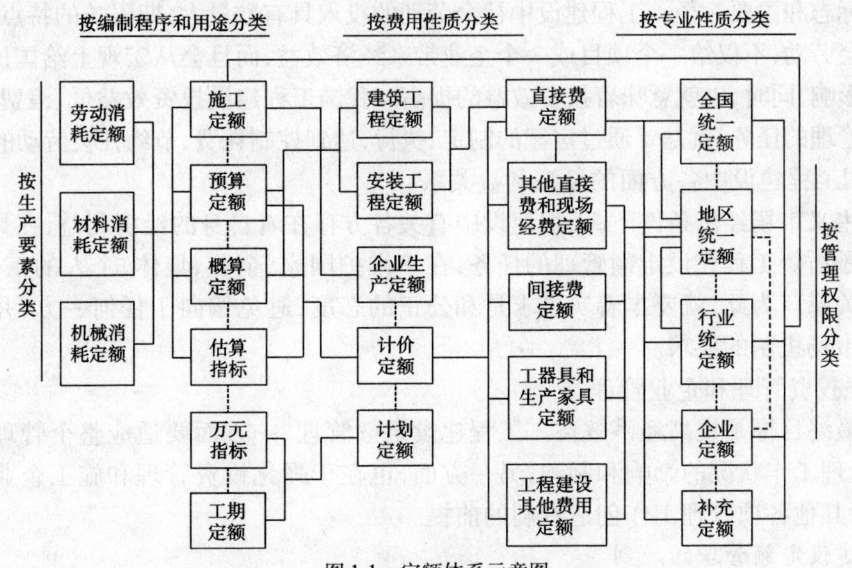


图 1-1 定额体系示意图

注:——表示各类定额之间的关系;……表示定额的层次

地区和行业特点,编有施工定额、预算定额、间接费定额等。

## 第四节　工程建设定额管理

### 一、工程建设定额管理的原则

1. 工程建设定额管理的任务

工程建设定额管理的任务和工程建设管理的任务是一致的,它服务于实现工程建设任务的大目标。主要包括以下几方面。

(1)深化工程建设定额改革

①依据财政部有关《企业财务通则》和《企业会计准则》的要求,按照制造成本法对建筑安装工程费用项目划分进行调整,对建筑安装工程成本费用项目进行规范。

②按照量价分离和工程实体性消耗与施工措施性消耗相分离的原则,对计价定额进行改革。属于人工、材料、机械等消耗量标准由国家制定全国统一基础定额及工程量计算规则,实现国家对定额消耗量的宏观控制;对于人工、材料价格、机械台班费用等区别不同情况,实行调整与放开相结合的办法,改变国家对定额管理的方式。

③针对当前价格、利率、汇率、税率等不断变动的实际情况,组织工程造价管理部门定期发布反映市场价格水平的价格信息和调整指数,实行动态管理。

④依据不同工程类别实行差别费率和差别利润率,改变过去按企业隶属关系和资质等级的做法,促进企业间的平等竞争。

⑤鼓励企业逐步做到按工程个体成本报价,提高企业的竞争能力,在计价定额的表现形式上,实行工程实体性消耗与施工措施性消耗相分离的做法。

(2)节约社会劳动

节约工程建设中的社会劳动是合理利用资源和资金的一个极其重要方面,是提高工程建设投资效益的标志和主要途径。工程建设中社会劳动的投入具有数量大、期限长的特点,节约工程建设中的社会劳动,不仅给一个项目或一个企业带来经济效益,而且会从宏观上给国民经济的发展带来积极影响,同时,也就意味着投资效益的提高。我国工程建设投资效益低、浪费严重,而工程建设定额管理的任务,就是要通过定额的制定、执行,达到控制耗费、节约社会劳动的目的。

(3)协调工程建设中各方面的经济利益关系

在社会主义市场经济条件下,工程建设中有关各方存在着自身的经济利益,在具体处理时会发生各种矛盾。工程建设定额管理的任务,在于维护国家、企业、集体、个人的正当利益,正确处理经济关系。为此,就要本着实事求是和公正的态度,避免偏向于任何一方,并使之适应逐步完善的市场机制的要求。

(4)加强投资管理和企业管理

管理的最终目标是提高经济效益。工程建设定额管理,一方面要适应整个管理工作的需要,受其他管理工作状况的影响和制约;另一方面,也在于强化投资管理和施工企业管理的约束机制,并为其他各项管理工作创造有利的前提。

2. 工程建设定额管理的原则

为了充分发挥定额在经济管理中的作用,保证工程建设定额管理任务的实现,在定额管理工作中，应该遵循以下原则。

(1)集中领导和分级管理的原则

工程建设定额管理的集中领导，主要体现在统一政策、统一规划、统一组织、统一思想。

①统一政策，就是指工程建设定额的管理，不论部门和地区，在大的政策上应该统一。例如，对于工程建设定额的性质、用途和作用、编制原则、管理权限等，应该有统一的规定和政策要求，以保证国家在工程建设方面的方针、政策得到贯彻，适应国民经济发展的总路线、总方针。

②统一规划，就是指随着经济发展的要求制定出和国民经济发展计划相适应的工程建设定额的发展规划。

③统一组织，有两重含义：一是就统一规划和安排部署的管理工作，统一分工，组织落实；二是统一组织机构，作为各项管理工作的组织保证。

④统一思想，就是随着国家政治经济形势的发展和需要，管理思想要不断转换观念。

集中领导绝不意味着管死、统死和不分具体情况的“一刀切”，它与分级管理是相辅相成的。

分级管理，是指定额管理权限的划分，按执行范围分部门、分地区、分级分层的管理。分级管理是由工程建设定额本身的多种类、多层次决定的，也是由各部门、各地区和企业的具体情况不同所决定的。多种类、多层次的定额要求各省、自治区、直辖市和国务院各个主管部门，按其职能分工进行管理。由于各部门专业特点不同，各地区的经济技术条件不同，自然气候和物质资源条件不同，也需要在分级管理中考虑和体现各自的特点。

根据国家关于工程建设定额编制和管理权限划分的规定，公路工程定额为行业统一定额。所谓行业统一定额，即凡在中华人民共和国境内修建的公路建设工程，不论其建设地点、投资来源和设计、施工企业的类别，均应执行交通运输部颁布的公路工程定额，并规定公路工程定额由交通运输部负责编制和管理。交通运输部对公路工程定额的管理也采取了集中领导和分级管理的原则。

(2)标准化原则

标准化是指为制定和贯彻产品和工程标准而进行的有组织的活动过程。推行标准化有利于提高产品和工程的质量，降低成本、减少消耗，促进新技术的发展。工程建设中物质消耗、时间消耗和资金消耗的尺度本身就是一种技术经济标准，因此在管理中贯彻标准化原则尤为重要。标准化的内容，主要包括统一化、系列化、通用化、组合化和简化。

①统一化，要求把同一事物两种以上的表现形式归并为一种，或将其限定在一定的范围之内，以消除由于不必要的多样化而造成的混乱。在工程建设中，同一事物具有两种以上的表现形式的情况极为普遍。同一种产品、同一种材料往往有许多不同的名称，往往用各种不同的计量单位，采用不同的符号和代号。这种情况会给管理工作造成困难，使管理自动化寸步难行。只有推行统一概念、统一名词术语、统一符号和代号、统一编码、统一计量单位等，才能为科学管理奠定基础。

②系列化，要求对同类产品中的一组产品同时进行标准化。在编制工程建设定额时，利用系列化原理为同类产品制定基本参数系列非常必要。

③通用化，要求在互相独立的系统中，选择和确定具有功能互换性和尺寸互换性的功能单元，以减少重复劳动和增加适应性。通用化是以互换性为前提的，这一点对工程建设定额管理

十分重要。在工程建设中,就每一个工程项目来说,都是一个独立的系统,都有各自的个性,要使各种定额都能适应每项工程的具体情况,就需要在编制定额时取其共性,编制出能够通用的定额项目,使它能在不同的工程上互换。

④组合化,是要求对设计和制造出的一系列通用性较强的单元,根据需要,组合成不同用途的产品。在定额编制中运用组合化原理,把定额项目视作功能单元,不同的定额就是根据需要确定或划分的大大小小的功能单元的集合。

⑤简化,要求在一定范围内缩减对象(事物)类型的数目,使之在既定时间内足以满足一般需要。在编制工程建设定额中,运用简化原理压缩超过必要范围以外的定额项目始终是必要的。

(3)经济和技术统一的原则

工程建设定额既不是技术定额,也不是单纯的经济定额,而是一种经济技术定额。从它作为工程建设中生产消费定额的角度来说,无疑是经济定额,但它和许多技术条件、技术因素有密切的关系,直接受技术条件、技术因素的约束和影响。所以,在定额管理中应密切注意研究技术条件和技术因素的状态、影响程度、影响范围、变化及发展趋势,同时还应注意贯彻国家有关的技术政策,并且鼓励和推动技术的发展。

(4)适应性原则

工程建设定额的适应性原则,首先要求定额管理要适应社会主义市场经济发展的需要,不断完善定额的体系、内容和管理体制。其次,要适应全社会的需要,不仅面对政府投资的建设项目,也要适应全社会其他投资主体对工程建设定额的需要,不断为他们提供及时而准确的信息服务。再者,由于工程建设定额是统一定额,因此,全国统一定额、地区统一定额、行业统一定额和企业定额等,必须能适应规定范围内的各种情况。第四,定额的适应性还应包含一定的时间跨度。由于定额的使用期一般较长,因此必须在使用期内都能适用。

## 二、工程建设定额管理的内容

一般来说,定额管理就是利用定额来合理安排和使用人力、物力、财力和时间的所有管理活动的集合,是经济管理中的基础性工作的管理。管理的内容主要是制定有关法规和制度,制订各种定额的编制或修订计划,组织定额的编制或修订,组织造价信息的收集、整理和发布,监督检查定额的执行情况,调查和分析定额的利用情况和存在问题,提出改善的对策。上述管理内容既有宏观层次,也有微观层次。

在我国,工程建设定额管理始终是工程建设造价管理的重点,这一点由政府管理机构的名称变化可理解印证。在较长时期中管理机构名称都是定额局、司、处和管理站,直到20世纪90年代后一些定额站才逐步更名为造价管理处,管理内容也随之拓宽。由于国家把定额作为管理和控制工程造价的有效手段,在进一步深化经济体制改革的形势下,定额仍然是国家对工程建设进行预测、决策、宏观调控的手段。当然,从定额的贯彻执行来说,大量的管理工作落实在工程项目,落实在设计机构、建设单位和施工企业,即使是编制定额,也离不开这些企业和单位在提供资料、信息方面的配合。

从工程建设定额管理的任务和范围来看,定额管理无非是信息的采集、加工、传递和反馈的过程,如图1-2所示。

定额管理的具体工作程序如下:

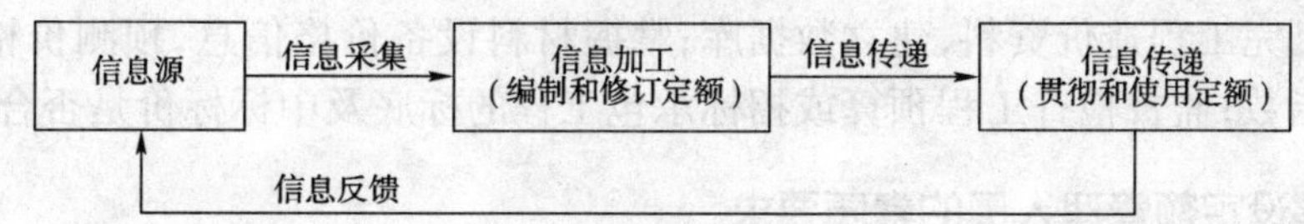


图 1-2 信息流程图

(1)由管理部门制定和发布有关政策、法规、制度；

(2)制订定额的编制计划和编制方案；

(3)积累、收集和分析、整理基础资料；

(4)编制或修订定额；

(5)征询和分析对编制初稿的意见；

(6)调整和修改；

(7)审批和发行；

(8)组织实施，解释和答疑；

(9)监督和检查定额的执行，仲裁纠纷；

(10)收集、储存定额执行情况，反馈信息。

## 三、工程建设定额的管理机构

我国工程建设定额管理机构是适应国家大规模经济建设的发展而逐步建立和健全起来的，也随着经济形势和经济体制的发展变化而变化。它的归口主管部门曾有多次转换，如“一五”时期的国家建设委员会，以后的国家基本建设委员会、国家经济委员会和国家计划委员会。1983 年 8 月，原国家计委在原设计局的定额处和标准处的基础上，组建标准定额局。1983 年 3 月国家科委批准成立标准定额研究所。这是国家随着体制改革的深化采取加强工程建设基础工作的必要措施。

1986 年，原国家计委印发《关于加强工程建设标准定额工作的意见》，提出为了适应繁重的工程建设任务和经济体制改革的需要，为了适应招标承包制、投资包干制及价格体系和价格管理制度改革的形势，要使各种概预算定额相互配套；要集中力量尽快完成一批投资估算指标、建设工期定额、设计周期定额、材料消耗定额等；要建立健全专职管理机构、配备专职管理人员，组织人才培训，建立一支稳定的队伍，要将现有的定额站逐步过渡为工程造价管理机构，并赋予一定的行政职能。同时要求加强对这项工作的领导。

1988 年，在政府机构改革中，新组建的建设部把统筹规划、组织制定和管理全国工程建设标准、技术经济定额、投资估算指标、建设工期定额等作为重要职责，设立了标准定额司和标准定额研究所。在标准定额司设立了造价管理处和定额指标处，在标准定额研究所设立了经济定额处。各省、自治区、直辖市和国务院行业主管部门均设有管理工程建设定额的机构，名称相近，工作范围和内容无大差异。近几年随着社会主义市场经济发展的客观要求，各个定额站(处)，大多改称工程造价管理站(处)。

现有的定额站，一般都是具有行政职能的事业单位：一是执行管理定额和工程造价的行政职能，二是事业单位，是在规定范围内从事定额和工程造价业务活动的咨询、研究。

1986 年原国家计委发文，明确规定了各行业主管部门和各地区的定额站职责是：“制订工程造价管理制度；制订并管理工程建设的估算指标、概预算定额、费用定额，材料消耗定额；搜集、储存、分析已完工程造价资料，建立数据库；掌握材料设备价格信息，预测价格上涨系数及发布结算价格指数；监督检查工程预算或招标承包工程的标底及中标标价是否合理。”

## 四、工程建设定额管理人员的素质要求

工程建设定额管理，是一项政策性、技术性很强的经济管理工作，它需要一大批懂政策、懂经济、懂专业技术的不同层次的人才，才能满足管理工作发展的需要。

定额管理人员应具备什么素质，是由定额管理机构的性质、职责和管理人员所承担的管理工作任务决定的。

所谓人员素质，主要包括思想品德素质、文化素质、专业素质和身体素质。

对于定额管理人员来说，他执行行政职能，也进行各种咨询服务，所接触的和需要处理解决的，几乎都涉及各方面的经济利益关系，都会影响到工程建设任务能否顺利完成和投资效益的高低。这就要求定额管理人员具备良好的思想品德和一定的政策水平，既能维护国家利益，又能以公正的态度维护有关各方合理的经济利益，绝不以权谋私。

定额管理的技术性和专业性特点，要求管理人员具有相当的文化基础和专业知识、专业工作能力。文化素质是专业素质的必要条件和基础，专业素质则集中表现为专业工作能力。就定额管理人员来说，专业素质是业务水平、理论水平、定额管理知识和技能、专业技术知识、专业工作经验和解决实际问题的能力等知识和能力的综合。

定额管理工作，任务繁重、时间性强，需要管理人员具有强健的体魄和乐观的精神。

定额管理人员业务素质的提高，不仅可以在工作实践中逐渐积累、总结、提高，还可通过专业培训获得相应的知识和技能。

专业培训方式主要有两类：一类是在职前的学校正规教育，一类是在职后的专业继续教育。

在职前（就业前）的学校正规教育，要求在一些学校设置专业，预先使学生获得专业基础知识和基本技能。从长远来看，建立一支稳定、结构合理的专业队伍是十分必要的。在英国有20所以上高等学校设有此类专业。所以迅速在我国建立此类专业，并在有条件的学校开设此类专业是很必要的。

在职后的专业继续教育属于成人教育。它是一种重要的专业培训方式，其作用与意义丝毫不亚于前者。尤其是当前在高等学校中尚未设立此类专业，而人员素质又亟待提高的时候，其重要性就更为明显。这种方式的很大优点是具有极大的灵活性。培训时间可长可短，专业教育内容可以选择，可以全脱产学习也可以不脱产或半脱产学习，同时学员多有一定实际经验，一般培训效果较好。

## 思考题

1. 计价依据的含义是什么？公路工程计价依据包括哪些内容？
2. 工程建设定额的含义是什么？
3. 简述定额管理的二重属性。
4. 定额在社会主义经济管理中的地位主要体现在哪些方面？
5. 扼要叙述社会主义市场经济条件下工程建设定额的作用。

6. 按照定额的编制程序和用途,工程建设定额可分为哪几种?

7. 按照投资的费用性质,工程建设定额可分为哪些?

8. 工程建设定额的特点有哪些方面?

9. 工程建设定额管理的任务包括哪些方面? 工程建设定额管理的原则包括哪些方面?

10. 工程建设定额管理具体包括哪些主要内容和程序?

11. 工程建设定额(或造价)管理人员应具备什么素质?

# 第二章 工程材料

广义的建筑材料是指用于建造建筑物和构筑物的所有材料,是原材料、半成品、成品的总称。狭义的建筑材料是指直接构成建筑物和构筑物实体的材料。本章介绍用于公路工程建设的主要工程材料。

## 第一节 材料的基本性质

### 一、材料的分类

公路工程建设过程中使用的材料,品种规格繁多,性能各异。按其来源不同,可分为外购材料、地方性材料和自采加工材料三部分;按其在设计和施工生产过程中所起的作用,可分为主要材料、次要材料、辅助材料、周转性材料及金属设备五大类。

#### (一)按材料来源分类

1. 外购材料

指由建设单位(或业主)按合同规定直接供应的材料和由施工企业自行在市场上采购的材料,如钢材、水泥、化工材料、五金、燃料、沥青等。

2. 地方性材料

指在当地采集或由当地原材料加工而成的材料,如砂、石料、石灰、砖、瓦等。

3. 自采加工材料

指由施工企业进行采集加工的材料,如砂、石、黏土等。

#### (二)按材料在设计和施工生产过程中所起的作用分类

1. 主要材料

指在公路工程建设过程中使用的构成产品或工程实体的各种量大或昂贵的材料,如钢材、水泥、石油沥青、石灰、砂、石料等。

2. 次要材料

指相对于主要材料而言量较少的材料,如电焊条、铁钉、铁丝等。

3. 周转性材料

指在公路工程建设过程中可以重复、多次使用的材料,如模板、脚手架、支架、拱盔、钢轨、钢丝绳、铁件以及配套的附件等。

4. 辅助材料

指有助于产品和工程实体的形成或便于施工生产的顺利进行而使用的材料,它们不构成工程实体,如燃料油、氧气、脱模剂、减水剂及机械的各种零配件等。

5. 金属设备

指在公路工程建设过程中,用定型或现场加工制作的金属构件制作拼装而成的常用的可周转使用的金属设备,如单双导梁、跨墩门架、悬臂吊机、悬浇挂篮、提升架等。

## 二、材料的物理性质

### 1. 密度

密度指材料在绝对密实状态下单位体积的质量,按式(2-1)计算。

$$\rho = \frac{m}{V} \tag{2-1}$$

式中:$\rho$——密度($g/cm^3$ 或 $kg/m^3$);

$m$——材料在干燥状态的质量(g 或 kg);

$V$——材料的绝对密实体积($cm^3$ 或 $m^3$)。

材料的绝对密实体积是指固体物质所占体积,不包括孔隙在内。密实材料如钢材、玻璃等的体积可根据其外形尺寸求得。

### 2. 表观密度

表观密度指材料在自然状态下单位体积的质量,按式(2-2)计算。

$$\rho_0 = \frac{m}{V_0} \tag{2-2}$$

式中:$\rho_0$——表观密度($kg/m^3$);

$m$——材料质量(kg);

$V_0$——材料在自然状态下的外形体积($m^3$)。

材料在自然状态下的体积,包括材料内部孔隙在内的体积。外形规则的材料可根据外形尺寸计算出体积,外形不规则的颗粒材料,可使其饱水后,再用排水法测得颗粒体积。

### 3. 堆密度

堆密度也称堆积密度,指粉状或粒状材料在自然堆积状态下单位体积的质量。材料的自然堆积体积包括材料内部孔隙和松散材料颗粒之间的空隙在内的体积。堆密度按式(2-3)计算。

$$\rho_0' = \frac{m}{V_0'} \tag{2-3}$$

式中:$\rho_0'$——堆密度($kg/m^3$);

$m$——材料质量(kg);

$V_0'$——材料的堆积体积($m^3$)。

常用材料的密度、表观密度和堆密度见表 2-1。

**常用材料的密度、表观密度和堆密度**　　表 2-1

| 材　料 | 密度($g/cm^3$) | 表观密度($kg/m^3$) | 堆密度($kg/m^3$) |
|---|---|---|---|
| 石灰岩 | 2.6 | 1 800 ~ 2 600 | — |
| 花岗岩 | 2.6 ~ 2.8 | 2 500 ~ 2 900 | — |
| 碎石 | 2.6 | — | 1 400 ~ 1 700 |
| 卵石 | 2.6 | — | 1 500 ~ 1 700 |
| 黏土 | 2.6 | — | 1 600 ~ 1 800 |
| 普通黏土砖 | 2.5 ~ 2.8 | 1 600 ~ 1 800 | — |

续上表

| 材料 | 密度(g/cm³) | 表观密度(kg/m³) | 堆密度(kg/m³) |
|---|---|---|---|
| 黏土空心砖 | 2.5 | 1 000～1 400 | — |
| 水泥 | 3.1 | — | 1 200～1 300 |
| 普通混凝土 | — | 2 100～2 600 | — |
| 轻集料混凝土 | — | 800～1 900 | — |
| 木材 | 1.55 | 400～800 | — |
| 钢材 | 7.85 | 7 850 | — |
| 泡沫塑料 | — | 20～50 | — |

4. 密实度

密实度指固体材料体积内被固体物质所充实的程度，按式(2-4)计算。

$$D = \frac{\rho_0}{\rho} \times 100\% \qquad (2\text{-}4)$$

式中：$D$——密实度(%)；

$\rho_0$——表观密度(g/cm³)；

$\rho$——密度(g/cm³)。

5. 孔隙率

孔隙率指固体材料体积内孔隙体积所占的比例，按式(2-5)计算。

$$P = \left(1 - \frac{\rho_0}{\rho}\right) \times 100\% \qquad (2\text{-}5)$$

式中：$P$——孔隙率(%)；

$\rho_0$——表观密度(g/cm³)；

$\rho$——密度(g/cm³)。

密实度和孔隙率两者之和为1，两者均反映了材料的密实程度，通常用孔隙率来直接反映材料的密实程度。孔隙率的大小对材料的物理性质和力学性质均有影响，而孔隙特征、孔隙构造和大小对材料性能影响较大。孔隙构造分为封闭孔隙(与外界隔绝)和连通孔隙(与外界连通)；按孔隙的尺寸大小分为粗大孔隙、细小孔隙、极细微孔隙。孔隙率小，并有均匀分布闭合小孔的材料，建筑性能好。

6. 吸水性

材料在水中能吸收水分的性质称为吸水性。材料的吸水性用吸水率表示，吸水率有质量吸水率和体积吸水率两种表示方法。

质量吸水率 $W_m$ 指材料吸水饱和时，所吸收水分的质量占干燥材料质量的百分数，按式(2-6)计算。

$$W_m = \frac{m_1 - m}{m} \times 100\% \qquad (2\text{-}6)$$

体积吸水率 $W_v$ 是指材料吸水饱和时，所吸水分的体积占干燥材料体积的百分数，按式(2-7)计算。

$$W_v = \frac{m_1 - m}{V_0} \times \frac{1}{\rho_w} \times 100\% \qquad (2\text{-}7)$$

以上两式中：$m_1$——材料吸水饱和后的质量(g)；

$m$——材料烘干到恒重时的质量(g)；

$V_0$——干燥材料在自然状态下的体积($cm^3$)；

$\rho_w$——水的密度($g/cm^3$)。

材料吸水率的大小与材料的孔隙率和孔隙特征有关。具有细微而连通孔隙的材料吸水率大，具有封闭孔隙的材料吸水率小。当材料有粗大孔隙时，水分不易存留，吸水率也小。

轻质材料，如海绵、塑料泡沫等，吸收水分后的质量远大于干燥时的质量，这种情况下，吸水率一般要用体积吸水率表示。

7. 吸湿性

材料在空气中吸收水气的能力称为吸湿性。材料吸湿性的大小用含水率表示，按式(2-8)计算。

$$w_{WC} = \frac{m_2 - m}{m} \times 100\% \tag{2-8}$$

式中：$m_2$——材料吸收空气中的水气后的质量(g)；

$m$——材料烘干到恒重时的质量(g)。

材料含水率的大小，除与材料本身组织、结构和成分有关外，还与周围环境的湿度、温度有关。当气温低、相对湿度大时，材料的含水率也大。

材料含水会使材料堆密度和导热性增大、强度降低、体积膨胀，故材料吸水或吸湿后对材料的性能一般是不利的。

8. 耐水性

材料长期在饱和水作用下不破坏，其强度也不显著降低的性质称为耐水性。有孔材料的耐水性用软化系数表示，按式(2-9)计算。

$$K_{软} = \frac{f_{饱}}{f_{干}} \tag{2-9}$$

式中：$f_{饱}$——材料在水饱和状态下的抗压强度(MPa)；

$f_{干}$——材料在干燥状态下的抗压强度(MPa)。

材料的软化系数在 0 ~ 1 之间波动。因为材料吸水，水分渗入后，材料内部颗粒间的结合力减弱，软化了材料中的不耐水成分，致使材料强度降低。所以材料处于同一条件时，一般而言吸水后的强度比干燥状态下的强度低。软化系数越小，材料吸水饱和后强度降低越多，耐水性越差。通常把软化系数大于 0.85 的材料称为耐水材料。对重要工程及长期浸泡或潮湿环境下的材料，要求软化系数不低于 0.85 ~ 0.90。

9. 抗冻性

材料在吸水饱和状态下，抵抗多次冻结和融化作用而不破坏，同时也不严重降低强度的性质，称为抗冻性。用“抗冻等级”表示。

冰冻的破坏作用是由材料孔隙内的水分结冰引起的。水结冰后体积增大 9% 左右，从而对孔壁产生压力而使孔壁开裂。“抗冻等级”表示材料经过规定的冻融次数，其质量损失、强度降低均不低于规定值。如混凝土抗冻等级 F10 是指所能承受的最大冻融次数为 15 次(在 -15℃ 的温度冻结后，再在 20℃ 的水中融化，为一次冻融循环)，这时强度损失率不超过 25%，质量损失不超过 5%。

10. 抗渗性

材料抵抗压力水渗透的性质称为抗渗性。用渗透系数表示,按式(2-10)计算。

$$K = \frac{Q \cdot d}{A \cdot t \cdot H} \tag{2-10}$$

式中:$K$——渗透系数[$mL/(cm^2 \cdot s)$];

$Q$——渗水量(mL);

$d$——试件厚度(cm);

$A$——表面积($cm^2$);

$t$——渗水时间(s);

$H$——静水压力水头(cm)。

材料的渗透系数越小,其抗渗性能越好。材料抗渗性的好坏,与材料的孔隙率及其特征有密切关系。孔隙率小而且是封闭孔隙的材料,具有较高的抗渗性能。对于常受到压力水作用的地下建筑或水工构筑物,要求材料具有一定的抗渗性。

## 三、材料的力学性质

1. 强度

强度指在外力(荷载)作用下材料抵抗破坏的能力。当材料承受外力时,内部产生应力,外力逐渐增加,应力也相应增大,直到材料内部质点间的作用力不再能够抵抗这种应力时,材料即破坏,此时的极限应力就是材料的强度。

材料在建筑物中所承受的外力,主要有压、拉、剪、弯四种,因此,材料抵抗外力破坏的强度也分为抗压、抗拉、抗剪、抗弯四种。上述强度都指在静力试验下测得的,又称静力强度,见图2-1所示。

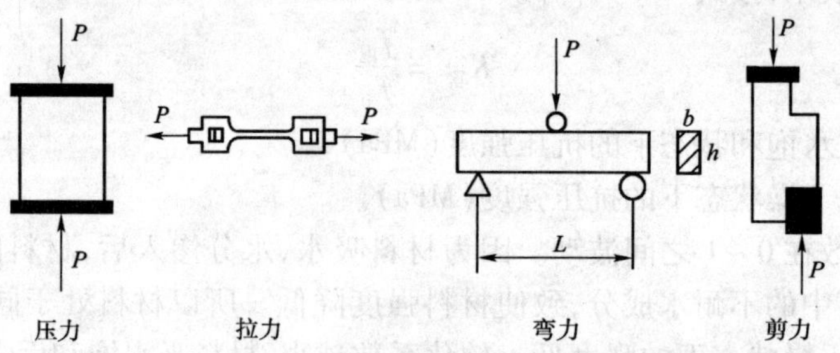


图2-1 材料强度试验示意图

材料抗压、抗拉、抗剪强度按式(2-11)计算。

$$f = \frac{P}{F} \tag{2-11}$$

式中:$f$——强度(MPa);

$P$——破坏时最大荷载(N);

$F$——受力截面面积($mm^2$)。

当外力为作用于构件中央的集中荷载,且构件具有两个支点,材料截面为矩形时,抗弯强度按式(2-12)计算。

$$f_m = \frac{3Pl}{2bh^2} \tag{2-12}$$

式中：$f_m$——材料抗弯强度(MPa)；

$P$——破坏时最大荷载(N)；

$l$——两支点之间的距离(mm)；

$b$——试件截面宽度(mm)；

$h$——试件截面高度(mm)。

2. 比强度

比强度是按单位质量计算的材料强度，其值等于材料强度对其堆密度的比值，是衡量材料轻质高强性能的重要指标。如普通混凝土 C30 的比强度(0.0125)低于Ⅱ级钢筋的比强度(0.043)，说明这两种材料相比，混凝土显出质量大而强度低的弱点，应向轻质高强方向改进配制技术。

3. 弹性

弹性是指在外力作用下材料产生变形，外力取消后变形消失，材料能完全恢复原来形状的性质，这种变形属可逆变形，称为弹性变形，见图 2-2。变形数值的大小与外力成正比。其比例系数是材料的弹性模量，用符号 $E$ 表示。在弹性变形范围内，$E$ 为常数，即：

$$E = \frac{\sigma}{\varepsilon} \tag{2-13}$$

式中：$\sigma$——材料的应力(MPa)；

$\varepsilon$——材料的应变。

弹性模量是衡量材料在弹性范围内抵抗变形能力的指标，$E$ 越小，材料受力变形越大。

4. 塑性

塑性是指在外力作用下材料产生变形，外力取消后仍保持变形后的形状和尺寸，但不产生裂隙的性质，这种变形称为塑性变形，见图 2-3。

实际工程中，纯粹的弹性材料是不存在的，多数材料受力后变形是介于弹塑性变形之间的。当受力不大时，主要产生弹性变形，受力超过一定限度，才产生明显的塑性变形。如混凝土，既具有弹性变形，又具有塑性变形。材料的弹塑性变形曲线见图 2-4。

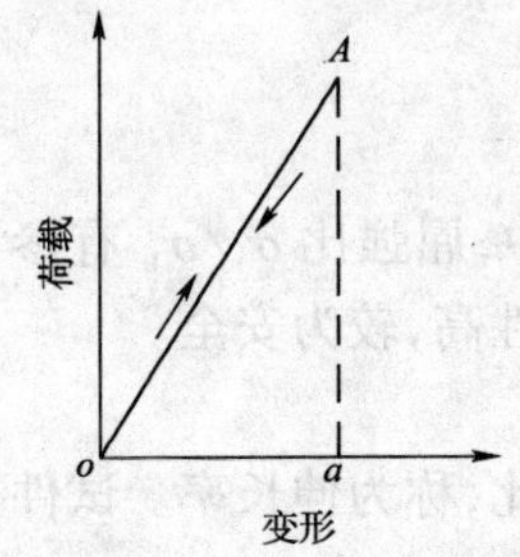

图 2-2 材料的弹性变形曲线

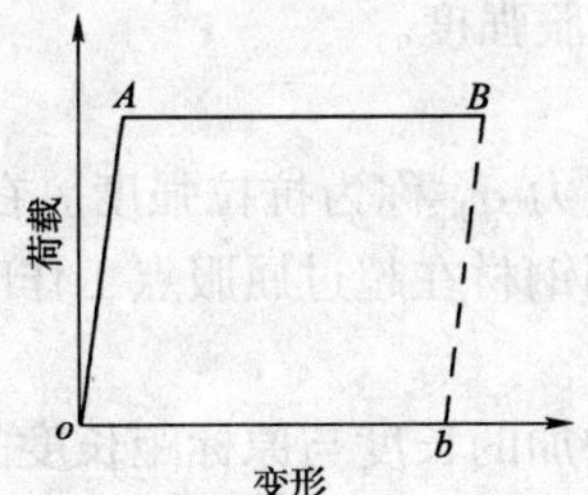

图 2-3 材料的塑性变形曲线

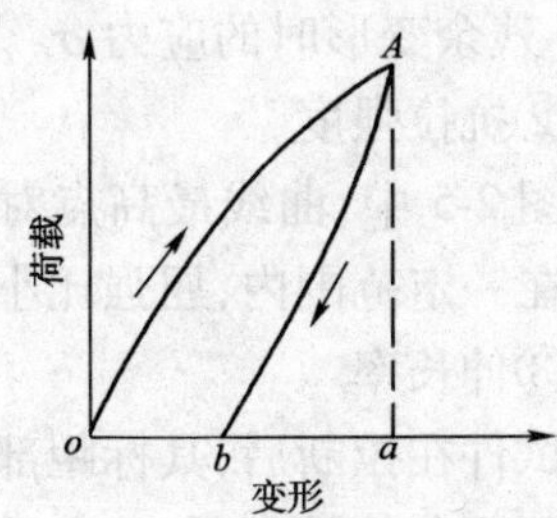

图 2-4 材料的弹塑性变形曲线

材料的弹性和塑性与材料本身的成分、外界条件有关。如材料在某一特定的温度和外力条件下属于弹性范畴，但当改变其条件时，可能会使其具有塑性性质。

## 第二节 常用工程材料

本节对公路工程建设过程中常用的材料，如钢材、木材、水泥、沥青、砂石材料的性能、规格和标准作简要描述。

## 一、钢材

公路建设过程中使用的钢材，主要包括钢板、钢管、型材，以及钢筋混凝土中的钢筋、钢丝等。钢材具有良好的技术性质，能承受较大的弹塑性变形，且加工性能好，因此被广泛使用。

### 1. 钢材的分类

(1)按冶炼方法分类：平炉钢、氧气转炉钢和电炉钢。

(2)按脱氧程度分类：镇静钢(代号 Z)及特殊镇静钢(代号 TZ)(脱氧充分)和沸腾钢(代号 F)(脱氧不充分)，以及半镇静钢(代号 b)(介于脱氧充分和脱氧不充分之间)。

(3)按化学成分分类：碳素钢(含碳量小于 0.25% 的为低碳钢、0.25% ~0.60% 的为中碳钢、大于 0.60% 的为高碳钢)和合金钢(合金元素总含量小于 5% 的为低合金钢、5% ~10% 的为中合金钢、大于 10% 的为高合金钢)。

(4)按用途分类：结构钢、工具钢和特殊钢(如不锈钢、耐热钢、耐酸钢等)。

(5)按形状分类：板材、管材、线材、型材等。

### 2. 钢材的力学性能

(1)抗拉性能

抗拉性能是钢材最重要的性能，表征抗拉性能的主要技术指标有：屈服点、抗拉强度及伸长率。它们均与拉伸试验得出的应力—应变图(图 2-5)有关。

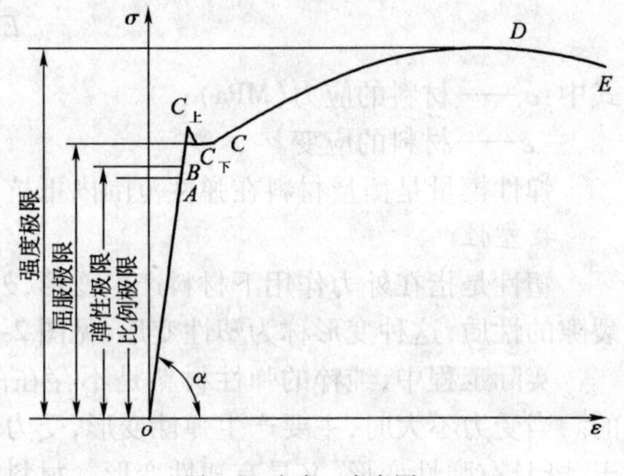

图 2-5　应力—应变图

①屈服点

拉伸进入塑性变形屈服段 $BC$，称屈服下限，$C_{下}$ 所对应的应力为屈服强度或压服点，记作 $\sigma_s$。设计时，一般以 $\sigma_s$ 作为强度取值的依据。对屈服现象不明显的钢材，规定以产生 0.2% 残余变形时的应力 $\sigma_{0.2}$ 作为屈服强度。

②抗拉强度

图 2-5 中，曲线最高点对应的应力 $\sigma_b$ 称为抗拉强度。在设计中，屈强比 $\sigma_s/\sigma_b$ 有参考价值。在一定范围内，屈强比小则表明钢材在超过屈服点工作时可靠性高，较为安全。

③伸长率

试件在拉断后，其标距部分所增加的长度与原标距长度的百分比，称为伸长率。试件拉断后标距部分的长度以 $L_1$ 表示，原标距长度以 $L_0$ 表示，则伸长率 $\delta$ 为：

$$\delta = \frac{L_1 - L_0}{L_0} \times 100\% \tag{2-14}$$

$\delta$ 表征了钢材的塑性变形能力。$\delta$ 值还与试件的 $L_0/d_0$ 值有关($d_0$ 为试件直径)。常用 $L_0/d_0=5$ 及 $L_0/d_0=10$ 两种试件，相应 $\delta$ 分别记作 $\delta_5$ 与 $\delta_{10}$。对同一种钢材，$\delta_5>\delta_{10}$。

(2)冷弯性能

冷弯性能是指钢材在常温下承受弯曲变形的能力，它表征在恶劣变形条件下钢材的塑性，是钢材的一项重要工艺性能。冷弯性能技术是以试件被弯曲的角度(90°、180°)及弯心直径 $d$

与试件厚度(或直径)$a$ 的比值($d/a$)来表示,见图 2-6。试件按规定条件弯曲,若弯曲处的外表无裂痕、裂缝或起层,即认为冷弯性能合格。

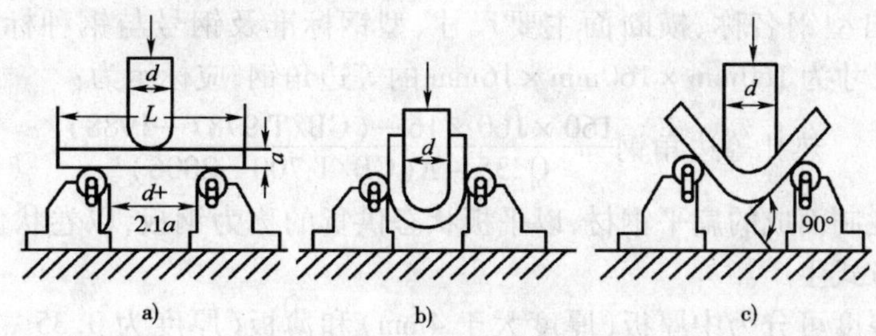


图 2-6　试件冷弯示意图

a)装试件;b)弯曲 180°;c)弯曲 90°

(3)冲击韧性

冲击韧性是指钢材抵抗冲击荷载的能力。即测定冲击荷载试样被折断而消耗的冲击功,单位为焦耳(J)。钢材的化学成分、组织状态、内在缺陷及环境温度等都是影响冲击韧性的重要因素。钢材的冲击韧性随温度的下降而降低,当温度下降到某一范围时,呈脆性断裂,这种现象称为冷脆性。发生冷脆时的温度称为脆性临界温度,其数值越低,说明钢材的低温冲击韧性越好。

(4)抗疲劳性

材料在交变应力作用下,在远低于抗拉强度时突然发生断裂,称为疲劳破坏。疲劳破坏的危险应力用疲劳极限表示,其含义是:试件在交变应力下工作,在规定的周期基数内不发生断裂的最大应力。

(5)可焊性

可焊性是指在采用一定的焊接工艺包括焊接方法、焊接材料、焊接规范及焊接结构形式等条件下,获得优良焊接接头的难易程度,即焊接后在焊缝处的性质与母材性质的一致程度。影响钢材可焊性的主要因素是化学成分及其含量。而其中影响最大的是碳元素,也就是说金属含碳量的多少决定了它的可焊性。钢中的其他合金元素大部分也不利于焊接,但其影响程度一般都比碳小得多。

3. 常用建筑钢材

建筑钢材按其用途可分为钢结构用材和钢筋混凝土用材两大类。公路工程建设过程中大量使用混凝土用钢材(如钢筋、钢板、钢丝等),钢结构用材一般较少使用。

(1)碳素结构钢

碳素结构钢指一般的结构钢,以及工程用的热轧板、管、带、型、棒材。其冶炼方便、成本较低,且具有良好的塑性及各种加工性能,也具备良好的安全性能。

(2)低合金高强度结构钢

低合金高强度结构钢是在碳素结构钢的基础上,少量添加若干合金元素而成,一般合金元素的总量不超过总量的 5%。具有如下优点:

①强度较高,可以减轻钢结构的自重,经济效益好;

②具有良好的综合性能,如耐腐蚀、耐低温性能好,抗冲击韧性强,使用寿命长等;

③易于加工及施工,良好的可焊性及冷加工性为施工提供方便。

(3)型钢与钢板

常用的热轧型钢有:角钢(等边和不等边)、I字钢、槽钢、T型钢、H型钢、Z型钢等。热轧型钢的标记须标出型钢名称、横断面主要尺寸、型钢标准及钢号与钢种标准。如用碳素钢Q235-A轧制的、尺寸为160mm×160mm×16mm的等边角钢,应标示为:

$$\text{热扎等边角钢}\frac{160\times160\times16\text{—(GB/T 9787—1988)}}{\text{Q235}-\text{A(GB/T 700—2006)}}$$

用光面轧辊轧制而成的扁平钢材,以平板状态供货的称为钢板,以卷状供货的称为钢带,可用热轧或冷轧方式生产。

热轧钢板按厚度可分为中厚板(厚度大于4mm)和薄板(厚度为0.35~4mm)两种,冷轧钢板只有薄板(厚度为0.2~4mm)一种。

(4)钢筋

钢筋是建筑工程中使用量最大的钢材品种之一,其材质包括普通碳素钢和普通低合金钢两大类。常用的有热轧钢筋、冷加工钢筋以及钢丝、钢绞线几种。

①热轧钢筋

热轧钢筋按屈服点和抗拉强度分为I、II、III、IV四个等级,其中I级钢筋用碳素结构钢轧制,其余用低合金结构钢轧制。I级钢筋强度较低,但塑性及可焊性好,便于冷加工,广泛用作普通混凝土中的非预应力钢筋;预应力钢筋应优先选用IV级钢筋,也可选用II级或III型钢筋。

②冷加工钢筋

在常温下对钢筋进行机械加工(冷拉、冷拔、冷轧),使其产生塑性变形,从而达到提高强度(屈服点)、节约钢材的目的,这种方法称为冷加工。经冷加工后,钢筋塑性、韧性均有所下降。

冷拉II、III、IV级钢筋强度较高,可用作预应力混凝土结构的预应力筋。冷拉钢筋不宜用于负温及承受冲击或重复荷载的结构,因为冷拉钢筋的塑性、韧性较差,易发生脆断。

常用钢筋每米理论质量见表2-2。

**每米钢筋理论质量表** 表2-2

| 钢筋直径(mm) | 6 | 8 | 10 | 12 | 16 | 20 | 22 | 25 | 30 |
|---|---|---|---|---|---|---|---|---|---|
| 每米质量(kg) | 0.222 | 0.395 | 0.617 | 0.888 | 1.578 | 2.466 | 2.984 | 3.853 | 5.549 |

4.钢材的防锈

当钢材表面与环境介质发生各种形式的化学作用时,就可能遭到腐蚀。如与$O_2$、$SO_2$、$H_2S$等腐蚀性气体发生作用而被氧化。腐蚀的结果是:在钢材表面形成疏松的氧化物,或称为生锈。一般来讲,钢材的锈蚀会降低其性能,使钢结构断面减小,因而承载能力降低,甚至由于局部腐蚀引发应力集中,导致钢结构突然破坏,造成严重后果。

防止钢材锈蚀的方法通常是采用表面刷防锈漆。常用底漆有红丹、环氧富锌漆、铁红环氧漆等;面漆有灰铅油、醇酸磁漆、酚醛磁漆等。薄壁钢材可采用热浸镀锌或镀锌后加涂塑料涂层,这种方法防锈效果好,但造价高。

## 二、水泥

水泥是公路工程中最主要和使用最广泛的一种粉状水硬性无机胶结材料。加水拌和后成浆体,能在空气中硬化或者在水中更好的硬化,并能把砂、石等材料牢固地胶结在一起。

1. 主要品种

我国生产并大量使用的水泥品种主要有以下几种。

(1)硅酸盐水泥:由硅酸盐水泥熟料、0% ~5% 石灰石或粒化高炉矿渣、适量石膏磨细制成的水硬性胶凝材料,称为硅酸盐水泥,分 P.Ⅰ和 P.Ⅱ,即国外通称的波特兰水泥。

(2)普通硅酸盐水泥:由硅酸盐水泥熟料、6% ~15% 混合材料,适量石膏磨细制成的水硬性胶凝材料,称为普通硅酸盐水泥(简称普通水泥),代号:P.O。

(3)矿渣硅酸盐水泥:由硅酸盐水泥熟料、粒化高炉矿渣和适量石膏磨细制成的水硬性胶凝材料, 称为矿渣硅酸盐水泥(简称矿渣水泥),代号:P.S。

(4)火山灰质硅酸盐水泥:由硅酸盐水泥熟料、火山灰质混合材料和适量石膏磨细制成的水硬性胶凝材料,称为火山灰质硅酸盐水泥(简称火山灰水泥),代号:P.P。

(5)粉煤灰硅酸盐水泥:由硅酸盐水泥熟料、粉煤灰和适量石膏磨细制成的水硬性胶凝材料,称为粉煤灰硅酸盐水泥(简称粉煤灰水泥),代号:P.F。

(6)复合硅酸盐水泥:由硅酸盐水泥熟料、两种或两种以上规定的混合材料和适量石膏磨细制成的水硬性胶凝材料,称为复合硅酸盐水泥(简称复合水泥),代号 P.C。

水泥品种的强度等级划分见表 2-3。

**水泥品种的强度等级**　　表 2-3

| 水泥名称 | 强度等级 | | | | | | | |
|---|---|---|---|---|---|---|---|---|
| 硅酸盐水泥 | — | — | 42.5 | 42.5R | 52.5 | 52.5R | 62.5 | 62.5R |
| 普通水泥 | 32.5 | 32.5R | 42.5 | 42.5R | 52.5 | 52.5R | — | — |
| 矿渣水泥 | 32.5 | 32.5R | 42.5 | 42.5R | 52.5 | 52.5R | — | — |
| 火山灰水泥 | 32.5 | 32.5R | 42.5 | 42.5R | 52.5 | 52.5R | — | — |
| 粉煤灰水泥 | 32.5 | 32.5R | 42.5 | 42.5R | 52.5 | 52.5R | — | — |
| 复合水泥 | 32.5 | 32.5R | 42.5 | 42.5R | 52.5 | 52.5R | — | — |

2. 主要指标

(1)密度

密度指水泥在自然状态下单位体积的质量,分为松散状态下的密度和紧密状态下的密度两种。水泥松散状态下的密度为 900 ~1 300kg/m$^3$,紧密状态下的密度为 1 400 ~1 700kg/m$^3$,通常采用的水泥为 1 300kg/m$^3$。

(2)细度

细度表示水泥颗粒的粗细程度。水泥的细度直接影响水泥的活性和强度。颗粒越细,与水反应的表面积越大,水化速度快,早期强度高,但硬化收缩较大,且粉磨时耗能大,成本高。而颗粒过粗,又不利于水泥活性的发挥,且强度低。国标规定,硅酸盐水泥比表面积大于 300m$^2$/kg,其他水泥 80μm 方孔筛筛余不得超过 10.0%。

(3)凝结时间

凝结时间分初凝时间和终凝时间。水泥从加水拌和起(调成标准稠度),到水泥浆开始失去塑性所需的时间,称为初凝时间;水泥从加水拌和起,到水泥浆完全失去塑性开始产生强度所需的时间,称为终凝时间。水泥凝结时间在建设工程施工中具有重要意义,初凝时间不宜过短,终凝时间不宜过长。初凝时间不合要求,该水泥报废;终凝时间不合要求,该水泥视为不合格产品。国标规定，硅酸盐水泥的初凝时间不得早于45min，终凝时间不得迟于6.5h；其他水泥初凝时间不得早于45min，终凝时间不得迟于10h。

(4)体积安定性

水泥的体积安定性，是指水泥在凝结硬化过程中体积变化的均匀性。如果水泥硬化后产生不均匀的体积变化，即为体积安定性不良。安定性不良会导致构件(制品)产生膨胀性裂纹或翘曲变形，降低建筑物质量，甚至引起严重质量事故。引起安定性不良的主要原因是熟料中游离氧化钙或游离氧化镁过剩或石膏掺量过多。安定性不合格的水泥应按废品处理，不得用于工程建设。

(5)强度

水泥强度是指水泥胶砂硬化试体所能承受外力破坏的能力，用MPa(兆帕)表示。按照《水泥胶砂强度检验方法(ISO法)》(GB 17671—1999)的规定：按一份水泥、三份标准砂、半份水(水灰比为0.5)的质量配合比制成胶砂试件，在标准温度20±1℃的水中养护，测得3d和28d的试件抗压强度和抗折强度，根据试验结果确定水泥的强度等级。各强度等级水泥的各龄期强度不得低于表2-4的数值。

**硅酸盐水泥、普通水泥各龄期强度值** 表2-4

| 品　种 | 强度等级 | 抗压强度(MPa) | | 抗折强度(MPa) | |
|---|---|---|---|---|---|
| | | 3d | 28d | 3d | 28d |
| 硅酸盐水泥 | 42.5 | 17.0 | 42.5 | 3.5 | 6.5 |
| | 42.5R | 22.0 | 42.5 | 4.0 | 6.5 |
| | 52.5 | 23.0 | 52.5 | 4.0 | 7.0 |
| | 52.5R | 27.0 | 52.5 | 5.0 | 7.0 |
| | 62.5 | 28.0 | 62.5 | 5.0 | 8.0 |
| | 62.5R | 32.0 | 62.5 | 5.5 | 8.0 |
| 普通水泥 | 32.5 | 11.0 | 32.5 | 2.5 | 5.5 |
| | 32.5R | 16.0 | 32.5 | 3.5 | 5.5 |
| | 42.5 | 16.0 | 42.5 | 3.5 | 5.5 |
| | 42.5R | 21.0 | 42.5 | 4.0 | 6.5 |
| | 52.5 | 22.0 | 52.5 | 4.0 | 7.0 |
| | 52.5R | 26.0 | 52.5 | 5.0 | 7.0 |

水泥强度主要取决于熟料的矿物组成及细度。另外，水泥中混合材料的数量和质量、石膏掺入量以及试件的制作、使用外加剂及改变养护条件对水泥强度也有影响。

(6)水化热

水泥加水后，发生水化作用逐渐凝结硬化放出的热量，称为水泥的水化热。水化热与水泥矿物成分、细度、掺入的外加剂品种和数量、水泥品种及混合材料掺量有关。水泥的水化热主要在早期释放，后期逐渐减少。

对大型基础、桥墩等大体积混凝土工程，由于水化热积聚在内部不易发散，使内部温度上升到50以上，内外温差引起的应力使混凝土可能产生裂缝，因此水化热对大体积混凝土工程是不利的。

3.外加剂

水泥可掺入各种外加剂,但使用前应检验外加剂与水泥的适应性,符合要求方可使用。外加剂掺量以胶凝材料的总量的百分比表示,或以 mL/kg 胶凝材料表示。按其使用功能可以分为减水剂、早强剂、引气剂、膨胀剂、速凝剂、缓凝剂、防锈剂、防冻剂、泵送剂等。

(1)减水剂

减水剂是指在保持混凝土稠度不变的条件下,具有减水增强作用的外加剂,它是一种表面活性剂,加入混凝土中能对水泥颗粒起分散作用,从而把水泥凝聚体中所包含的水释放出来,使水泥达到充分水化。

在混凝土中掺用减水剂可达到下列效果。

①在保持坍落度不变的情况下,可降低单位混凝土用水量 5% ~25%,提高混凝土的早期强度,同时改善混凝土的密实度,提高耐久性。

②在用水量不变的情况下,可降低水灰比,改善混凝土和易性,有利于泵送、滑模、喷射等混凝土新工艺的施工。

③在保持混凝土强度及和易性基本相同的情况下,可节约水泥用量 5% ~20%。

④对抗渗、抗冻等各项性能均有所改善。

常用的减水剂有:木质素磺酸类普通减水剂(如木质素磺酸钙,木质素磺酸钠、木质素磺酸镁及丹宁等);高效减水剂,包括多环芳香族磺酸盐类(苯和苯的同系磺化物与甲醛缩合的盐类等)、水溶性树脂磺酸盐类(磺化三聚氰胺树脂等)、脂肪族类(聚丙烯酸盐类等)、其他(改性木质素磺酸钙、改性丹宁等)。

(2)早强剂及早强减水剂

早强剂是指能提高混凝土早期强度,并对后期强度无显著影响的外加剂。通过对水泥水化过程所产生的综合的物理、化学作用,能显著提高混凝土拌和物的工艺性能和硬化混凝土的物理力学性能。早强剂多用于抢修工程和混凝土的冬季施工。

常用的早强剂有:强电解质无机盐类早强剂(氯盐、硫酸复盐、硝酸盐等)、水溶性有机化合物(三乙醇胺、甲酸盐、乙酸盐等),其他(无机盐复合物、有机化合物)。

(3)引气剂及引气减水剂

引气剂是在混凝土拌和过程中,能引入大量分布均匀的微小气泡,阻塞有害的毛细孔通道,从而减少拌和物的泌水离析,改善和易性,提高抗渗性、抗冻性和耐久性。

常用的引气剂主要有:松香树脂类(如松香热聚物、松香皂等)、烷基和烷基芳烃磺酸盐类(烷基苯磺酸盐、烷基苯酚聚氧乙烯醚等)和脂肪醇磺酸盐类以及蛋白质盐、石油磺酸盐等。其掺入量均十分微小,一般为水泥用量的 0.05‰ ~0.15‰。

(4)膨胀剂

膨胀剂是指与水泥、水拌和后经水化反应生成钙矾石、钙矾石和氢氧化钙或氢氧化钙,使混凝土产生膨胀的外加剂。主要用于补偿混凝土收缩,常与减水剂一起配制地脚螺栓灌浆料,设备安装时的坐浆材料及混凝土接头等,还可用于防水工程,防止大体积混凝土的收缩裂缝,也可用于预应力混凝土,调整掺量以控制膨胀值。

常用的膨胀剂有硫铝酸钙类、硫铝酸钙—氧化钙类及氧化钙类。

(5)速凝剂

速凝剂是指掺入混凝土中能使混凝土迅速凝结硬化的外加剂。主要用于冬季滑模施工及喷射混凝土等需要速凝的混凝土工程。常用的速凝剂有粉状速凝剂(以铝酸盐、碳酸盐等为主要成分的无机盐混合物等)、液体速凝剂(以铝酸盐、水玻璃等为主要成分,与其他无机盐复合而成的复合物)。

(6)缓凝剂及缓凝减水剂

缓凝剂是指延缓混凝土凝结时间,并对后期强度发展无不利影响的外加剂,主要用于大体积混凝土、炎热条件下施工的混凝土或长距离运输的混凝土和某些在施工操作上需要保持较长处理混凝土时间的项目。

常用的缓凝剂有糖类(如糖钙)、木质素磺酸盐类(如木质素磺酸钙、木质素磺酸钠)、羟基羟酸及其盐类(如柠檬酸等)、无机盐类(如锌盐等),以及胺盐及其衍生物、纤维素醚等。

(7)防锈剂

防锈剂又称阻锈剂或缓蚀剂。采用氯化物作早强剂时,需要同时加入防锈剂,防阻对钢筋的锈蚀。

(8)防冻剂

防冻剂是指能使混凝土在负温下硬化,并在规定养护条件下达到预期性能的外加剂。它是一种能在低温下防止物料中水分结冰的物质。

常用的防冻剂有强电解质无机盐类(氯盐类、氯盐阻锈类、无氯盐类)、水溶性有机化合物类、有机化合物与无机盐复合类、复合型防冻剂。

(9)泵送剂

泵送剂是指能改善混凝土拌和物泵送性能的外加剂。所谓泵送性能,就是混凝土拌和物具有能顺利通过输送管道,不阻塞、不离析、黏塑性良好的性能。泵送剂采用由减水剂、缓凝剂、引气剂等复合而成。

混凝土中掺入外加剂时,必须了解外加剂的性能、用量、使用条件,根据工程设计和施工要求,通过试验及技术经济比较选择使用。

## 三、木材

木材由树皮、木质部及髓心组成。木质部是木材的主要使用部分;髓心为树干的中心,细胞已无生命机能,故强度低、易腐朽;在髓心外的年轮中密实者称为夏材(晚材,生长于夏秋季,颜色较深),而疏者称为春材(早材)。木材中夏材部分越多则强度越高,质量越好。

1. 木材的分类

(1)按树种分为针叶树材和阔叶树材两类。

针叶树材:树叶细长如针,树干通直高大,纹理平顺、材质均匀、耐腐蚀、易加工,多为常绿树。材质一般较软,有的含树脂,故又称软材,是建设工程中的常用材料。如红松、落叶松、云杉、冷衫、衫木、柏木等都属此类。

阔叶树材:树叶宽大,叶脉成网状,大都为落叶树,材质一般较坚硬,故又称硬材。硬材易翘曲开裂、难加工,但有的有美丽的纹理,可用于装修等。如樟木、榉木、水曲柳、青冈、柚木、山毛榉、色木等都属此类。也有少数质地较软的,如桦木、椴木、山杨、青杨等属于此类。

(2)按材种分类可分为原条、原木、锯材、枕木。

原条指已经除去皮、根、树梢的木料,但尚未按一定尺寸加工成规定的材类。

原木指已经除去皮、根、树梢的木料,并已按一定尺寸加工成规定直径和长度的材料。

锯材指已经加工锯解成材的木料,如枋料、板料。

枕木指按枕木断面和长度加工而成的成材。枕木主要供铁路用的枕木。

2. 木材的基本性质

(1)含水率

木材中所含水分的质量与干燥后木材质量的百分比,称为木材含水率。正常状态下的木材及其制品,都会有一定数量的水分。木材内部所含水分有两种,即吸附水(存在于细胞壁内)与自由水(存在于细胞腔与细胞间隙中)。当木材中细胞壁内被吸附水充满而细胞腔与细胞间隙中没有自由水时,该木材的含水率被称为纤维饱和点,一般为20%~35%。纤维饱和点是木材物理力学性质发生改变的转折点,是木材含水率是否影响其强度和干缩湿胀的临界值。

(2)干缩湿胀

木材具有显著的干缩湿胀性,这是由于细胞壁内吸附水含量的变化引起的。当木材由潮湿状态干燥到纤维饱和点时,其尺寸不变,而继续干燥到其细胞壁中吸附水开始蒸发时,则木材开始发生体积收缩(干缩)。相反,当干燥木材吸湿时,随着吸附水的增加,木材将发生体积膨胀(湿胀),直到含水率达到纤维饱和点为止,此后,尽管木材含水率会继续增加,即自由水增加,但体积不再发生变化。

一般来讲,体积密度大、夏材含量高者胀缩性较大。按方向说,顺纹方向胀缩最小,径向较大,弦向最大(可达6%~12%)。防止胀缩最常用的方法是对木材进行预干燥,达到估计的平衡含水率时再进行加工使用。

(3)强度

木材的强度有抗拉、抗压、抗弯和抗剪四种,而且均具有明显的方向性。抗拉、抗压、抗弯强度均为顺纹方向的强度大于横纹方向的强度,抗剪强度则是横纹方向大于顺纹方向(可达4~5倍)。木材各种强度的比例关系见表2-5。

**木材各种强度的比例关系**

表 2-5

| 挤压 | | 抗拉 | | 抗弯 | 抗剪 | |
|---|---|---|---|---|---|---|
| 顺纹 | 横纹 | 顺纹 | 横纹 | | 顺纹 | 横纹 |
| 1 | $\frac{1}{10}\sim\frac{1}{3}$ | 2~3 | $\frac{1}{20}\sim\frac{1}{3}$ | $1\frac{1}{2}\sim2$ | $\frac{1}{7}\sim\frac{1}{3}$ | $\frac{1}{2}\sim1$ |

3. 木材的特性

(1)质量轻且强度高。木材的体积密度约为550kg/m$^3$左右,其顺纹抗拉强度和抗弯强度约为100MPa。因此,木材属轻质高强材料,使用范围可扩展到结构材料。

(2)具有良好的弹性和韧性,抗冲击荷载与振动能力强。

(3)具有良好的保温隔热性能,导热系数多在0.30W/(m·K)左右。

(4)多有美丽的天然纹理,装饰效果好。

(5)耐久性好,在通风干燥条件下,维持千年仍可完好。

(6)易于加工,适于锯、刨、雕刻、钉、粘,可生产多种制品。

木材的主要缺点是:易腐、易燃、各向异性、胀缩变形大,天然疵病多。

## 四、沥青

沥青是由天然出产或各种有机物经热加工后得到的产品,它是由多种化学成分极其复杂的烃类所组成。这些烃类为一些带有不同长短侧链的高度缩合的环烷烃和芳环烃,以及这些烃类的非金属元素(氧、氮、硫)的衍生物,有时还含有带有一些微量金属元素(钒、镍、锰、铁等)的烃类等。沥青材料是以沥青为主要成分的一种有机结合料。

1. 分类

沥青按其在自然界中获得的方式可分为地沥青和焦油沥青两大类。

(1)地沥青

地沥青是天然产物或由石油精制加工得到,以"沥青"占绝对优势成分的沥青材料。按其产源又可分为:

①天然沥青。天然沥青是石油在自然条件下,长时间受各种自然因素作用,形成以纯粹沥青成分存在(如沥青湖、沥青泉或沥青海等)、或渗入各种孔隙性岩石中(如岩地沥青)与砂石材料相混(如地沥青砂、地沥青岩)。前者可直接使用,后者可作为混合料使用,亦可用水熬煮或溶剂抽提得纯地沥青后使用。

②石油沥青。石油沥青是弥散于石油胶体中的沥青,经各种石油精制加工而得到的产品,最常得到的有直馏沥青、氧化沥青、裂化沥青、溶剂脱沥青、调和沥青等,还可经过加工而得到轻质沥青、乳化沥青等。我国天然沥青很少,但石油资源丰富,故在我国石油沥青是使用量较大的一种沥青材料。

(2)焦油沥青

焦油沥青是各种有机物(煤、泥炭、木材等)干馏加工得到的焦油经再加工得到的产品,故称为焦油沥青。

焦油沥青按其加工的有机物名称而命名,如由煤干馏所得的煤焦油,经再加工后所得到的沥青,即称为煤沥青。除此以外,还有页岩沥青、木沥青和泥炭沥青等。

公路路面工程中常用的主要是石油沥青和煤沥青。

2. 石油沥青的主要技术性质

道路石油沥青的质量应符合相关规定的技术要求。各个沥青等级的适用范围应符合表2-6的规定。

**道路石油沥青的分级及适用范围** 表2-6

| 沥青等级 | 适用范围 |
|---|---|
| A级沥青 | 各个等级的公路,适用于任何场合和层次 |
| B级沥青 | ①高速公路、一级公路沥青下面层及以下的层次,二级及二级以下公路的各个层次;②用作改性沥青、乳化沥青、改性乳化沥青、稀释沥青的基质沥青 |
| C级沥青 | 三级及三级以下公路的各个层次 |

(1) 黏滞性(或称黏性)

黏滞性是反映沥青材料在外力作用下,其材料内部阻碍产生相对流动的能力。液态石油沥青的黏滞性用黏度表示。半固体或固体沥青的黏滞性用针入度表示。黏度和针入度是沥青划分牌号的主要指标。黏度是液体沥青在一定温度(25℃或60℃)条件下,经规定直径

(3.5mm或10mm)的孔,漏下50mL所需的秒数。针入度是指在温度为25℃的条件下,以质量100g的标准针,经5s沉入沥青中的深度(0.1mm称1度)来表示。

(2)塑性

塑性是指沥青在外力作用下产生变形而不破坏,除去外力后仍能保持变形后的形状不变的性质。影响沥青塑性大小的因素与沥青的组分及温度有关。沥青中树脂质含量多,油分及沥青质适当,则塑性较大。在常温下,塑性好的沥青不易产生裂缝,并可减少摩擦时的噪声。同时它对于沥青在温度降低时抵抗开裂的性能有重要影响。

沥青的塑性用"延伸度"(或称延度)表示。按标准试验方法,制成"8"形标准试件,试件中间最狭处断面积为1$cm^2$,在规定温度(一般为25℃)和规定速度(5cm/min)的条件下在延伸仪上进行拉伸,延伸度以试件拉细而断裂时的长度(cm)表示。沥青的延伸度越大,沥青的塑性越好。

(3)温度敏感性

温度敏感性是指石油沥青的黏滞性和塑性随温度升降而变化的性能。温度敏感性较小的石油沥青,其黏滞性、塑性随温度的变化较小。

高温敏感性常用软化点来表示,软化点是沥青材料由固体状态转变为具有一定流动性的膏体时的温度。低温敏感性常用脆点来表示,脆点是沥青材料由黏塑状态转变为固体状态达到条件脆裂时的温度。

(4)大气稳定性

大气稳定性是指石油沥青在热、阳光、氧气和潮湿等因素的长期综合作用下抵抗老化的性能,它反映了沥青的耐久性。大气稳定性可以用沥青的蒸发减量及针入度变化来表示,即试样在160℃温度加热蒸发5h后的质量损失百分率和蒸发前后的针入度比两项指标来表示。蒸发损失率越小,针入度比越大,则表示沥青的大气稳定性越好。

以上四种性质是石油沥青的主要性质,是鉴定建筑工程中常用石油沥青品质的依据。此外,为全面评定石油沥青质量和保证安全,还需了解石油沥青的溶解度、闪点等性质。

(5)溶解度和闪点

溶解度指石油沥青在三氯乙烯、四氯化碳或苯中溶解的百分率。用以限制有害的不溶物含量。闪点也称闪火点,是指加热沥青产生的气体和空气的混合物,在规定的条件下与火焰接触,初次产生蓝色闪光时的沥青温度。闪点的高低,关系到运输、储存和加热使用等方面的安全。

3. 改性沥青

当普通石油沥青的性能不能全面满足使用要求时,常采取措施对沥青性能进行改善。改性沥青是指掺加橡胶、树脂、高分子聚合物、磨细的橡胶粉或其他填料等外掺剂(改性剂),或采取对沥青轻度氧化加工等措施,使沥青性能得到改善而制成的沥青结合料。

(1)氧化改性

在一定范围的高温下向减压渣油或脱油沥青吹入空气,通过氧化作用和聚合作用,使沥青分子变大,提高沥青的黏度和软化点,从而改善沥青的性能。

(2)矿物填充料改性

为提高沥青的黏结力和耐热性,降低沥青的温度敏感性,在石油沥青中加入一定数量的矿物填充料进行改性。常用的改性矿物填充料改性大多是粉状和纤维状的,如滑石粉、石棉等。

(3)聚合物改性

聚合物(包括树脂和橡胶)同石油沥青具有较好的相溶性,可赋予石油沥青某些橡胶的特性,从而改善石油沥青的性能。

4. 乳化沥青

乳化沥青是将通常高温使用的道路沥青,经过机械拌和和化学稳定的方法(乳化),扩散到水中而液化成常温下黏度很低、流动性很好的一种道路建筑材料。乳化沥青可以在常温下进行喷洒、贯入或拌和摊铺,现场无需加热,能减少污染。其黏度低、和易性好、施工安全便利,但稳定性差。

## 五、砂、石

砂、石材料是公路工程中使用广泛的材料。

1. 砂

砂(即通常所指的普通砂)系指自然山砂、河砂、海砂。砂是由坚硬的天然岩石经自然风化逐渐形成的疏散颗粒的混合物,其主要用途是作为细集料与胶凝材料(包括水泥、石灰等)配制成砂浆或混凝土使用。

砂按细度模数区分为粗砂、中砂、细砂和特细砂。粗砂的细度模数 $M_x$ 为 3.7 ~ 3.1,中砂的 $M_x$ 为 3.0 ~ 2.3,细砂的 $M_x$ 为 2.2 ~ 1.6,特细砂的 $M_x$ 为 1.5 ~ 0.7。

砂的密度一般为 2.6 ~ 2.7g/cm$^3$;干燥状态下的堆密度约为 1 500kg/m$^3$;处于干燥状态下的孔隙率一般为 35% ~45%。

其质量要求如下:

(1)颗粒坚硬洁净;

(2)黏土、泥灰、粉末等含量不得超过 3%;

(3)云母含量不得超过 2%;

(4)轻物质含量不得超过 1%;

(5)三氧化硫($SO_3$)含量不得超过 1%。

天然砂指从砂坑开采的未经加工(过筛)而运至施工现场的砂,含有少量的泥土、石子、杂质和水分。天然净砂指将天然砂过筛后,筛掉石子、杂质含量的砂。净干砂指将天然净砂经过烘干后的砂。

在编制定额时,对于天然砂、天然净砂、净干砂的概念不得混淆;否则将一种状态下的砂,换算为另一种状态下的砂,或将一种状态下砂的体积换算为另一种状态下砂的质量时,往往会产生错误。

2. 碎石

碎石一般采用花岗岩、砂岩、石英岩、玄武岩等,经人工或机械破碎而成。碎石的颗粒形状对混凝土的质量影响甚为重要,最好的颗粒形状是接近正方形的小立方体石块,片状或针形者都不宜用以拌制高强度等级混凝土。

路面用碎石最大粒径常用 1.5cm、2.5cm、3.5cm、5cm、6cm、7cm、8cm,桥梁等结构物用碎石最大粒径常用 2、4、6、8。

碎石的表观密度一般为 2.5 ~ 2.7g/cm$^3$;处于气干状态时的堆密度一般为 1 400 ~ 1 500 kg/m$^3$;在堆积状态下的孔隙率为 45%。

3. *石料*

将岩石用机械方法或人工方法加工,或不经加工而获得的各种块状或散粒状后,统称石料。岩石由于形成条件不同,分为岩浆岩、沉积岩、变质岩三大类。它们分别具有不同的矿物成分,不同的结构和构造。各种石料的建筑性能和使用范围,主要就是由它们的矿物成分、结构和构造所决定。

(1)分类

石料按其开采加工程度的不同分为如下几种:

①细料石:经过细加工,外形规则,表面凹凸深度不大于0.20cm,截面的宽度、高度不少于20cm,且不小于长度的1/3;

②粗料石:规格尺寸同细料石,但表面凹凸深度不大于2cm;

③块石:外形大致方正,并具有两个大致平行的面,一般不加工或仅稍加修整,其高度不小于20cm的块料;

④片石:外形不规则,厚度不小于15cm。

(2)石料的主要技术性质

①重度:一般重度大的石料,比较密实,故强度较高,吸水率较小。

②抗压强度:试件在干燥状态下的抗压强度极限值。

③抗冻性:石料的抗冻性取决于其矿物成分、结构及其构造。按石料在水饱和状态下所能经受得冻融循环次数划分不同的抗冻性等级。

④软化系数:当岩石中含有较多的黏土或易溶于水的物质时,岩石在遇水后,或软化,或溶解,将导致其强度下降。

## 第三节　材料品种及意义

在估算指标、概算定额、预算定额中各种材料品种、规格综合扩大的原则和意义,主要包括下列几个方面。

### 一、根据材料供求关系、品种、规格的实际情况,确定定额中材料的品种和规格

为保证公路工程定额适应社会经济和科学技术的发展水平，并与国家技术标准相统一，在确定定额中材料的品种和规格时，一定要以材料供求关系、品种、规格的实际情况为依据。如木料一类根据林业局的规定，其品种、规格及价格的划分，除分一等、二等、三等外，并分原木、特大枋、大枋、中枋、小枋、特厚板、厚板、中板、薄板、枕木、桩木等，根据不同长度又分若干档次，等级之间价格相差较大。公路工程除木结构的主要部分，如木桥的主梁、盖木、墩台木、桩木等，需用一等木外，临时工程（包括木便桥）及木模板、木支撑、脚手架木等，一般都采用三等木。20世纪60年代以前，《公路工程预算定额》中的木料消耗除分等级外，一般分原木、特大枋、大枋、中枋、小枋、特厚板、中板、薄板、枕木、桩木等，60年代以后由于基本建设工程发展较快，木料供应满足不了工程实际需要的品种和规格，只能按原木、锯材、枕木等品种供应。于是，20世纪70年代以后的《公路工程预算定额》，将木料品种改为原木、锯材、枕木等(估算指标将枕木需要量综合在锯材内)。

## 二、材料品种、规格的取定，要匹配各设计阶段的作用和深度

1. 项目建议书和可行性研究报告阶段

项目建议书阶段是通过外业调查资料，估计工程数量编制投资估算。这个投资总额，仅是初步计划投资数，允许存在较大误差。

可行性研究报告阶段要通过外业踏勘及必要的钻探（如技术复杂大桥的基础、隧道、高速公路、一级公路地质不良地段）等资料，估算工程数量编制投资估算。

根据上述基本建设前期工作两个阶段的作用和工作深度，《公路工程估算指标》中的材料品种、规格，一般只列主要材料名称，不写规格，次要材料、零星材料均列在"其他材料费"内。"其他材料费"按动态管理，允许每年上涨一定幅度计算工程造价。估算指标中主要材料消耗，仅是计价的依据，不能作为订购和备用材料考虑。编制估算时根据公路工程以往统计资料的用量比例测算综合单价进行计算。

现行的《公路工程估算指标》只列原木、锯材、钢筋、预应力粗钢筋、高强钢丝、钢绞线、钢材、波形钢板及型钢立柱、加工钢材、钢梁、钢板标志、铝合金标志、钢板网及铁丝编织网、水泥、石油沥青、生石灰、砂（砂砾）、片石、块石、碎（砾）石等，其中：

（1）钢材包括型钢、钢板、圆钢、钢轨、钢管等材料；

（2）加工钢材包括钢护筒、钢套箱、钢壳沉井、各种钢模板、门式钢支架、吊桥的索鞍及悬吊系统等；

（3）水泥包括各种强度等级的水泥；

（4）砂（砂砾）包括砂、砂砾；

（5）碎（砾）石包括各种规格碎石、砾石和石屑。

2. 设计阶段

初步设计和施工图设计阶段，分别确定各项工程数量，提供相应的图表资料及施工组织计划，分别编制设计概算和施工图预算。

设计概算和施工图预算编制依据的《公路工程概算定额》和《公路工程预算定额》中的材料品种和规定，应尽量满足概预算、标底编制以及施工备料的要求。因此，相对估算指标而言，定额中的材料划分较细，大部分材料详细地列出了品种和规格，其目的一方面使材料规格价格差异不要影响工程单价太多，另一方面尽量做到施工备料的计划实用性、正确性。

## 思考题

1. 工程材料按设计和施工生产过程中所起的作用，一般划分为哪些种类？

2. 周转性材料的含义是什么？举例说明哪些属于周转性材料？

3. 水泥可掺入各种外加剂，按其使用功能可分为哪些？公路工程目前使用较多的是什么外加剂？

4. 碎石、砂在公路工程中的质量要求主要是什么？

5. 工程材料在概预算定额和估算指标中品种、规格综合扩大的原则主要是什么？

# 第三章　工程机械

公路工程建设过程中,施工机械占有极其重要的地位。选用优质高效的施工机械,科学组织机械化施工,对保证工程质量、降低工程造价、加快施工进度、减轻工人劳动强度,起着十分重要的作用。

施工机械种类较多,按机械的自重可分为特大型、大型、中型、小型;按作业对象可分为土石方机械、路面工程机械、混凝土及灰浆机械、水平运输机械、起重及垂直运输机械、打桩钻孔机械、泵类机械、金属、木、石料加工机械、动力机械、工程船舶、其他机械;按定额综合范围分为主要机械和小型机具;按行走装置不同可分为履带式和轮胎式;按驱动力可分为机动和电动。

## 第一节　土石方机械

公路工程建设过程中采用的土石方机械主要有推土机、铲运机、挖土机、装载机、平地机、拖拉机、压路机、夯土机、凿岩机等。

### 一、分类、作用及性能

#### (一)推土机

1. 推土机的分类

推土机是一种自行铲土运输的机械,具有操作灵活、运转方便、所需工作面小等特点。按行走装置的不同,可分为履带式和轮胎式两大类;按推土板(或称铲刀)安装方式的不同,可分为固定式和回转式两种;按推土板操纵方式的不同,可分为机械式操纵和液压式操纵两种;按发动机额定功率的不同,可分成小型、中型、大型和特大型四种。

2. 推土机的应用

公路工程施工多采用大中型履带式推土机,主要进行 50 ~ 100m 短距离推运土方、石渣等作业。如开挖填筑路基土石方、基坑开挖集渣、填筑堤坝、围堰、开挖河床、渠道、平整场地、破伐树木、清除树根、填平壕堑和堆集砂砾石等集料作业。此外还可进行局部碾压,给铲运机助铲和预松土,以及牵引各种拖式土方机械等作业。

推土机的主要作业方式如下。

(1)直铲作业:是推土机经常采用的作业方法,主要用于土壤、石渣的向前铲推和场地平整作业。推运的经济运距,小型履带式推土机一般为 50m 以内,中型推土机一般为 50 ~ 100m,最远可达 150m。上坡推土时采用最小经济运距,下坡推土时则采用最大经济运距。轮胎式推土机的推运距离一般为 50 ~ 80m,最远可达 150m。

推土机的经济运距选择合适,能发挥推土机的最大效能。正常情况下,推土机在运距 100m 以内生产率较高,超过 100m 生产率将大幅度下降。在经济运距内,推土机比铲运机有着更高的生产效率。

(2)斜铲作业:主要用于旁山铲土、单侧弃土或落方推运。推土铲刀的水平回转角一般为左右各25°。作业时能一边切削土壤,一边将土壤移至一侧。斜铲作业的经济运距,比直铲作业时短,生产率也低。

(3)侧铲作业:主要用于在坡度不大的坡上铲削硬土以及掘沟作业,推土铲刀可在垂直面内上下倾斜90°。

(4)松土器的劈松作业:一般大型履带式推土机的后部均悬挂有液压松土器,松土器有多齿和单齿两种。多齿松土器铲挖力较小,主要用于劈开较薄的硬土、冻土层等。单齿松土器有着较大的铲挖能力。除了能疏松硬土、冻土外,还可劈松具有风化和有裂缝或节理发达的岩石。

上述推土机的基本作业,均指在旱地作业。这类推土机若在含水率高的沼泽泥泞地段施工,常会使履带打滑,严重时还会使推土机沉陷。因此,目前已有专门适用于沼泽泥泞条件下作业的湿地推土机,这种湿地推土机的基本作业与一般推土机相同。

3.推土机的生产率计算

(1)推土机直铲进行铲推作业时生产率

$$Q = \frac{3\,600 \times q \times K_b \times K_y}{t} \tag{3-1}$$

式中:$Q$——生产率($m^3/h$);

$q$——推土机推移土料的体积($m^3$);

$K_b$——时间利用系数,一般取0.8~0.85;

$K_y$——坡度影响系数,平地时取1.0,上坡时(坡度5%~10%)取0.5~0.7,下坡时(坡度5%~15%)取1.3~2.3;

$t$——每一工作循环所需时间(s)。

当推土机进行斜铲连续作业时,与平地机的作业方式相似,其生产率可参照平地机生产率公式进行计算。

(2)推土机平整场地时生产率

$$Q = \frac{3\,600 \times L \times (l \times \sin\varphi - b) \times K_b \times B}{n \times \left(\dfrac{L}{v} + t_n\right)} \tag{3-2}$$

式中:$Q$——生产率($m^3/h$);

$L$——平整地段长度(m);

$l$——推土板长度(m);

$\varphi$——推土板的水平回转度角度(°);

$b$——两相邻平整地段的重叠部分宽度(m),一般取0.3~0.5m;

$K_b$——时间利用系数,一般取0.8~0.85;

$B$——推土板高度(m);

$n$——在同一地点的重复平整次数(次);

$v$——推土机运行速度(m/s);

$t_n$——推土机转向时间(s)。

4. 推土机的人员配备

推土机一般配备两名驾驶员进行作业。

## (二)铲运机

1. 铲运机的分类

铲运机是一种循环作业式铲土运输的机械。按行走方式的不同,可分为拖式和自行式两种。

自行式铲运机按牵引车和动力传递方式的不同,可分为机械式传动、液力机械式传动、电力传动和静液压传动四种;按工作机构操纵方式的不同,可分为液压式铲运机和机械操纵铲运机两种;按卸土方式的不同,可分为强制卸土式、半强制卸土式和自动卸土式三种;按装载方式不同,可分为链板装载式与普通装载式两种;按斗容大小可分为小型、中型、大型和特大型四种。

2. 铲运机的应用

铲运机主要用于中距离的大规模土方转移工程。它能综合完成铲土、装土、运土和卸土四个工序,并能控制填土铺筑厚度和进行平土作业,对卸下的土壤进行局部碾压。

铲运机适用于中等运距(100~600m)和道路坡度不大条件下的大量土方转移工程,如果运距太短(100m 以内)采用铲运机是不经济的,而采用推土机或轮胎式装载机自装自运较为适宜,运距太长(600m 以上)则宜采用自卸汽车、机动翻斗车等较为经济。铲运机的经济运距和行驶道路坡度是铲运机选型的重要依据之一。一般来说,运距短、坡度大、路面松软、以选择拖式铲运机为宜。如果运距较长、坡度大,宜采用双发动机驱动的自行式铲运机比较经济。路面较平坦则选用单发动机驱动的自行式铲运机较为经济。

3. 铲运机的生产率计算

$$Q = \frac{60 \times V \times K_b \times K_h}{t \times K_p} \tag{3-3}$$

式中:$Q$——生产率($m^3/h$);

$V$——铲斗的几何斗容量($m^3$);

$K_b$——时间利用系数,一般取 0.8~0.85;

$K_h$——土壤的充满系数,见表 3-1;

$t$——铲运机每一工作循环所用的时间(min);

$K_p$——土壤的松散系数。干砂取 1.0~1.2;砂黏土、黏砂土取 1.2~1.4;重砂黏土、黏土取 1.2~1.3。

**土壤充满系数 $K_h$ 取值表** 表 3-1

| 装载方式 | 砂质土 | 黏砂土和中等砂黏土 | 重砂黏土和黏土 |
|---|---|---|---|
| 不用推土铲助铲 | 0.5~0.7 | 0.8~0.9 | 0.6~0.8 |
| 用推土铲助铲 | 0.8~1.0 | 1.0~1.2 | 0.9~1.2 |

4. 铲运机的人员配备

铲运机一般为两名驾驶员。

## (三)单斗挖掘机

1. 单斗挖掘机的分类

单斗挖掘机是一种周期作业自行式土方机械,其用一个刚性或挠性连续铲斗,以间歇重复的循环进行工作。按行走装置的不同,单斗挖掘机可分为履带式、轮胎式两种;按动力装置不同,可分为内燃机驱动、电力驱动和复合驱动等三种;按传动方式的不同,可分为机械传动、液压传动和混合传动三种;按工作装置的不同,可分为正铲挖掘机(前进向上,强制切土。挖掘力大,生产率高,可开挖停机面以上的Ⅰ~Ⅳ类土)、反铲挖掘机(后退向下,强制切土;挖掘力比正铲小,可开挖停机面以下Ⅰ~Ⅱ类土,深度在4m左右的基坑、基槽、管沟,也可用于地下水位较高的土方开挖)、拉铲挖掘机(后退向下,自重切土。其挖土深度和挖土半径均较大,可开挖停机面以下的Ⅰ~Ⅱ类土,但不如反铲挖掘机动作灵活准确。适用于开挖大型基坑及水下挖土)、抓斗挖掘机(直上直下,自重切土;挖掘力较小,只能开挖Ⅰ~Ⅱ类土,用于开挖窄而深的独立基坑和基槽、沉井,适用于水下挖土,是地下连续墙施工挖土的专用机械)四种。

2. 单斗挖掘机的应用

单斗挖掘机具有挖掘能力强、通用性好、能适合不同作业要求的特点。在公路工程施工中,单斗挖掘机主要用来进行挖掘土料、剥除采石的覆盖层及在料场进行装载作业等。单斗挖掘机与运输车辆配合作业可获得最好的经济效果,汽车数量可按运输距离所需的运输循环时间和挖掘机的作业循环时间来确定,以保证提高生产率,降低成本为标准。

3. 挖掘机的生产率计算

$$Q = q \times n \times \frac{K_m}{K_p} \times K_b \tag{3-4}$$

式中:$Q$——生产率($m^3/h$);

$q$——铲斗的几何斗容量($m^3$);

$n$——工作循环次数(次/h);

$K_m$——铲斗的装满系数,见表3-2;

$K_p$——土壤的松散系数,见表3-3;

$K_b$——时间利用系数,一般取0.7~0.85。

**铲斗装满系数 $K_m$ 取值表** 表3-2

| 铲斗形式 | 轻质黏软土 | 轻质黏性土 | 普通土 | 重质土 | 爆破后岩石 |
|---|---|---|---|---|---|
| 正铲 | 1.00~1.20 | 1.15~1.40 | 0.75~0.95 | 0.55~0.70 | 0.30~0.50 |
| 拉铲 | 1.00~1.15 | 1.20~1.40 | 0.80~0.90 | 0.50~0.65 | 0.30~0.50 |
| 抓铲 | 0.80~1.00 | 0.90~1.10 | 0.50~0.70 | 0.40~0.45 | 0.20~0.30 |

**土壤松散系数 $K_p$ 取值表** 表3-3

| 斗容量 | 土壤级别 | | | | | |
|---|---|---|---|---|---|---|
| | Ⅰ | Ⅱ | Ⅲ | Ⅳ | Ⅴ和Ⅵ | |
| | | | | | 爆破好的 | 爆破不好 |
| 0.2~0.75 | 1.12 | 1.22 | 1.27 | 1.35 | 1.46 | 1.50 |
| 1.0~2.0 | 1.10 | 1.20 | 1.25 | 1.32 | 1.44 | 1.48 |

4. 单斗挖掘机的人员配备

单斗挖掘机一般配备2人。

**(四)装载机**

1. 装载机的分类

装载机按工作装置作业形式的不同,可分为单斗式、挖掘装载式及斗轮式三种;按动臂形式的不同，可分为全回转式、半回转式和非回转式三种；按本身结构特点的不同，可分为刚性式和铰接式两种；按行走机构特点的不同，可分为轮胎式和履带式两种。

2. 装载机的应用

装载机常用于公路工程施工中土、石方铲运，以及推土、起重等多种作业。在运距不大或运距和道路坡度经常变化的情况下，采用装载机与自卸汽车配合装运作业，会使工效下降，费用增高。在这种情况下，可单独采用装载机作为自铲运设备使用。根据经验总结，当整个采装运作业循环时间少于3min时，使用装载机作为自铲运设备，是经济合理的。

轮胎式装载机与自卸汽车配合作业时的合理运距与设计年土石方生产量，设备斗容量和装载量有关，加大装载机容量就可增加合理的运距。装载机的斗容量与自卸汽车的车箱容积相匹配，通常以3～5斗装满车为宜。

轮胎式装载机与自卸汽车配合采运土石方的合理运距见表3-4。

**采运土石方合理运距表**　　表3-4

| 年生产量(万t) | 10 | 30 | | 50 | | 80 | | 100以上 | |
|---|---|---|---|---|---|---|---|---|---|
| 装载机斗容量($m^3$) | 2.25 | 2.25 | 4 | 2.25 | 4 | 2.25 | 4 | 2.25 | 4 |
| 汽车载质量(t) | 10 | 10 | 27 | 10 | 27 | 10 | 27 | 10 | 27 |
| 装载机载质量(t) | 装载机合理运距(m) | | | | | | | | |
| 2 | 470 | 170 | 260 | 110 | 160 | 80 | 110 | 71 | 65 |
| 4 | 760 | 280 | 450 | 190 | 280 | 130 | 190 | 118 | 108 |
| 5 | 920 | 350 | 540 | 240 | 340 | 170 | 230 | 155 | 143 |

3. 装载机的生产率计算

$$Q = \frac{3\,600 \times T \times E_s \times K_b \times K'_h}{t \times K_p} \tag{3-5}$$

式中：$Q$——实际生产率($m^3$/台班)；

$T$——每班工作时间(h)；

$E_s$——装载机额定斗容量($m^3$)；

$K_b$——时间利用系数，一般取0.75～0.85；

$K'_h$——铲斗装满系数，装砂时取0.9～1.2；装砾石时取1～1.2；装破碎岩石时取0.7～1.0；

$t$——装载一斗所需循环作业时间(s)；

$K_p$——货物松散系数。

4. 装载机的人员配备

履带式装载机一般配备2人，$2m^3$及以内的轮胎式装载机一般配备1人，$3m^3$及以上的装载机一般配备2人。

(五) 平地机

1. 平地机的分类

平地机是一种装有以铲土刮刀为主，配有其他多种可换作业装置，进行土地平整和整形连续作业的筑路机械。

按行走方式的不同,可分为拖式和自行式两类:拖式因机动性差,操作不便,已很少使用;自行式平地机具有轮胎行走装置,机动灵活,生产率高,被广泛采用。自行式平地机根据轮胎的数目,可分为四轮和六轮两种;根据车轮驱动情况分后轮驱动和全驱动;根据车轮转向情况,又分为前轮转向和全轮转向;根据刮刀长度或发动机功率还可分为轻、中、重型三种;根据工作装置(刮刀)和行走装置的操作方式,可分为机械操纵和液压操纵两种。目前自行式平地机多采用液压操纵。

2. 平地机的应用

平地机主要用于修筑路基横断面、帮刷边坡、开挖边沟及路槽、平整场地等,还可用来在路基上拌和路面材料、摊铺材料、修整和养护土路、推土、疏松土壤、清除杂草、石块和积雪等。

3. 平地机的生产率计算(平地机平整场地的生产率)

$$Q = \frac{60 \times L \times (l \times \sin\varphi - 0.5) \times K_b}{n \times \left(\frac{L}{v} + t\right)} \tag{3-6}$$

式中:$Q$——生产率($m^3/h$);

$L$——平整地段长度(m);

$l$——刮刀长度(m);

$\varphi$——刮刀的平面角度(°);

$K_b$——时间利用系数;

$n$——平整好这一段所需要行程数(次);

$v$——平整时的行驶速度(m/min);

$t$——掉头一次所需时间(min)。

4. 人员配备

自行式平地机一般配备 2 人。

**(六)拖拉机**

1. 拖拉机的分类

按行走装置不同,可分为履带式拖拉机和轮胎式拖拉机两大类;按照传动方式不同,可分为机械传动、静液压传动和电力传动三种;按发动机的额定功率大小可分为小型(75kW)、中型(75~170kW)、大型(170~375kW)、特大型(≥375kW)四种。

2. 拖拉机的应用

拖拉机的主要用途如下。

(1)牵引拖式土方机械,如松土机、平地机、铲运机、碾压机械等,进行土方施工作业。在牵引作业的同时,还可输出动力,以便对上述机械进行操纵。

(2)作为基础车与各种悬挂装置组成推土机、装载机、除荆机、拔根堆集机等工程机械。

(3)牵引挂车进行短距离运输作业。

(4)进行局部碾压作业。

(5)作为临时动力站,输出动力,驱动发电机、水泵等机械。

(6)与拖式起重机组合作为起重装卸设备。

3. 人员配备

履带式拖拉机一般配备 2 人,轮胎式拖拉机一般配备 1 人。

## （七）压路机

### 1. 压路机的分类

按照压实力的作用原理，可分为静作用碾压机械、振动碾压机械和夯实机械三类。

（1）静作用碾压机械是用碾轮沿被压实材料表面往复滚动，靠自重产生的静压力作用，使被压层产生永久变形达到压实目的。静作用碾压机械包括光轮压路机、轮胎压路机、羊脚压路机、凸块压路机及各种拖式压滚等。

（2）振动碾压机械是利用专门的振动装置，以一定的频率和振幅振动，并用碾轮沿被压实材料表面进行往复滚动，使被压层同时受到碾轮的静压力和振动力的综合作用，以提高压实效果。振动碾压机械包括各种拖式和自行式振动压路机。

（3）夯实机械又可分为冲击夯实和振动夯实两种。冲击夯实机械是利用重物自一定高度落下，冲击被压层进行夯实工作。振动夯实除冲击力之外，还有一个附加的振动力同时作用于被压层。

### 2. 压路机的应用

（1）光轮压路机：光轮压路机可分为自行式（简称压路机）和拖式（简称平碾）两种。这种压路机的单位直线压力小，压实深度浅，而且压实不均匀。适用于一般的公路工程。压路机可通过增减配重物的办法在一定范围内调整其单位直线压力。光轮压路机按质量分类的应用范围见表3-5。

**光轮压路机按质量分类的应用范围**　　表3-5

| 按质量分类 | 加载后质量(t) | 单位直接压力(MPa) | 应用范围 |
|---|---|---|---|
| 特轻型 | 0.5～2.0 | 0.8～2 | 压实人行道和修补黑色路面 |
| 轻型 | ≥2～5 | ≥2～4 | 压实人行道、简易沥青混凝土路面、公园小道、体育场和土路路基 |
| 中型 | ≥5～10 | ≥4～6 | 压实路基、砾石、碎石铺砌层、黑色路面、沥青混凝土路面和土路基础 |
| 重型 | ≥10～15 | ≥6～8 | 压实砾石、碎石路面或沥青混凝土路面的终压作业以及路基或路面底层 |
| 特重型 | ≥15～20 | ≥8～12 | 压实大块石堆砌基础和碎石路面 |

平碾也有类似压路机的一些缺点，在大中型土方填筑工程中采用不多。由于平碾结构简单，易于制造，一般还用来压实设计干密度要求较低的黏性土、高含水率黏土、砂砾料、风化料、冲积砾质土等。平碾按质量分类的应用范围见表3-6。

**平碾按质量分类的应用范围**　　表3-6

| 按质量分类 | 辗重(t) | 砾质砂 | 砂 | 砂壤土 | 壤土 | 黏土 |
|---|---|---|---|---|---|---|
| 轻型 | ＜5 | ○ | ○ | △ | × | |
| 中型 | ≥5～10 | △ | × | △ | ○ | △ |
| 重型 | ≥10 | × | × | × | △ | ○ |

注：○—适用；△—尚适用；×—不适用。

(2)羊脚压路机(简称羊脚碾):羊脚碾有较大的单位压力(包括羊脚的挤压力),压实深度大而均匀,并能挤碎土块,因而有很好的压实效果和较高的生产率。它广泛用于黏性土料的分层碾压,但不适用于非黏性土料和高含水率黏土的压实。一般可通过增减配重的办法来调整羊脚的单位压力。

(3)轮胎压路机(简称轮胎碾):轮胎碾由于轮胎具有弹性,在碾压时土与轮胎同时变形,接触面积大,并有糅合的作用,压实效果好。适用于压实黏性土、非黏性土及沥青混合料的复压。

(4)振动压路机(简称振动碾)

振动碾与静作用碾压机械相比具有以下优点:

①单位直线压力大,压实深度可比同类型重量级的静作用碾压机械大1.5~2.5倍。因此碾压厚度增加,碾压遍数减少。

②结构质量轻,外形尺寸小。它与静作用碾压机械相比,在相同的压实效果时,它的质量只有静作用碾压机械的1/5~1/3。

振动碾可分为光轮和羊脚轮两类。光轮振动碾适宜于压实土石坝的非黏性土壤(砂土、砂砾石)、碎石、块石、堆石和沥青混合料。羊脚振动碾既可以压实非黏性土壤,又可以压实含水率不大的黏性土壤和细颗粒砂砾石,以及碎石与土壤的混合料。

振动碾的应用范围见表3-7。

**振动碾的应用范围** 表3-7

| 碾子质量和类型 | 块石 | 砂、砾石 | | 粉土、粉质土、冰碛土 | | 黏土 | |
|---|---|---|---|---|---|---|---|
| | | 优良级配 | 均匀粒级 | 粉质砂、粉质砾石、冰碛土 | 粉土、砂质粉土 | 低、中强度黏土 | 高强度黏土 |
| 3t以下振动平碾 | | △ | △ | △ | △ | | |
| 3~5t振动平碾 | | ○ | ○ | △ | △ | △ | |
| 5~10t振动平碾 | △ | ○ | ○ | ○ | △ | △ | △ |
| 10~20t振动平碾 | ○ | ○ | ○ | ○ | △ | △ | △ |
| 振动凸块碾 | | | △ | △ | ○ | ○ | ○ |
| 振动羊足碾 | | | △ | △ | △ | ○ | ○ |

注:○—适用;△—可用。

(5)夯实机械

夯实机械可分为振动夯实机械和冲击夯实机械两类。它们体积小、质量轻,主要用于狭窄工作面的铺层压实。振动夯实机适用于非黏性砂质黏土、砾石、碎石的压实,而冲击夯实机械主要适宜于黏土、砂质黏土和石灰土的夯实。

(6)强夯机

强夯机是利用起吊设备,将10~20t的重锤提升至10~25m高处使其自由下落,依靠强大的夯击能和冲击波作用夯实土层。我国目前的强夯机大多是在履带吊机的基础上改进过来的。强夯机主要用于砂性土、非饱和黏性土与杂填土地基的夯实。

3.生产率计算

静作用碾压机的生产率,可按下式计算:

$$Q = \frac{3\,600 \times (b - c) \times L \times h \times K_b}{n \times \left(\frac{L}{v} + t\right)} \tag{3-7}$$

式中：$Q$——生产率（$m^3/h$）；

$b$——碾压带宽度（m）；

$c$——碾压带搭接宽度（m），一般取 0.15 ~ 0.25m；

$L$——碾压段长度（m）；

$h$——铺土层压实后厚度（m）；

$K_b$——时间利用系数，一般取 0.8 ~ 0.9；

$n$——碾压遍数；

$v$——碾压机行驶速度（m/s）；

$t$——转弯掉头或换挡时间，转弯一般取 15 ~ 20s，换挡一般取 2 ~ 5s。

4. 人员配备

光轮压路机配备 1 人，拖式羊足碾、拖式振动碾及振动压路机配备 2 人。

**（八）凿岩机**

凿岩机是石方施工中钻炮眼的主要工具。凿岩机通常按其工作动力的来源，可分为风动凿岩机（公路工程中常用）、电动凿岩机和内燃凿岩机等。

风动凿岩机是利用压缩空气作为动力。公路工程建设中广泛应用风动凿岩机，其按架持方式不同，可分为手持式、气脚式、伸缩式、导轨式四种。主要优点是结构简单、质量轻、工作安全可靠、操作维修方便；缺点是以压缩空气为动力，能量利用率低，设备费用高。

电动凿岩机是利用电能作为动力。与风动凿岩机相比较，电动凿岩机的能量利用率高，结构简单，使用成本低廉，但缺点是可靠性、耐久性差。

内燃凿岩机是利用可燃混合气体在气缸内燃烧膨胀所做的功为动力。内燃凿岩机在工作时污染空气，结构和维修均较复杂，凿岩效率也不高，只适用缺乏电源和压缩空气，钻孔量不大的场合。

**（九）凿岩台车**

凿岩台车是隧道及地下工程采用钻爆法施工的一种凿岩设备。它能移动并支持多台凿岩机同时进行钻眼作业。主要由凿岩机、钻臂（凿岩机的承托、定位和推进机构）、钢结构的车架、走行机构以及其他必要的附属设备，和根据工程需要添加的设备所组成。

台车行走机构有轨道、履带及轮胎式三种。

**（十）潜孔钻机**

潜孔钻机是工程爆破前，用于在岩石进行钻孔（在钻好的孔内装炸药）的设备。钻具由钻杆、球齿钻头及冲击器组成。潜孔钻机分为有内燃和电动两种机型。

**（十一）锚固钻机**

锚固钻机主要用于铁路、公路、水利、水电设施的滑波治理工程及危岩体锚固工程等。具有良好的性能，结构紧凑，体积小，质量轻，机动灵活，能适用于在高边坡和脚手架上展开工作。锚固钻机分为全液压锚固钻机和电动一液压类锚固钻机两种机型。

## 二、土石方机械的选型配套

土石方机械的选型配套见表 3-8。

**土石方机械的选型配套表** 表3-8

| 路基类型及其修筑方法 | 路堤或路堑高(m) | 土壤类别 | 运土距离(m) | 工作段最小长度(m) | 选择施工机械设备 | |
|---|---|---|---|---|---|---|
| | | | | | 主要机械 | 辅助机械 |
| 从路基两侧取土坑取土填方(在平地上) | <1 | Ⅰ~Ⅳ | <15 | 500 | 自动平地机 | 松土器(Ⅳ类土必要时使用),推土机,轮胎压路机或羊脚碾 |
| | | | <30 | 不限制 | 推土机 | 松土器(Ⅳ类土必要时使用),自动平地碾,轮胎压路机,羊脚碾 |
| 从路基一侧或两侧取土填方 | 1-2 | | <50 | 50 | 推土机,铲运机($6m^3$) | 松土器,自动平地机,轮胎压路机,羊脚碾 |
| | <3 | | <100 | 不限制 | 推土机 | 松土器,自动平地机,轮胎压路机,羊脚碾 |
| 自路堑取土填筑路堤(移挖作填) | | | 100~500 | | 铲运机(<$10m^3$) | 推土机,松土器,轮胎压路机,羊脚碾 |
| | | | 500~1000 | 100 | | 推土机,重型压路机,轮胎压路机,羊脚碾 |
| | >3 | | >1000 | 在一个工作段内5 000$m^3$ | 装载机<br>挖掘机<br>自卸汽车 | 推土机,自动平地机,轮胎压路机,羊脚碾 |
| | | Ⅴ~Ⅵ | >500 | | | 空气压缩机,凿岩机,推土机 |
| 自专用借土坑取土填筑路堤(取土填方) | 不限制 | Ⅰ~Ⅳ | <500 | 50 | 铲运机(6~$10m^3$) | 推土机,轮胎压路机,羊脚碾 |
| | | | >500 | 100 | 铲运机($10m^3$)<br>装载机<br>自卸汽车 | 推土机,自动平地机,轮胎压路机,羊脚碾 |
| 纵向运土的斜坡填方 | | | <500 | 50 | 铲运机($6m^3$)<br>万能推土机 | 自动平地机,轮胎压路机,羊脚碾 |
| 傍山半挖半填 | 山坡<20° | | <30 | | 万能推土机 | 铲运机(斗容量$6m^3$),轮胎压路机 |
| | | Ⅴ~Ⅵ | | 100 | 挖掘机 | 万能推土机,空气压缩机,凿岩机 |
| 将土推往弃土堆(挖方) | 山坡>20° | Ⅰ~Ⅳ | <50 | | 推土机 | 自动平地机,重型压路机 |

# 第二节 路面工程机械

路面工程机械主要有稳定土拌和机及厂拌设备,沥青乳化设备,沥青运输车及洒布机,黑色粒料拌和机,沥青混合料拌和设备及摊铺机,水泥混凝土摊铺机等。

## 一、稳定土拌和机及厂拌设备

1. 稳定土拌和机

(1)稳定土拌和机的分类

稳定土拌和机按行走机构可分为履带式和轮胎式两种,按工作装置在拌和机上的位置可分为前置式、中置式、后置式三种,后置式是较为常用。按转子的旋转方向可分为正转和反转两种,正转式稳定土拌和机适用于拌和松散的稳定材料,反转式稳定土拌和机适用于量大且又密集的稳定材料。按传动方式不同又可分为机械式和液压式。

(2)稳定土拌和机的应用

稳定土拌和机是把无机结合料(石灰、粉煤灰、水泥)、土(或碎石土、砾石土、天然料)、细料(砂、土)、集料(碎砾石、炉渣)、水等材料,按照施工配合比在路上直接拌和的机械。更换工作装置后,还可进行铣削旧沥青路面和路基的工作。

(3)人员配备

稳定土拌和机一般配备 2 人。

2. 稳定土厂拌设备

稳定土厂拌设备是将土(或碎石土、砾石土、天然料)、碎石、砾石、碎砾石和无机结合料(水泥、石灰、粉煤灰)、水等材料按拖工配合比在固定地点拌和均匀的专用设备。

稳定土厂拌设备生产作业时,将无机结合料通过皮带轮运送,垂直提升并被输送到大仓中,再经螺旋输送器将其送入小仓中。小仓中的无机结合料通过叶轮供料器被送到斜皮带轮送机上,同时各料斗中的其他物料经料门卸出并经皮带式输送机送至水平皮带输送机上,水平皮带输送机再将各种材料送入到拌和筒内,同时水箱中的水也被泵入拌和筒内。拌和筒中的螺旋拌和器将各种料拌和均匀后并强制送至储料仓,拌和好的成品通过储料仓的溢流管送到堆料输送机上或直接卸到运输车上,运输车将成品送至施工现场。

稳定土拌和机的特点是所需配套设备少、占地小、机动灵活、成本低。稳定土厂拌设备的特点是级配精度高,拌和质量好,但需安装在固定地点作业,整机庞大,占地面积大,还需配置运输车辆装卸机械才能将成品料运至施工现场,成本高。

## 二、沥青乳化机及乳化设备

1. 沥青乳化机

沥青乳化机是将沥青破碎成微小的颗粒,稳定而均匀地分散到含有乳化剂的水溶液中,形成水包油液体的机械,沥青乳化机是沥青乳化设备的关键部分。

沥青乳化机破碎分散沥青液相的过程是一个复杂的力学作用过程。它一般利用剪切、挤压、摩擦、冲击和膨胀等作用完成沥青液相的破碎分散。根据所采用的力学作用原理不同,沥青乳化机的构造形式不同,常用的有拌和式、胶体磨式、喷嘴式三种。一般来说,胶体磨式乳化机生产的乳化沥青质量优于喷嘴式沥青乳化机,而喷嘴式沥青乳化机生产的乳化沥青质量又优于拌和式沥青乳化机。目前,沥青乳化机大多是胶体磨式,其次是喷嘴式。胶体磨式沥青乳化机的胶体磨主要由转子和定子组成,其工作原理是混合液从进口流入,在穿过转子与定子之间的缝隙时,沥青液相在缝隙中受到转子产生离心力和摩擦力的作用被磨碎成极细的微粒,然后从出口流出,即完成分散乳化。喷嘴式沥青乳化机主要由泵和乳化头组成。其工作原理是将欲乳化的混合液在泵的高压下(7~35kPa),从乳化头喷嘴阀的小孔或内外套缝隙中喷出,从而使沥青分散和乳化。喷嘴式沥青乳化机可实现连续生产,效率高。

2. 沥青乳化设备

沥青乳化设备是对完成从原料投入到产品储存这一连续作业过程中所需的成套沥青乳化

机械的总称。沥青乳化设备根据沥青和乳化剂进入乳化机时的状态不同，分为开式系统和闭式系统两种。

(1)开式系统的特点是用节门控制流量，沥青和乳化剂靠自重流入乳化机的漏斗。其优点是直观，乳化机容易清洗；缺点是容易混入空气，产生气泡。

(2)闭式系统的特点是不用乳化机漏斗接液，而用两个匹配好的泵直接把沥青和乳化剂水溶液经管路泵入乳化机内，靠流量斗指示流量。优点是不易混入空气，便于自动化控制，可以提高产量；缺点是清洗麻烦。闭式系统适宜于大量生产。

3. 沥青熔化加热设备

在此不详述。

### 三、石屑撒布机

石屑撒布机主要用于均匀地撒布粒径在一定范围内的石屑，亦可用于泥结碎石路面撒布石屑。

石屑撒布机分为自行式、拖式和悬挂式三种，自行式常见。自行式石屑撒布机由于自身装有动力装置，机动性较好，可以在大面积的作业场合进行石屑撒布。

### 四、液态沥青运输车

液态沥青运输车是运输液态沥青、乳化沥青、煤焦油的专用设备，具有保温、加热、机械抽吸、排放、内部循环等功能。它由底盘和具有保温性能的罐体及加热装置等组成。液态沥青运输车的结构形式有汽车式、半挂汽车列车式、拖式三种。

### 五、沥青洒布机械

沥青洒布机械是一种以喷洒液态沥青为主，并具有运输液态沥青能力的沥青路面修筑机械。主要用于沥青贯入法或表面处治法施工，另外还可就地喷洒液态沥青结合料，洒布透层油和黏层油等。

沥青洒布机械按沥青喷洒方式，分为气压洒布式和泵压洒布式；按行走方式分为自行式和拖式两种。

### 六、沥青混合料拌和设备

沥青混合料拌和设备是一种对集料进行掺配、加热、干燥，并与沥青拌和，生产沥青混合料的专用设备。

1. 分类

(1)根据设备生产率大小，可将沥青混合料拌和设备分为小型( <45t/h)、中型(45~120t/h)、大型(120~300t/h)和超大型( >300t/h)四种。

(2)根据移动性能不同，可分为固定式、半固定式和移动式三种。固定式拌和设备规模较大，所有设备组件均固定安装在选择的地点，生产率较大，设备性能较完善，可以进行多种级配料的生产；适合于工程量集中且大规模的路面铺筑。半固定式拌和设备，全套设备可分为几个分解的部分，在搬迁时能较方便分装在几个半挂平板车上，可较快地再拼装起来，多用于工程量较大的公路施工工程，也可用于公路养护。移动式拌和设备的全部机组都安装在一个或数个特制的轮式机架或半挂平板车上，可及时转移工地，生产率不大，多用于中小型公路施工或养护工程。

(3)根据沥青混合料最后形成装置不同，可将拌和设备分为强制式和滚筒式两种。强制式沥青混合料拌和设备是先将集料粗配、烘干、加热、然后再筛分、精确称量，最后加入矿粉和沥青，强制拌和成沥青混合料的工艺方式，缺点是在工作过程中产生大量粉尘，造成环境污染。另外，设备的组成部分较多，结构复杂，设备庞大。滚筒式拌和设备是将集料在滚筒中烘干、加热，同时将沥青通过流量斗被送入滚筒，滚筒的旋转使其中的砂石自行跌落，被沥青裹覆，使产生拌和作用，从而按稳定的流程连续生产出热拌沥青混合料。其优点是对空气污染少，设备组成工艺简单，其缺点是集料的加热采用顺流式，热利用率低，拌制好的混合料有较多的残余水分，强度也较低。

2. 沥青混合料拌和设备的生产率计算

$$Q = \frac{60 \times G \times K_b}{1\,000 \times t} \tag{3-8}$$

式中：$Q$——生产率(t/h)；

$G$——拌和器内的料重(kg)；

$K_b$——时间利用系数，一般取0.8~0.9；

$t$——拌和时间[混合料在拌和容器内的停留时间(min)]。

## 七、沥青混合料摊铺设备

1. 沥青混合料摊铺机的分类

摊铺机按行走方式不同分为履带式、轮胎式和拖式三种；按动力传动系统的不同分为机械式和液压式两种；按摊铺宽度不同分为小型、中型、大型和超大型四种；按熨平板的加热方式有电加热、丙烷气和燃油加热三种。公路施工中常用燃油加热的摊铺机。

2. 沥青混合料摊铺设备的应用

沥青混合料摊铺设备是将拌制好的沥青混合料均匀地摊铺在路面基层上的专用设备。其原理是利用螺旋输送器将混合料铺开，然后由振捣梁对铺开的料层进行初步捣实，由熨平装置完成加热熨平整型工作。

3. 生产率计算

$$Q = h \times B \times v \times \rho \times K_b \tag{3-9}$$

式中：$Q$——生产率(t/h)；

$h$——铺层厚度(m)；

$B$——摊铺带宽度(m)；

$v$——摊铺工作速度(m/h)；

$\rho$——沥青混合料密度($t/m^3$)；

$K_b$——时间利用系数，一般取0.75~0.95。

## 八、水泥混凝土摊铺机

1. 水泥混凝土摊铺机的分类

水泥混凝土摊铺机按施工方法不同可分为轨道式和滑模式。

轨道式水泥混凝土摊铺机是靠固定在路基上的轨道、模板来控制摊铺厚度和平整度的。一般由布料机、振实机、整平机、表面抹光机等组成。

滑模式摊铺机是将各作业装置装在同一机架上，通过位于模板外侧的行走装置随机移动滑动模板，就能按照要求使路面板挤压成型，并可实现多种功能的摊铺，如路肩、路牙等。

2. 水泥混凝土摊铺机的应用

水泥混凝土摊铺机是将水泥混凝土均匀地摊铺在路面基层上，然后经过振实、整平等作业程序，完成水泥混凝土路面铺筑的路面机械。

(1)滑模式摊铺机不设置固定边模，需用的模板和辅助立模的人工少，具有较高的生产率，但对水泥混凝土拌和设备要求高，必须保证水泥混凝土及时供应和对坍落度的严格控制。

(2)轨道式摊铺机需配置几套模板，以适应所铺不同板厚的路面，且对固定边模的安装、轨道的铺设要求较高，边模安装应符合路面板厚的要求，轨道安装应符合平整度要求。

(3)滑模摊铺机只包括很少的机器，但所有机器都需要安装自动找平和自动转向系统，由导向钢丝控制，整套设备的自动化程度高、技术难度大，造价和维修成本高。

(4)轨道式摊铺机摊铺后模板要保留一段时间与滑模式摊铺机相比便于水泥路面的养护，并能保证铺后路面板边缘不致塌落。

3. 水泥混凝土摊铺机生产率计算

$$Q = 1000 \times h \times B \times v \times K_b \tag{3-10}$$

式中：$Q$——生产率($m^3/h$)；

$h$——铺层厚度(m)；

$B$——摊铺带宽度(m)；

$v$——摊铺工作速度(m/h)；

$K_b$—时间利用系数。

## 第三节　混凝土机械

### 一、混凝土拌和机

1. 分类

混凝土拌和机按其拌和原理分为自落式(滚筒式)和强制式两大类；按其拌和容量可分为大型、中型、小型三种；按安装方式分为固定式和移动式两种；按拌和机的原动力可分为机动和电动两种。

2. 应用

混凝土拌和机是将一定配合比的水泥、砂、石集料和水及外掺剂等拌制成混凝土的机械。与人工拌制混凝土相比，其既能提高生产率、加快工程进度，又能减轻劳动强度，提高混凝土质量。

3. 混凝土拌和机的生产率计算

$$Q = \frac{n \times V \times K_b}{1000} \tag{3-11}$$

式中：$Q$——生产率($m^3/h$)；

$n$——拌和机每小时出料次数；

$V$——拌和机出料容量(L);

$K_b$——时间利用系数。

## 二、水泥混凝土拌和站

1. 分类

水泥混凝土拌和站按安装方式可分为:装配式拌和站、整体移动式拌和站、汽车式拌和站;按拌和主机的不同可分为:锥形反转出料混凝土拌和站、锥形倾翻出料混凝土拌和站、强制漏浆式混凝土拌和站、强制行星式混凝土拌和站、强制单卧轴式混凝土拌和站、强制双卧轴式混凝土拌和站。

装配式拌和站的特点是拆装比较方便,便于转运。既适合于现场拌和,也适合于固定集中拌和,供应一定范围内的零星分散工地所需的混凝土。砂、石、水泥都能自动控制称量,自动下料,组成一条联动线,操纵简单,称量准确。

整体移动式拌和站是将材料储斗、计量、拌和、出料等设备全部安装在一个机架上集中控制,其特点是拌和站的体积不大,搬迁方便,结构紧凑,占地面积较少,适用于中小型施工现场。

汽车式拌和站是将储料斗、计量、拌和、出料等设备全部安装在一辆专用汽车上,灵活性大,拌和工艺先进,根据混凝土浇注现场的变动而随时转移。只要现场具备供电、供水和供料的条件就能进行混凝土拌和。

2. 应用

水泥混凝土拌和站是一种将水泥、砂、石、外掺剂和水按一定的配合比拌制成塑性和流态混凝土的成套机械。在混凝土工程量大、浇筑强度高、施工周期长、施工地点集中的大中型工程中被广泛应用。

## 三、散装水泥车

1. 分类

散装水泥车根据卸料方式的不同,可分为倾卸式、机械卸料式、气压卸料式三种类型。倾卸式散装水泥车及机械卸料式散装水泥车只能将水泥卸入地面以下或稍高于地面的受料漏斗或料仓内,不能向上直接卸入水泥库内。气压卸料式散装水泥车可以将水泥送到较远距离和一定高度的水泥库内。根据装灰金属容器形式可分为立式罐形容器和卧式罐形容器两种,卧式罐形容器较常用。

2. 应用

散装水泥车是专为运输散装水泥而设计制造或改装的专用汽车。气卸散装水泥是目前应用最广泛的一种散装水泥运输车辆。它是通过气压力将水泥等粉状的灰料,送至一定高度或水平距离。气罐散装水泥罐车卸料后剩料很少。利用气卸散装水泥车运输水泥不仅节约水泥包装费,减少搬运途中漏失,避免环境污染,而且送到目的地后,能直接将水泥泵入混凝土拌和站的水泥仓中,省时省力。

## 四、混凝土拌和运输车

1. 分类

混凝土拌和运输车按行走方式不同可分为自行式和拖式两种形式。其中自行式根据机构特性不同可分为飞轮取力式、前端取力式、单独驱动式、前端卸料式、带皮带输送机式、带自行上料装置式、带臂架混凝土泵式、带拌筒倾翻机构式八种。

2. 应用

混凝土拌和运输车是集混凝土拌和与运输的施工机械，适用于大中型公路工程机械化施工。

(1)在短距离时，只作运输工具使用。即将拌和好的混凝土直接送至施工地点。在运送途中为防止混凝土离析，让拌和筒作低速回转，使混凝土不致离析及凝固。

(2)在运距较长时，则作运输兼拌和用，即先在混凝土供应基地将干料——砂、碎石和水泥等按配合比装入拌和鼓筒内，并将水注入配水箱，开始只作干料运送，然后在到达使用地点前10～15min时，由驾驶员起动拌和鼓筒回转，并向拌筒内注入定量的水，这样在途中边运输，边拌和成混凝土，送至施工地点后卸出。

## 五、混凝土输送泵及混凝土输送泵车

1. 分类

混凝土输送泵分为固定式、拖式和车载式三种。

混凝土输送泵车分整体式臂架混凝土泵车、半挂式臂架混凝土泵车、全挂式臂架混凝土泵车三种。

2. 应用

混凝土输送泵是输送混凝土的专用设备。它配有特殊管道，可以将混凝土输送一定水平或垂直距离。如果运输距离很长，可串联装置两个或更多的混凝土输送泵进行多级泵送，其特点是运输工效高。可沿着水平与垂直方向连续将混凝土送至浇筑地点，占地面积小，不受运输线地形不平、积水与狭窄的影响。在输送过程中能保持混凝土原有的均匀性与塑性。但由于混凝土输送泵的进出料口及管道的直径较小，对集料粒径的大小严格控制，不宜使用过大粒径的集料；混凝土的配合比要受限制，不能输送干硬性混凝土，停机时要及时清除管道及机内积存的混凝土，以免堵塞。混凝土输送泵适合在大型混凝土工程中使用。

混凝土泵车功率大、机动性好，效率高，省劳力，适用于现场狭窄和有障碍物的施工现场以及大体积混凝土结构和高层建筑物施工。一般与混凝土拌和输送车配套使用。

3. 混凝土输送泵生产率计算

$$Q = 60 \times F \times S \times n \times a \times K_e \tag{3-12}$$

式中：$Q$——生产率($m^3/h$)；

$F$——活塞断面积($m^2$)；

$S$——活塞行程(m)；

$n$——活塞每分钟循环次数(次/min)；

$a$——混凝土输送泵缸体数；

$K_e$——容积效率，一般取0.6～0.9。

## 六、预应力拉伸机及张拉设备

预应力拉伸机是张拉带有螺杆锚具或夹具、镦头锚具或夹具的高强度粗钢筋或钢丝束的机具；还可用于对单根或成组的高强度粗钢筋或钢丝进行模外先张或后张自锚，按工作情况不同分为单作用、双作用和三作用三种形式;按其构造特点则又可分为拉杆式、穿心式、锥锚式三种形式。公路工程中常用穿心式预应力拉伸机。

## 第四节 水平运输机械

### 一、载货汽车

1. 分类

载货汽车的分类较多,常见的是根据载质量的大小分类,可分为超轻型载货汽车(吨位<0.75t)、轻型载货汽车(吨位0.75~2.5t)、中型载货汽车(吨位3~8t)、重型载货汽车(吨位8~15t)、超重型载货汽车(吨位>15t),根据载货汽车动力装置所耗用的能源分为汽油车、柴油车等。公路建设中多采用中型和重型的载货汽车。

2. 应用

载货汽车起动迅速、机动性大,可以将各种建筑材料由料场、供应地点、仓库等各个地方直接转运到使用地点。

### 二、自卸汽车

1. 分类

自卸汽车按载质量分轻型(吨位<2t)、中型(吨位2.5~8t)、重型(吨位>15t)、超重型(吨位20t),车厢倾卸方向分为后倾卸式、侧倾卸式、三面倾卸式、底卸式;按发动机分为汽油发动机、柴油发动机。

2. 应用

自卸汽车车身坚固,机动性和越野性能好,爬坡能力强,装有金属车厢,在举升机构的顶推作用下,可将在厢载的物料一次倾卸干净,卸载迅速,节省劳力,在公路建设中被普遍采用。

在公路建设中,选择使用自卸汽车应注意以下几点。

(1)自卸汽车的车厢容积(或承载吨位)应与工程选用的装载机械配套。

(2)按照实际情况和经济效益,合理选择车型:如道路条件好的平原地区和施工地开阔的山区,可以选用中型或重型自卸汽车;山区、峡谷、河床宜选用中、轻型自卸汽车。在卸料场地狭长处,宜选用侧卸式、底卸式自卸汽车。另外从技术管理、物资供应、设备维修和技术培训等方面来考虑,选用的车辆型号规格越少越好。

(3)根据工程量大小,工期和施工强度、运距远近等确定自卸汽车的需用量。从机械化施工的合理配套考虑,应充分发挥挖掘(或装载)机械的效能,又不造成汽车排队待装为原则,一般以每一台装载机前始终有1~2辆自卸汽车待装为佳。在工程量大、工期紧、场地大、施工强度高而条件许可的地方,尽可能选用大一些的自卸汽车。

### 三、平板拖车组

平板拖车组由牵引车和挂车组成。公路工程建设过程中一般采用平板拖车组运输普通载重汽车无法完成的大型设备和构件的运输。常见平板拖车组包括普通栏板平板拖车组和低平板拖车组。普通栏板平板拖车组主要用于运输零散的材料、货物及较大或较长的构件或设备;

低平板拖车组四周无栏板,为低平板状,主要用于大、中型工程机械的装运,以及大型设备构件的运送。

### 四、运油加油汽车

运油加油汽车装有油罐、消电装置、通气阀、灭火器和输油管等。主要用于装运煤油、汽油和柴油等油料。加油汽车,除具备加油车的设备外,还设有泵油系统、工作仪表、操作装置等;加油汽车不仅能像运油汽车一样运油,而且能将油库中的油料吸入本车油罐,并对其他车辆、机械或飞机加注经计量、过滤的燃油。其具有装卸方便、节省劳力、安全可靠、减少环境污染、机动性大等特点。运油加油汽车按油罐容量分为小型( <8 000L)、中型(8 000 ~16 000L)、大型( >16 000L)。

### 五、洒水汽车

洒水汽车一般用于扑尘、降温、冲洗、运水、储水、消防等方面的工作。根据其结构不同可分为汽车式、半挂汽车列车式和拖式三种。

## 第五节　起重及垂直运输机械

### 一、起重机械

1. 分类

起重机按其底座及行走装置可分为汽车式起重机、轮胎式起重机、履带式起重机、塔式起重机、吊管起重机、桅杆起重机、缆索起重机等。公路建设中主要的起重机为汽车式起重机、轮胎式起重机、履带式起重机及塔式起重机。

2. 应用

起重机械是一种对重物能同时完成垂直升降和水平移动的机械。履带式起重机适合在施工场地不平以及松软的地面上行走和工作。轮胎式起重机灵活机动、起质量大、作业方便、稳定性好,一定载荷范围内可吊重行驶,广泛应用于建筑工地的装卸和安装工作。但轮胎式起重机在作业时要求有较好的路面条件,作长途转移时,则需要由其他车辆拖运载装运。汽车式起重机具有良好的机动性和灵活性,能够迅速地从一个工作地点转移到另一个工作地点,利用率高,广泛应用于公路建设工地;但汽车式起重机在作业时,必须要求有较好的路面条件,一般都要将支腿放下,因此限制了起重机吊装作业时的活动范围。塔式起重机是一种本身能自升竖立的全回转臂式起重机,具有高而竖立的塔架和较大的作业半径,吊装灵活,用来吊装建筑材料,安装施工机械设备、金属构件和钢筋混凝土预制构件以及进行混凝土浇筑等。

### 二、卷扬机

1. 分类

卷扬机是一种简单的起重机械,按驱动方式可分为手摇式卷扬机、电动卷扬机、内燃机卷扬机、气动卷扬机。按传动装置的种类可分为摩擦传动卷扬机、齿轮传动卷扬机、蜗杆传动卷扬机、螺杆齿轮传动卷扬机以及齿轮摩擦传动卷扬机。按卷筒的数量可分为单筒卷扬机、双筒卷扬机和三筒卷扬机。目前以电动卷扬机应用较为广泛。手摇卷扬机在没有电源或对卷扬机利用率极低的场所也得到普遍应用。卷扬机按其提升速度又可分为快速和慢速两种。

2. 应用

公路工程施工中,卷扬机主要用于提升预制构件或建筑材料,以及安装机械设备等工作。卷扬机既可以单独使用,也可以配合滑车作其它起重机构使用。

## 第六节　打桩及钻孔机械

### 一、打桩机械及打桩锤

1. 柴油打桩机

柴油打桩机由打桩锤和桩架两部分组成,按照桩锤的动作特点和桩架的结构形式不同可分为导杆式和轨道式两种。导杆式柴油打桩机由导杆式柴油打桩锤、简易金属桩架和绞车等组成,特点是整机质量轻、运输和安装方便,适用于打小型木桩、板桩、钢板桩及钢筋混凝土预制桩。轨道式打桩机是由柴油打桩锤和多功能桩架组成,构造先进、打桩能量大、工作效率高,能打各种类型的桩,适合于大面积、多桩位基础工程的施工。

2. 气锤打桩机

气锤打桩机按气锤的动作原理,可分为单作用式和双作用式两种;按桩架结构形式可分为直式、塔式、万能式、起重式和简易式。气锤打桩机是以蒸汽或压缩空气为动力,前者蒸汽打桩机在公路工程施工已很少采用,后者随着制备压缩空气技术的发展而采用;具有结构简单、工作可靠、操作和维修容易等优点,能打各种类型的桩基础。

3. 振动打拔桩机

振动打拔桩机按振动锤的振动方式可分为机械振动打拔桩锤和液压振动打拔桩锤两种。公路建设中多用机械振动打拔桩机,它具有施工速度快、使用方便、施工费用低、施工噪声小、没有其他公害污染、结构简单、维修保养方便的特点,兼具打桩和拔桩的功能。

### 二、钻孔机械

钻孔按其破碎岩石方法的不同可分为冲击法、冲抓法、旋转法等。旋转法采用的钻机根据钻头的结构形式及辅助设备不同又可分为潜孔钻机、回旋钻机、牙轮钻机、全套管式钻机等。钻孔方法和机械选用见表3-9。

钻孔方法和机械选用　　表3-9

| 钻孔方法 | 适用范围 | | | 泥浆浮渣 |
|---|---|---|---|---|
| | 土层 | 孔径(cm) | 孔深(m) | |
| 人工推钻或机动推钻 | 黏性土、砂类土、含少量砂砾石(少于30%,粒径小于10cm)的土 | 60~160 | 30~40 | 不需要 |
| 正循环回转 | 黏性粉砂、细、中、粗砂、含少量砾石、卵石(少于20%)的土、软岩 | 80~160 | 30~100 | 需要 |
| 反循环回转 | 黏性土、砂类土、含少量砾石、卵石(少于20%,粒径小于钻杆内径2/3)的土、软岩 | 80~120 | 用真空泵<35;用空气吸泥机<65 | 不需要 |

续上表

| 钻孔方法 | 适用范围 | | | 泥浆浮渣 |
|---|---|---|---|---|
| | 土层 | 孔径(cm) | 孔深(m) | |
| 潜水钻机正循环 | 淤泥腐殖土、粉砂、砂类土 | 80～130 | 50 | 需要 |
| 冲抓锥 | 淤泥腐殖土、密实黏性土、砂类土、砂砾石、卵石 | 100～200 | 大于20m时，进度慢 | 不需要 |
| 冲击实心锥 | 黏性土、砂类土、砾石、卵石、漂石、较软岩石 | 80～200 | 50 | 需要 |
| 冲击空心锥 | 黏性土、砂类土、砾石、松散卵石 | 60～150 | 50 | 需要 |

## 第七节 其他机械

### 一、泵类机械

泵类机械主要包括：离心泵、潜水泵、泥浆泵、砂泵、真空泵等。

离心泵按其叶轮的个数可分为单级泵和多级泵；按动力形式可分为机械式和电动式。水泵是一种供水、排水机械，主要用于基础排水和生活供水。

潜水泵是将泵和电动机制成一体侵入水中进行提升和输送水的一种泵，可分为干式、半干式、充油式和湿式几种类型。

### 二、金属、木、石料加工机械

金属加工机械是用于制作各种钢筋和钢筋骨架的机械，主要包括：钢筋调直机、钢筋切断机、钢筋镦头机、钢缆缠丝机、电焊机、对焊机、点焊机、气焊设备等。

木工加工机械是用于加工各种木材、板材的专用机械，包括木工圆锯机、带锯机、平刨床、压刨床、木工榫头机、打眼机、裁口机、榫槽机等。

石料加工机械是加工破碎石料的专用机械，包括破碎机、筛洗石子机、筛分机、振动筛等。

### 三、动力机械

动力机械主要包括：柴油发电机组、变压器、空气压缩机、工业锅炉等。

在建设工程远离电力网的情况下，常建立柴油发电站作为动力及照明的独立电源，供工程施工用，在有系统电源供应之后，亦常用柴油发电机组作为临时动力或作为固定备用电源。柴油发电机组分移动式和固定式两种，其特点是效率高、起动快、耗水量少、设备紧凑、运输方便、土建工程量小、建设速度快。

空气压缩机按其驱动方式可分为电动式和机动式两种。按排气量可分为大型（60～100$m^3$/min）、中型（10～40$m^3$/min）、小型（<10$m^3$/min）。空气压缩机广泛应用于各种类型的凿岩机、装岩机、潜孔钻等工作中。

### 四、工程船舶

工程船舶是由各种不同的工作机构装置于船舶上，直接进行生产作业，为工程建设服务的机械。按用途可氛围水上作业船（如打桩船、起重船等）和专用于挖掘作业的挖泥船以及为上述生产船舶服务的辅助船舶(如拖轮、锚船、驳船等)。

## 五、深层喷射拌和机

深层拌和机是用深层拌和法加固软土地基的专用机械设备,它可在地基深部就地将软黏土和输入的水泥浆强制拌和,使软黏土硬结成具有整体性、水稳性和足够强度的水泥土。用深层拌和机采用深层拌和法施工,具有高效无污染、成本低等优点,施工后可起到防渗防水挡土墙的作用,因而广泛用于住宅建设、高速公路建设、隧道施工、大江大河防洪工程,是一种适合于我国国情的加固软土地基设备。

## 六、高压旋喷钻机

高压旋喷钻机是高压喷射注浆技术中关键设备之一。高压旋喷注浆方法是利用旋喷设备,将带有特殊喷嘴的注浆管置入土层,以高压喷射流强力冲击土体,使浆液与土体充分拌和混合,经凝固在土中形成固体。高压旋喷钻机主要用于深基坑锚固、路基加固、预防滑坡、岩石坍塌等工程。

## 思 考 题

1. 公路工程施工机械按作业对象可分为哪些种类?
2. 推土机可应用在公路工程哪些方面?推土机的主要作业方式有哪些?
3. 铲运机可应用在公路工程哪些方面?推土机、铲运机一般的经济运距范围是多少?
4. 装载机可应用在公路工程哪些方面?
5. 平地机可应用在公路工程哪些方面?
6. 扼要叙述稳定土拌和机和稳定土厂拌设备在公路工程的应用。
7. 沥青混合料路面工程的机械化施工一般应包括哪些机械和设备?
8. 扼要叙述水泥混凝土摊铺机在路面工程的应用。
9. 在公路工程中主要的起重机有哪些种类?
10. 在公路工程中选择使用自卸汽车应注意哪些方面?

# 第四章 公路工程施工定额

## 第一节 施工定额的作用及其内容和表现形式

### 一、施工定额的性质和作用

施工定额，是建筑安装工人合理的劳动组织或工人小组在正常施工条件下，为完成单位合格产品所需劳动、机械、材料消耗的数量标准。并根据专业施工的作业对象和工艺制定，反映企业的施工水平、装备水平和管理水平，作为考核建筑安装企业劳动生产率水平、管理水平的标尺和确定工程成本、投标报价的依据。

**(一)施工定额的性质**

施工定额是建筑安装企业内部管理的定额，属于企业定额的性质。正确认识施工定额的这一性质，把施工定额和其他定额从性质上区别开来非常重要。

施工定额的影响范围涉及企业内部管理的方方面面，包括企业生产经营活动的计划、组织、协调、控制和指挥等各个环节。

随着经济体制改革的深化，建筑企业已经成为市场的主体，不再由行政分配生产任务和建设项目，而是面对着业已开放的瞬息万变的建筑市场；国有建筑企业已经逐渐失去原有的在获得施工任务方面优越的地位，面对的竞争者是许多国有的、集体的和国外的建筑企业，以及数目众多的农村建筑队。因此，建筑企业要尽快学会在市场寻求各种机会，寻找施工任务、寻找原材料和劳动力。

改革要求建筑企业是能够自负盈亏、独立经营的商品生产者，是从事物质生产活动的具有法人资格的经济实体。它应能自主地选择和接受施工任务，独立地组织生产经营活动；组织劳动力、原材料和施工机械的适时供应；应有自己支配的固定资金和流动资金，进行独立的经济核算和成本控制，不断用产品销售收入抵补施工中的成本耗费，从而获得较多的盈利。

所以，改革放开了企业的手脚，给企业带来了各种机遇。但是也给企业造成很大的压力。它必须通过自己的努力在市场竞争中求生存和发展。在这种情况下，施工定额是企业加强管理、提高企业素质、降低劳动消耗、控制成本开支、提高劳动生产率和企业经济效益的有效手段。加强施工定额管理就成为企业的内在要求和必然的发展趋势。而不是国家、部门、地区从外部强加给企业的压力和约束。

施工定额这种企业定额的性质，首先要求赋予企业以施工定额的管理权限。其中包括编制和颁发施工定额的权限。企业应该能够根据本企业的具体条件和可能挖掘的潜力、市场的需求和竞争环境，根据国家有关政策、法律和规范、制度，自己编制定额，自行决定定额的水平。其次，允许同类企业和同一地区的企业之间存在施工定额水平的差距，这样在市场上才能具有竞争能力。另外，允许企业就施工定额的水平对外作为商业秘密进行保密。

把施工定额作为企业定额,不等于取消国家定额和地区定额。这些定额不再是强加给企业的约束和指令,而是对企业的施工定额管理进行引导,为企业提供参考和指导以实现对工程造价的宏观调控。

**(二)施工定额的作用**

施工定额是建筑安装企业管理工作的基础,也是工程建设定额体系中的基础。

施工定额在企业管理工作中的基础作用主要表现在以下几个方面。

1. 施工定额是企业计划管理的依据

施工定额在企业计划管理方面的作用,表现在:它既是企业编制施工组织设计的依据,也是企业编制施工作业计划的依据。

施工组织设计是指导拟建工程进行施工准备和施工生产的技术经济文件,其基本任务是根据招标文件及合同协议的规定,确定经济合理的施工方案,在人力和物力、时间和空间、技术和组织上对拟建工程作出最佳的安排。施工作业计划则是根据企业的施工计划、拟建工程施工组织设计和现场实际情况编制的,它是一个以实现企业施工计划为目的的施工队、组的具体执行计划。它综合体现了企业生产计划、施工进度计划和现场实际情况的要求,是组织和指挥生产的技术文件,也是施工队、组进行施工的依据。因此,施工组织设计和施工作业计划是企业计划管理中不可缺少的环节。这些计划的编制必须依据施工定额。

施工设计包括施工组织总设计、年度施工组织设计、季节性施工组织设计以及单位工程施工设计。各类施工设计一般包括三部分内容,即所建工程的资源需用量、使用这些资源的最佳时间安排、平面规划。不言而喻,确定所建工程的资源需要量,要依据现行的施工定额;施工中实物工程量的计算,要以施工定额的分项和计量单位为依据;甚至排列施工进度计划也要根据施工定额对施工力量(劳动力和施工机械)进行计算。

施工作业计划,无论是月作业计划还是旬作业计划,一般也包括三部分内容:本月(旬)应完成的施工任务,主要以施工进度计划表示计划期内应完成的工程项目和实物工程量,以及形象进度;完成施工计划的资源需要量,包括劳动力、机械、材料需要量及运输组织;提高劳动生产率和节约消耗措施计划,以及具体落实年度和季度计划的技术组织措施。

施工作业计划是施工单位计划管理的中心环节,也是企业施工计划的具体措施。编制施工作业计划时,要用施工定额进行劳动力、施工机械和运输力量的平衡,确定材料、构件等分期需用量和供应时间,根据实物工程量安排施工形象进度。所以,编制施工作业计划也必须以施工定额为依据。

2. 施工定额是组织和指挥施工生产的有效工具

企业组织和指挥施工队、组进行施工,是按照作业计划通过下达施工任务单和限额领料单来实现的。

施工任务单,既是下达施工任务的技术文件,也是班组经济核算的原始凭证。它列明了应完成的施工任务,也记录着班组实际完成任务的情况,并且进行班组工人的工资结算。施工任务单下达给班组的工程任务,包括工程名称、工作内容、质量要求、开工和竣工日期、计划用工量、实物工程量、定额指标、计件单价和平均技术等级等内容。实际完成任务情况的记载和工资结算,包括实际开工、竣工日期,完成的实物工程量、实用工日数、实际平均技术等级、完成工程的工资额、工人工时记录和工人工资分配额等。这里可以明显看出,施工任务单上的工程计量单位和计件单位,均需取自企业的劳动定额,工资结算也要根据劳动定额的完成情况计算。

限额领料单是施工队随任务单同时签发的领取材料的凭证。这一凭证是根据施工任务和施工的材料定额填写的。其中领料的数量,是班组为完成规定的工程任务消耗材料的最高限额。这一限额也是评价班组完成任务情况的一项重要指标。

3. 施工定额是计算工人劳动报酬的依据

社会主义分配原则是按劳分配。所谓"劳",主要是指劳动的数量和质量,劳动的成果和效益。施工定额是衡量工人劳动数量和质量,提供与成果和效益相较的标准。所以,施工定额应是计算工人计件工资的基础,也应是计算奖励工资的依据。这样才能做到:完成定额好,工资报酬就多;达不到定额,工资报酬就会减少。真正实现多劳多得,少劳少得的社会主义分配原则。真正把工人劳动成果与个人生活资料分配的多寡直接联系起来。这对于打破企业内部分配方面的"大锅饭"是很有现实意义的,对于理顺生产和消费的关系、积累和消费的关系也是很有意义的。

4. 施工定额是企业激励工人的条件

激励在实现企业管理目标中占有重要位置。所谓激励,就是采取某些措施激发和鼓励员工在工作中的积极性和创造性。行为科学者研究表明,如果职工受到充分的激励,其能力可发挥80%~90%,如果缺少激励,仅仅能够发挥出20%~30%的能力。但激励只有在满足人们某种需要的情形下才能起到作用。按照人们"阶梯式需要"(又称马斯洛需要阶梯),见图4-1,施工定额可以对生理需要、自尊需要和自我实现需要的满足起到直接激励作用,对于安全与社交方面的需要的满足也间接地起到激励作用,完成和超额完成定额,不仅能获取更多的工资报酬以满足生理需要,而且也能满足自尊以获取他人(社会)认同的需要,并且进一步满足尽可能发挥个人潜力以实现自我价值的需要。如果没有施工定额这种标准尺度,实现以上几个方面的激励就缺少必要的手段。

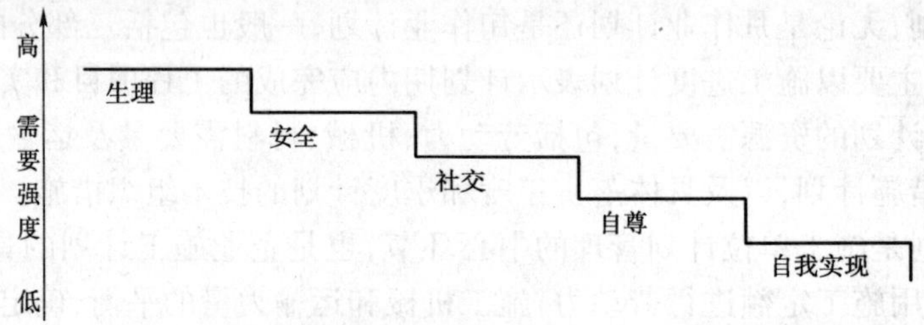


图4-1 马斯洛需要阶梯

5. 施工定额有利于推广先进技术

施工定额高低意味着某些已成熟的、先进的施工技术和经验,工人要达到和超过定额,就必须掌握和运用这些先进技术;工人若想大幅度超过定额,他就必具创造性的劳动。第一,在自己的工作中注意改进工具和改进技术操作方法,注意原材料的节约,避免原材料和能源的浪费。第二,施工定额中往往明确要求采用某些较先进的施工工具和施工方法,所以贯彻施工定额也就意味着推广先进技术。第三,企业或主管部门为了推行施工定额,往往要组织技术培训,以帮助工人能达到和超过定额。技术培训和技术表演等方式也都可以大大普及先进技术和先进操作方法。

6. 施工定额是编制施工预算,加强企业成本管理和经济核算的基础

施工预算是施工单位用以确定单位工程量人工、机械、材料和资金需要量的计划文件。施工预算以施工定额为编制基础,既要反映设计图纸的要求,也要考虑在现有条件下可能采取的

节约人工、材料和降低成本的各项具体措施。这就能够更合理地组织施工生产，有效地控制施工中人力、物力消耗，节约成本开支。

施工中人工、机械和材料的费用，是构成工程成本中直接费用的主要内容，对间接费用的开支也有着很大的影响。严格执行施工定额不仅可以起到控制成本、降低费用开支的作用，同时为企业贯彻经济核算制度、加强班组核算和增加盈利创造良好的条件。

由此可见，施工定额在建筑安装企业管理的各个环节中都是不可缺少的，施工定额管理是企业的基础性工作，具有不容忽视的作用。

7. 施工定额是编制工程建设定额体系的基础

施工定额在工程建设定额体系中的基础作用，是由施工定额作为生产定额的基本性质决定的。施工定额和生产结合最紧密，它直接反映生产技术水平和管理水平，而其他各类定额则是在较高的层次上、较大的跨度上反映社会生产力水平。尽管这些定额有更大的综合性和覆盖面，但它们都不能脱离施工定额所直接反映的生产技术水平和管理水平。

施工定额作为工程建设定额体系中的基础性定额，主要表现在施工定额的水平是确定概、预算定额和估算指标消耗水平的基础。首先它是确定建筑安装工程预算定额水平的基础。

以施工定额水平作为预算定额水平的计算基础，可以免除测定定额水平的大量繁杂工作，缩短工作周期，使预算定额与实际的生产和经营管理水平相适应，并能保证施工中的人力、物力消耗得到合理的补偿。即使确定预算定额水平不是直接以施工定额为计算依据，这种关系也不会发生根本的变化。因为，如果预算定额不是直接以施工定额作为计算依据，以历史的、典型的工程预、决算资料为计算依据，只能作为补充或者在原有预算定额的基础上进行修正和调整。在这种情况下，施工定额仍然是决定预算定额水平的客观基础。对于其他各种定额来说，施工定额则是它们的间接基础。

## 二、施工定额的内容和表现形式

### (一)施工定额的内容

施工定额的内容一般包括劳动定额、机械消耗定额、材料消耗定额三部分。汇编成册的施工定额内容，除以定额表部分为核心外，尚有以下内容。

1. 文字说明部分

文字说明又分为总说明、分章和分节说明三种。

施工定额总说明的基本内容包括：

(1)定额中所包括的工种；

(2)定额的编制依据和编制原则；

(3)劳动消耗的计算方法(如产量定额与时间定额的计算方法及其相互关系)；

(4)材料消耗的计算方法(如材料总用量、净用量与损耗率之间的关系和计算，系数的利用方法以及其他计算方法等)；

(5)其他。

分章说明的基本内容是：

(1)分章包括的定额项目和工作内容；

(2)施工方法；

(3)有关规定和计算方法的说明(如材料运输工作的运距计算方法的说明、土方工程的土壤类别的规定、运土超运距增加人工的计算方法、材料消耗定额的计算方法等)；

(4)质量要求。

分节说明是指分节定额的表头文字说明。其内容主要有：

(1)工作内容；

(2)质量要求；

(3)小组成员。

2. 分节定额部分

分节定额包括定额表的文字说明、定额表和附注。

定额表是分节定额中的核心部分,也是定额中的核心部分。它包括劳动定额表、机械定额表与材料定额表。劳动定额表中同时以产量定额和时间定额表示,并往往列有小组成员,以便下达任务书时参考。材料消耗定额有两种表示方法,一种是规定操作过程中的全部材料消耗量,另一种是主要材料与规定材料的损耗。

附注列于定额表的下面,主要是根据施工条件变更的情况,规定劳动和材料消耗的增减变化。附注是对定额表的补充。在某些情况下,附注也限制定额使用范围。

3. 附录部分

一般列于定额最后,作为使用定额的参考。其主要内容是：

(1)有关的名词解释；

(2)先进经验及先进工具的介绍；

(3)材料用量计算、材料质量、材料损耗率等参考资料。

以上三部分内容虽然以定额表部分为核心,但在使用时,必须同时了解其他部分内容,才不致发生错误。

**(二)施工定额的表现形式**

1. 劳动定额的表现形式

劳动定额在施工定额中往往形成一个独立的部分。这是由于劳动定额在企业管理中的特殊作用所决定的。

劳动定额是劳动消耗定额的简称,也称人工定额,有两种表现形式,即时间定额和产量定额。

(1)时间定额

时间定额,是工人在正常施工条件下,为完成单位合格产品或工作任务所消耗的必要劳动时间。必要劳动时间包括有效工作时间(准备与结束工作时间、基本工作时间、辅助工作时间)以及休息时间,不可避免的中断时间。但它不包括损失时间。工作时间的分类见第三节。

时间定额以工日为单位,公路工程每个工日工作时间,按现行制度,除潜水作业按6h、隧道洞内作业按7h外,其余按8h计。其计方法如下：

$$\text{单位产品的时间定额(工日)}=\frac{1}{\text{每工产量}} \tag{4-1}$$

或

$$\text{单位产品的时间定额(工日)}=\frac{\text{班组成员工日数总和}}{\text{班组完成产品数量总和}} \tag{4-2}$$

(2)产量定额

产量定额,是指在正常施工条件下,在单位时间(工日)内所应完成合格产品的数量。其计算方法如下:

$$产量定额 = \frac{1}{单位产品时间定额(工日)} \tag{4-3}$$

或

$$产量定额 = \frac{班组完成产品数量总和}{班组成员工日数总和} \tag{4-4}$$

时间定额与产量定额互为倒数。

2. 机械定额的表现形式

机械定额,是机械台班使用定额的简称。机械定额也有两种表现形式,即时间定额和产量定额。它是在正常施工条件下,使用施工机械生产单位合格产品所必需的机械工作时间(即时间定额),或在单位时间内,完成合格产品的数量(即产量定额)。其计算方法如下:

$$时间定额(工日) = \frac{1}{每台班产量} \tag{4-5}$$

$$产量定额 = \frac{1}{单位产品时间定额(台班)} \tag{4-6}$$

## 第二节　施工定额的编制原则

### 一、平均先进性原则

定额水平,是指规定消耗在单位产品上的劳动、机械和材料数量的多寡。也可以说,它是按照一定施工程序和工艺条件下规定的施工生产中活劳动和物化劳动的消耗水平。

施工定额的水平应直接反映劳动生产率水平,也反映劳动和物质消耗水平。施工定额水平和劳动生产率水平变动的方向是一致的,和劳动与物质消耗水平的变动则相反。这就是说,劳动生产率水平越高,施工定额水平也越高;而劳动与物质资料消耗数量越多,则施工定额水平越低。在定额执行期内,随技术发展和定额对社会劳动生产率的不断促进,二者相吻合的程度就会逐渐发生变化,差距会越来越大。列宁说:“劳动生产率,归根到底是保证新社会制度胜利的最主要的东西。”当定额水平已不能促进施工生产和企业管理时,就应修订,以使二者达到新的平衡。

施工定额根据其执行范围的大小,反映的劳动生产率水平,是企业的总体水平,而不是个别施工队、组和个别生产者的水平。因为就每个施工队、组和每个生产者来说,劳动生产率水平是和各自的生产技术水平、施工组织条件、施工队伍素质和工人劳动态度以及企业经营管理水平相联系的。

施工定额水平反映的劳动生产率水平和物质消耗水平,不是简单的“复制”,也不是简单的取一个平均值,而是满足平均先进性要求的定额水平。施工定额作为企业定额的性质,决定了在确定定额水平时必须考虑满足以下约束条件:

(1)有利于提高劳动工效,降低人工、机械和材料的消耗;

(2)有利于正确考核和评价工人的劳动成果;

(3)有利于正确处理企业和个人之间的经济关系;

(4)有利于提高企业管理水平。

要满足以上几点要求,确定施工定额水平必须贯彻平均先进性原则。因为按全国、部门、地区或企业的劳动生产率平均数来确定定额水平,这是大多数生产者(包括处于中间状态的生产者和先进生产者)已经达到的水平,它不能促使大多数生产者去力争进一步降低施工中的活劳动和物化劳动的消耗。如果采用先进生产者的水平,多数工人就可能达不到定额。这不仅会挫伤他们的生产积极性,而且还会减少工人应得的报酬。其结果是欲速则不达。如果采用落后水平,则所有工人不经努力都可以达到定额,并且会大幅度超过定额,造成劳动生产率提高的假象。这就不能起到调动生产积极性的作用,甚至会容忍和保护落后。

所谓平均先进水平,就是在正常的施工条件下,大多数施工队、组和大多数生产者经过努力能够达到和超过的水平。一般说它应低于先进水平,而略高于平均水平。这种水平使先进者感到一定的压力,使处于中间水平的工人感到定额水平可望而不可及,对于落后工人不迁就,使他们认识到必须花大力气去改善施工条件,提高技术操作水平,珍惜劳动时间,节约材料消耗,尽快达到定额的水平。所以,平均先进水平是一种可以鼓励先进、勉励中间、鞭策落后的定额水平,是编制施工定额的理想水平。

在单一计划经济的模式下,贯彻平均先进性原则,是国家和各级政府机关以行政力量给予施工企业和建筑安装工人的约束和引导。在市场经济条件下,施工定额贯彻平均先进性原则,已成为企业自身的迫切要求。

编制施工定额如何贯彻平均先进性原则呢?首先,要考虑那些已经成熟并得到推广的先进技术和先进经验。但对于那些尚不成熟,或已经成熟尚未普遍推广的先进技术,暂时还不能作为确定定额水平的依据。其次,对于原始资料和数据要加以整理,剔除个别的、偶然的、不合理的数据,尽可能使计算数据具有实践性和可靠性。第三,要选择正常的施工条件、行之有效的技术方案和劳动组织、组织合理的操作方法,作为确定定额水平的依据。第四,从实际出发,综合考虑影响定额水平的有利和不利因素(包括社会因素),尽管其中有些因素是暂时性的、不合理的,但只要在预期内难以转变,而又与企业本身的管理水平和工人技术、劳动状况有关,在确定定额水平时,就应予以适当考虑。这样才不致使定额水平脱离现实。第五,要注意施工定额项目之间水平的平衡,避免有“肥”有“瘦”,造成定额执行中的困难。第六,慎重对待自然条件带来的劳动生产率水平的不平衡状况。我国幅员辽阔,各地区地理环境、气候条件、风俗习惯、资源状况、经济发展水平等方面的差别很大。在甲地区达不到的定额水平,在乙地区则可以达到甚至超过,在丙地区则可能大幅度超额。因此,在确定定额水平时,既要承认差别,又要考虑有利于促使转化的可能性。当然主要应考虑企业内部条件和市场竞争环境。

## 二、简明适用性原则

简明适用,就是定额的内容和形式要方便于定额的贯彻和执行。简明适用性原则,要求施工定额内容要能满足组织施工生产和计算工人劳动报酬等多种需要。同时,又要简单明了,容易掌握,便于查阅,便于计算,便于携带。

定额的简明性和适用性,是既有联系,又有矛盾的两个方面。编制施工定额时应全面加以贯彻。二者发生矛盾时,定额的简明性应服从适应性的要求。

贯彻定额的简明适用性原则,关键是做到定额项目设置齐全,项目划分粗细适当。

定额项目的设置是否齐全完备,对定额的适用性影响很大。划分施工定额项目的基础,是工作过程或施工工序。不同性质、不同类型的工作过程或工序,都应分别反映在各个施工定额的项目中。即使是次要的,也应在说明、备注和系数中反映出来,这样才能在需要时能够利用。如果施工定额项目不全,企业或现场的补充定额就会大量出现。这不仅不利于加强管理,而且由于补充定额编制仓促,难以完全排除许多人为因素影响,很容易降低定额水平。

为了保证定额项目齐全,首先要加强定额基础资料的日常积累和调查研究,尤其应注意收集和分析整理各项补充定额资料。其次,注意补充反映新结构、新材料、新技术的定额项目。第三,处理淘汰定额项目,要持慎重态度。

定额项目划分的粗细程度,是编制定额时必须作出决策的重要问题之一。施工定额的粗细程度,要满足以下要求:

(1)适应劳动组织和劳动分工的要求;

(2)建立班组核算和经济责任制的要求;

(3)考核班组和个人生产成果、计算劳动报酬的要求;

(4)简化计算工作的要求。

定额项目划分的粗细同定额步距的大小关系甚大。所谓定额步距,是指同类一组定额,相互之间的间隔。如回旋钻机成孔的一组定额,其步距可以按成孔直径100cm、120cm、150cm、200cm、250cm、300cm等,这样,步距就保持在50cm左右。但也可以将步距适当扩大,保持在100cm左右。显然,步距小定额细,精确度较高;步距大则定额粗,综合程度大,精确度就会降低。为了使定额项目划分和步距合理,常用的、主要的、对工料消耗影响大的定额项目,步距要小一些;不常用的、次要的、对工料消耗影响小的定额项目,步距可以大一些。

在贯彻简明适用性原则时,正确选择产品和材料的计量单位,适当利用系数,辅以必要的说明和附注。总之,贯彻简明适用性原则,要努力使施工定额达到项目齐全、粗细恰当、步距合理的效果。

### 三、以专家为主编制定额的原则

编制施工定额以专家为主,这是实践经验的总结。施工定额的编制工作量大,工作周期长。这项工作又具有很强的技术性和政策性。这就要求有一支经验丰富、技术与管理知识全面、有一定政策水平的稳定的专家队伍。

贯彻这项原则,第一,必须保持队伍的稳定。有了稳定的队伍,才能积累资料、积累经验,保证编制施工定额的延续性。第二,必须注意培训专业人才。使他们既有施工技术、施工管理知识和实践经验,具有编制定额的工作能力,又懂得国家技术经济政策和保持联系工人群众的工作作风。

贯彻以专家为主编制施工定额的原则,必须注意走群众路线。因为广大建筑安装工人是施工生产的实践者又是定额的执行者,最了解施工生产的实际和定额的执行情况及存在问题,要虚心向他们求教。同时也要向他们宣传编制施工定额的必要性和意义,教育他们用主人翁的态度正确处理好个人和企业利益的关系,以取得他们的配合和支持。尤其是在现场测和组织新定额试点时,这一点非常重要。

### 四、独立自主的原则

施工企业作为具有独立法人地位的经济实体,应根据企业的具体情况和需要,结合国家的技术经济政策和产业导向,以赢利为目标,自主地制定施工定额。贯彻这一原则有利于企业自主经营,有利于执行现代企业制度,有利于施工企业摆脱过多的行政干预,更好地面对建筑市场竞争的环境,也有利于促进新的施工技术和施工方法的采用。

企业独立自主地制定定额,主要根据企业自身条件和承受能力自主地确定定额水平、划分定额项目,自主地根据需要增加新的定额项目。但是,施工定额毕竟是一定时期企业生产力水平的反映,它不可能也不应该割断历史。因此,企业定额应是对原有国家、部门和地区性施工定额的继承和发展。

## 第三节　工作时间的研究和分类

### 一、动作研究和时间研究

工程建设中消耗的生产要素可分为两类:一类是以工作时间计量的活劳动的消耗,一类是各种物质资料和资源的消耗。动作研究和时间研究最初由泰勒倡导,采用后在提高劳动生产率方面取得显著效果,因而成为科学管理中不可缺少的组成部分。

动作研究也称之为工作方法研究。它包括对多种过程的描写、系统地分析和对工作方法的改进,目的在于制订出一种最可取的工作方法。通常判断可取性的根据是货币节约额,以及工作效率、人力的舒适程度、人力的节约、时间的节约和材料的节约等。

时间研究也称为时间衡量。它是在标准测定的条件下,确定人们作业活动所需时间总量的一套程序。时间研究的直接结果是制定时间定额。

动作研究和时间研究有密切关系。因为,作为一种专门方法,它们往往互为条件、互相补充。研究的目的,从根本上来说也是一致的。

动作研究与时间研究有广泛用途,它能有效地应用于任何行业和业务中。其原因就在于无论是什么性质的工作都缺少不了人的努力,而所有人的工作都是由基本动作所组成。工作研究要解决的基本问题是:在完成一项工作时,总存在如何确定一种更好的、可行的方法问题,以及如何确定人们所需花费的工作时间能够有助于提高工作效率和劳动生产率问题。动作研究和时间研究技术恰恰能够解决这个问题。

动作研究和时间研究可以提供一种工具,用以确定工作目标,制订达到目标的计划方案和工作负荷,确定所需资源以及控制工作的完成时间,并将实际完成的情况与原计划比较,作出必要的评价。

改进工作方法一般包括五个影响因素,即人的活动,工作场所的改进,工艺过程和工作顺序的改变,产品或劳务等的产出设计的改变,物资、原材料等投入的形式、条件、规格和时间的改变。每一因素的变动都影响着工作方法变革的程度和等级。

工作研究虽然是有助于执行某些管理任务,但是随着管理科学的发展,开始重视人的因素,注意人和技术之间的关系,以及相互的作用。为了成功地使用工作研究,必须使管理人员和工人受到必要的教育和训练,并表扬支持者、参与者和发起者,积极寻求解决矛盾的方法,而不是在总效果可取的条件下,只强调工作研究的长期效果,忽视少数人可能受到的伤害。必须让人们懂得,不改进工作方法,经济就得不到发展,个人的生活水平也不会提高。

在我国,虽然20世纪50年代初期在工业和建筑施工生产中已经开展了工作研究,但由于之后长期忽视管理的倾向,使得这一研究没有受到应有的重视,更没有推广到更为广阔的领域。随着市场机制和竞争环境的形成,必将激发企业加强管理和努力提高劳动生产率的积极性,工作研究也会被重视起来。1987年石家庄首先兴起并被社会逐步承认的"满负荷工作法"实际上就是运用了工作研究的原理。与此同时,上海金陵无线电厂采用"工作研究·模特法",改进工艺流程,改善操作方法和工作地点布置,平衡流水线上各工人的劳动量,不仅大幅度提高了工作效率和劳动生产率;而且减轻了劳动强度,投入产出之比为1:224,而模特法只是工作研究中诸多方法中之一种。

工作研究与定额的制定、推行有着密切的关系。从总体概念上讲,工时和机时定额的制定和贯彻就是工作研究的内容,是工作研究在生产和管理中的具体运用。

## 二、施工过程及其分类

1. 施工过程的含义

施工过程就是在建设工地范围内所进行的生产过程。其最终目的是要建造、恢复、改建、移动或拆除工业、民用建筑物和构筑物的全部或一部分。所以,施工过程也就是工程建设的生产过程。

施工过程是由不同工种、不同技术等级的建筑安装工人完成的,并且必须有一定的劳动对象(建筑材料、半成品、配件、预制品等)、一定的劳动工具(手动工具、小型机具和机械等)。

每个施工过程的结果,都获得一定的产品。该产品可能是改变了劳动对象的外观形状、内部结构或性质(由于制作和加工的结果),也可能是改变了劳动对象的位置(由于运输和安装的结果)。它可能产出实物产品,也可能产出劳务产品。

参与施工过程的工人、劳动对象、劳动工具、用具及其产品等所在和活动的位置,称为施工过程的工作地点。

每一施工过程都有其自己的工作地点。组织工作地点的工作,包括用技术装备工作地点,安排材料、配件和工具、设备的存放,以及管理工作地点等工作。

2. 施工过程的分类

对施工过程进行分类,目的是通过对施工过程的组成部分进行分解,并按其不同的劳动分工、工艺特点、复杂程度,来区别和认识施工过程的性质和包含的全部内容。分类的目的主要在于使我们在技术上有可能采用不同的现场观察方法,研究和测定工时消耗和材料消耗的特点,从而取得详尽、精确的资料,查明达不到定额或大量超额的具体原因,以便进一步调整和修订定额。

对施工过程可以根据需要进行不同的分类。

(1)按施工过程的性质不同,可以分为建筑过程、安装过程和建筑安装过程。

建筑工程和安装工程往往交错进行,难以区别。在这种情况下进行的施工过程就称为建筑安装过程。

(2)按施工过程的完成方法不同,可以分为手工操作过程(手动过程)、机械化过程(机动过程)和机手并动过程(半机械化过程)。

(3)按施工过程劳动分工的特点不同,可以分为个人完成的过程、小组完成的过程和工作队完成的过程。

(4)按施工过程组织上的复杂程度不同,可以分为工序、工作过程和综合工作过程。

工序是组织上分不开和技术上相同的施工过程。工序的主要特征,是工人编制、工作地点、施工工具和材料均不发生变化。如果其中有一个因素发生变化,就意味着从一个工序转入另一个工序。从施工的技术操作和组织的观点看,工序是工艺方面最简单的施工过程。但是,如果从劳动过程的观点看,工序又可以分解为较小的组成部分——操作和动作。

施工动作就是施工工序中最小的可以测算的部分,是工人接触材料、构配件等劳动对象的举动,目的是使之移位、固定或对之进一步加工。如砌筑时的取料、铺料、找平等。

施工操作是一个施工动作接一个施工动作的综合。每一个动作和操作都是完成施工工序的一部分,而动作又是由许多动素组成的。

工序可以由一个人来完成,也可以由小组或施工队内的几名工人协同完成;可以由手动完成,也可以由机械操作完成。在机械化的施工工序中,又可以包括由工人自己完成的各项操作和由机器完成的工作两部分。

工作过程是由同一工人或同一小组所完成的,在技术操作上相互有机联系的工序的总合体。其特点是人员编制和工作地点不变,而材料和工具则可以变换。综合工作过程是同时进行的,在组织上有机地联系在一起的,并且最终能获得一种产品的施工过程的总和。

施工过程的工序或其组成部分,如果以同样次序不断重复,并且每经一次重复都可以生产出同一种产品,则称为循环的施工过程。反之,若施工过程的工序或其组成部分不是以同样的次序重复,或者生产出来的产品各不相同,这种施工过程则称为非循环的施工过程。

3. 施工过程的研究

对施工过程进行研究,是在施工过程分类的基础上进行的。它是从工作方法的角度,对被研究的施工过程展开系统的、逐项的分析记录和考察研究,以求在现有设备技术条件下,改进落后和薄弱的工作环节,获得更有效、更简便的施工程序和方法。同时,它也是制定和推行施工定额所必要的基础和条件。

对施工过程的研究常常采用模型分析的方法。模型可分为实物模型、图式模型和数学模型三种。其中,图式模型是常用的基本方法。

用图式模型分析施工过程,经常采用的是线图和各种程序图。

线图适用于研究流动作业型的施工过程。

流动程序图适用于分析和研究连续作业型的施工过程。在流动程序图中,视机械和工人为静止状态,物料采取平面运输。流动程序图对于施工过程中的运输、平行的作业,以及各作业之间的关系,指示得很清楚,并且明确标明了施工顺序。

对各种图式模型进行详尽分析研究的目的,是检查有哪些作业是属于不必要的、重复的,哪些是无效劳动,以便拟订改善的措施。

## 三、工作时间的分类

研究施工中的工作时间,最主要的目的是确定施工的时间定额和产量定额。研究施工中工作时间的前提,是对工作时间按其消耗性质进行分类,以便研究工时消耗的数量及其特点。

工作时间，指的是工作班延续时间。对工作时间消耗的研究，可以分为两个系统进行。即工人工作时间的消耗和工人所使用的机器工作时间的消耗。

1. 工人工作时间消耗的分类

工人在工作班内消耗的工作时间，按其消耗的性质，基本可以分为两大类：必须消耗的时间（定额时间）和损失时间（非定额时间）。

必须消耗的时间是工人在正常施工条件下，为完成一定产品（工作任务）所消耗的时间。它是制定定额的主要根据。

损失时间，是和产品生产无关，而和施工组织和技术上的缺点有关，与工人在施工过程中的个人过失或某些偶然因素有关的时间消耗。

工人工作时间的分类一般如图4-2所示。

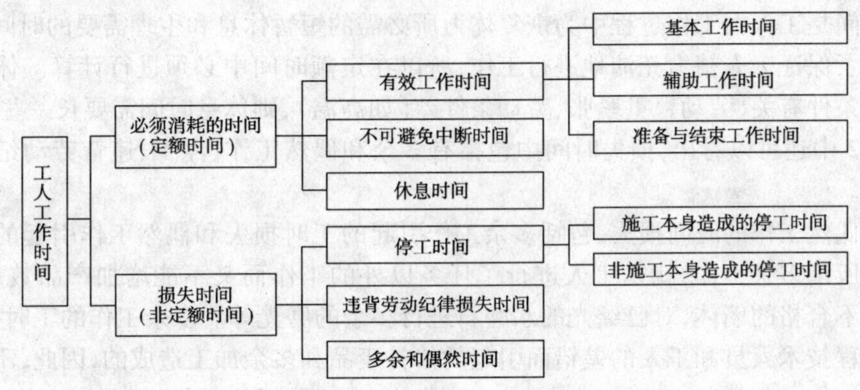


图4-2　工人工作时间的分类

从图4-2中可以看出，必须消耗的工作时间里，包括有效工作时间、休息时间和不可避免中断时间的消耗。

有效工作时间是从生产效果来看与产品生产直接有关的时间消耗。其中，包括基本工作时间、辅助工作时间、准备与结束工作时间的消耗。

基本工作时间是工人完成能生产一定产品的施工工艺过程所消耗的时间。通过这些工艺过程可以使材料改变外形，如钢筋调直等；可以改变材料的结构与性质，如混凝土制品的养护干燥等；可以使预制构配件安装组合成型，如预制混凝土或金属梁、柱、板安装；也可以改变产品外部及表面的性质，如粉刷、油漆等。基本工作时间所包括的内容依工作性质而各不相同。基本工作时间的长短和工作量大小成正比。

辅助工作时间是为保证基本工作能顺利完成所做的辅助性工作消耗的时间。在辅助工作时间里，不能使产品的形状大小、性质或位置发生变化。例如，工作过程中工具的校正和小修，机械的调整，工作过程中机器上油，搭设小型脚手架等所消耗的工作时间。辅助工作时间的结束，往往就是基本工作时间的开始。辅助工作一般是手工操作。但如果在机手并动的情况下，辅助工作是在机械运转过程中进行的，为避免重复则不应再计辅助工作时间的消耗。辅助工作时间长短与工作量大小有关。

准备与结束工作时间，是执行任务前或任务完成后所消耗的工作时间。如工作地点、劳动工具和劳动对象的准备工作时间，工作结束后的整理工作时间等。准备和结束工作时间的长短与所担负的工作量大小无关，但往往和工作内容有关。所以，又可以把这项时间消耗分为班内的准备与结束工作时间和任务的准备与结束工作时间。班内的准备与结束工作时间包括：工人每天从工地仓库领取工具、设备的时间，准备安装设备的时间，机器开动前的观察和试车的时间，交接班时间等。任务的准备与结束工作时间与每个工作日交替无关，但与具体任务有关。例如，接受工程任务单，研究施工详图，接受技术交底，领取完成该任务所需的工具和设备，以及竣工后交工等工作所消耗的时间。

不可避免的中断所消耗的时间，是由于施工工艺特点引起的工作中断所必需的时间。例如，汽车司机在汽车装卸货时消耗的时间，起重机吊预制构件时安装工等待的时间，电气安装工由一根电杆转移到另一根电杆的时间等。与施工过程工艺特点有关的工作中断时间，应包括在定额时间内，但应尽量缩短此项时间消耗。与工艺特点无关的工作中断所占用的时间，是由于劳动组织不合理引起的，属于损失时间，不能计入定额时间。

休息时间是工人在工作过程中为恢复体力所必需的短暂休息和生理需要的时间消耗。这种时间是为了保证工人精力充沛地进行工作，所以在定额时间中必须进行计算。休息时间的长短和劳动条件有关，劳动繁重紧张、劳动条件差（如高温），则休息时间需要长一些。

在图 4-2 中还可以看出，损失时间中包括有多余和偶然工作、停工、违背劳动纪律所引起的工时损失。

多余和偶然工作的时间损失，包括多余工作引起的工时损失和偶然工作引起的时间损失两种情况。所谓多余工作，就是工人进行了任务以外的工作而又不能增加产品数量的工作。如重砌质量不合格的墙体，对已磨光的水磨石进行多余的磨光等。多余工作的工时损失，一般都是由于工程技术人员和工人的差错而引起的修补废品和多余加工造成的，因此，不应计入定额时间中。

停工时间是工作班内停止工作造成的工时损失。停工时间按其性质可分为施工本身造成的停工时间和非施工本身造成的停工时间两种。施工本身造成的停工时间，是由于施工组织不善、材料供应不及时、工作前准备工作做得不好、工作地点组织不良等情况引起的停工时间。非施工本身造成的停工时间，是由于气候条件以及水源、电源中断引起的停工时间。

违背劳动纪律造成的工作时间损失，是指工人在工作班开始和午休后的迟到、午饭前和工作班结束前的早退、擅自离开工作岗位、工作时间内聊天或办私事等造成的工时损失。由于个别工人违背劳动纪律而影响其他工人无法工作的时间损失，也包括在内。此项工时损失不应允许存在。因此，在定额中是不能考虑的。

2. 机器工作时间消耗的分类

在机械化施工过程中，对工作时间消耗的分析和研究，除了要对工人工作时间的消耗进行分类研究之外，还需要分类研究机器工作时间的消耗。

机器工作时间的消耗，按其性质可作如图 4-3 所示分类。

从图 4-3 中可以看到，机器工作时间也分为必须消耗的时间和损失时间两大类。

在必须消耗的工作时间里，包括有效工作、不可避免的无负荷工作和不可避免的中断三项时间消耗。而在有效工作的时间消耗中又包括正常负荷下、有根据地降低负荷下和低负荷下工作的工时消耗。

正常负荷下的工作时间，是机器在与机器说明书规定的计算负荷相符的情况下进行工作的时间。

有根据地降低负荷下的工作时间，是在个别情况下由于技术上的原因，机器在低于其计算负荷下工作的时间。例如,汽车运输质量轻而体积大的货物时,不能充分利用汽车的载重吨位;起重机吊装轻型结构时,不能充分利用其起重能力,因而不得不降低其计算负荷。

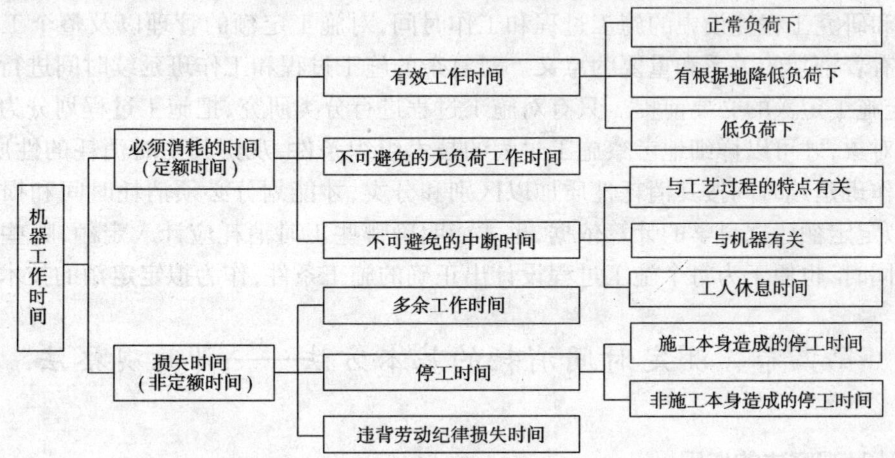


图 4-3　机器工作时间的分类

低负荷下的工作时间,是由于工人或技术人员的过错所造成的施工机械在降低负荷的情况下工作的时间。例如,工人装车的砂石数量不足、工人装入碎石机轧料口中的石块数量不够,引起的汽车和碎石机在降低负荷的情况下工作所延续的时间。此项工作时间不能作为计算时间定额的基础。

不可避免的无负荷工作时间,是由施工过程的特点和机械结构的特点造成的机械无负荷工作时间。例如,载重汽车在工作班时间的单程"放空车",筑路机在工作区末端调头等,都属于此项工作时间的消耗。

不可避免的中断工作时间,是与工艺过程的特点、机器的使用和保养、工人休息有关,所以它又可以分为三种。

与工艺过程的特点有关的不可避免中断工作时间,有循环的和定期的两种。循环的不可避免中断,是在机器工作的每一个循环中重复一次,如汽车装货和卸货时的停车。定期的不可避免中断,是经过一定时期重复一次。比如,当把灰浆泵、锯木机由一个工作地点转移到另一工作地点时的工作中断。

与机器有关的不可避免中断工作时间,是由于工人进行准备与结束工作或辅助工作时,机器停止工作而引起的中断工作时间。它是与机器的使用与保养有关的不可避免中断时间。

工人休息时间前面已经作了说明。这里需要注意的是,应尽量利用与工艺过程有关的和与机器有关的不可避免中断时间进行休息,以充分利用工作时间。

损失的工作时间中,包括多余工作、停工和违背劳动纪律所消耗的工作时间。

机器的多余工作时间,是机器进行任务内和工艺过程内未包括的工作而延续的时间。如搅拌机搅拌灰浆超过规定而多延续的时间,工人没有及时供料而使机器空运转的时间。

机器的停工时间,按其性质也可分为施工本身造成的停工和非施工本身造成的停工。前者是由于施工组织得不好而引起的停工现象,如由于未及时供给机器水、电、燃料而引起的停工。后者是由于气候条件所引起的停工现象,如暴雨时压路机的停工。上述停工中延续的时间,均为机器的停工时间。

违反劳动纪律引起的机器的时间损失,是指由于工人迟到、早退或擅离岗位等原因引起的机器停工时间。

在对工作时间进行分类的基础上,可以采用多种方法进行工作时间的研究。

分析和研究工程建设中的施工过程和工作时间,对施工定额的管理以及整个工程建设定额的管理有着密切的关系和重要的意义。对复杂的施工过程和工作班延续时间进行分类和研究,是拟定施工定额的必要前提。只有对施工过程进行分类研究,把施工过程划分为便于考察和研究的对象,才可以详细地考察施工过程的技术组织条件,观察其工时消耗的性质和特点;只有把工作班延续时间按其消耗性质加以区别和分类,才能划分必须消耗时间和损失时间的界限,为拟定定额建立科学的计算依据,也才能明确哪些工时消耗应计入定额,哪些则不应计入定额。同时,也便于为每个施工过程设计出正确的施工条件,作为拟定定额的技术根据。

## 第四节　测定时间消耗的基本方法——计时观察法

### 一、计时观察法的作用

计时观察法,是研究工作时间消耗的一种技术测定方法。它以研究工时消耗为对象,以观察测时为手段,通过密集抽样和粗放抽样等技术进行直接的时间研究。计时观察法是时间研究技术中的一项重要技术,适宜于研究人工手动过程和机手并动过程的工时消耗。所以在机械化水平不太高的建筑施工中得到较为广泛的采用。

计时观察法运用于建筑施工中,是以对研究对象进行现场观察为特征的,所以也称之为现场观察法。

在施工中运用计时观察法的主要目的,在于查明工作时间消耗的性质和数量,查明和确定各种因素对工作时间消耗数量的影响,找出工时损失的原因和研究缩短工时、减少损失的可能性。

计时观察法的具体用途:

(1)取得编制施工定额的劳动定额和机械定额所需要的基础资料和技术依据;

(2)研究先进工作法和先进技术操作对提高劳动生产率的具体影响,并应用和推广先进工作法和先进技术操作;

(3)研究减少工时消耗的潜力;

(4)研究定额执行情况,包括研究大面积、大幅度超额和达不到定额的原因,积累资料、反馈信息。

计时观察法的特点,是能够把现场工时消耗情况和施工组织技术条件联系起来加以考察。它在施工过程分类和工作时间分类的基础上,利用一整套方法对选定的施工过程进行全面观察、测时、计量、记录、整理和分析研究,以求获得该施工过程的技术组织条件和工时消耗的可靠的、有技术根据的基础资料,分析出工时消耗的合理性和影响工时消耗的具体因素,以及各个因素对工时消耗影响的程度。所以,它不仅能为制定定额提供基础数据,而且也能为改善施工组织管理、改善工艺过程和操作方法、消除不合理的工时损失和进一步挖掘生产潜力提供技术根据。

计时观察法虽然有广泛用途和很多优点,但它不可避免地存在自身的局限性。尤其是如何考虑人的因素,是不能不注意的。

计时观察法的方法比较复杂,技术性比较强,工作量大,工作周期也长。所以采用这种方法有以下约束条件:

(1)培养和建立专门机构和专业技术队伍,掌握并不断改进这种方法;

(2)取得有关工人和工程技术人员的配合和支持;

(3)允许有一个适当的工作周期。

我国在工程建设中应用计时观察法,从20世纪50年代初开始,已有50多年的历史,但主要局限于编制定额方面。特别是编制施工定额时,运用这种方法提供确定劳动定额和机械台班定额的计算根据。随着体制改革和企业管理的加强,运用这种方法的领域还会得到进一步扩展。

## 二、计时观察前的准备工作

计时观察法可用于多种用途和目的。目的不同,方法的运用也会有所不同。本章主要从定额的编制角度来研究这种方法。

利用计时观察法编制施工定额的劳动定额和机械台班定额,一般按如下步骤进行:

(1)确定计时观察的施工过程;

(2)划分施工过程的组成部分;

(3)选择正常施工条件;

(4)选择观察对象;

(5)观察测时;

(6)整理和分析观察资料;

(7)编制定额。

上述步骤中的前四步,均属于计时观察前的准备工作。

### 1. 确定需要进行计时观察的施工过程

计时观察之前的第一个准备工作,是研究并确定有哪些施工过程需要进行计时观察。为此,首先要考虑编制定额的要求。一般来说,需要编制定额的施工过程都应进行计时观察,以便取得精确程度比较高的基础资料和比较充分的技术根据,使定额编制工作的质量得到应有的保证。其次要考虑编制定额的时间要求不能过急。因为这种方法十分细致复杂,要短时间完成编制定额的任务是不可能的。第三要考虑编制定额的技术力量。技术力量强,则可以多安排一些计时观察的任务;反之,计时观察的施工过程在全部拟编定额中的比例只好减少。但是,对于那些影响大的、重要的施工过程,必须保证用计时观察法编制定额。

确定了需要进行计时观察的施工过程以后,要编出详细的目录,拟订工作进度计划,制订组织技术措施,并组织编制定额的专业技术队伍,按计划认真开展工作。

### 2. 对施工过程进行预研究

对于已确定的施工过程的性质应进行充分的研究,目的是为了正确地安排计时观察和收集可靠的原始资料。研究的方法,是全面地对各个施工过程及其所处的技术组织条件进行实际调查和分析,以便设计正常的(标准的)施工条件和分析研究测时数据。

这里首先要熟悉与该施工过程有关的现行技术标准、规范等文件和资料。其中,包括:建筑安装工程施工及验收技术规范、建筑安装工程安全技术规范、建筑安装工人技术标准及现行施工定额等。研究和熟悉这些资料是编制定额和研究定额执行情况的必备条件。

在预研究施工过程，了解新采用的工作方法的先进程度，广泛发掘建筑业中已经得到推广的先进施工技术和操作，对于正确确定定额水平具有十分重要的意义。同时，还应该了解施工过程存在的技术组织方面的缺点和由于某些原因造成的混乱现象。

为了了解现行施工定额的执行情况，必须注意系统地收集完成定额的统计资料和经验资料，以便和计时观察所得的资料进行对比分析。

预研究施工过程，还应该把施工过程划分为若干个组成部分（一般划分到工序）。例如，砌砖墙的施工过程可以划分为拉准线、铲灰浆、铺灰浆、砌砖、勾缝和检查砌体质量六个组成部分。把施工过程划分为各个组成部分，目的是便于计时观察。如果计时观察的目的是为了研究先进工作法，或是分析影响劳动生产率提高或降低的因素，那么，还必须将施工过程划分到操作以至于施工动作。划分组成部分，要特别注意确定定时点和各组成部分以及整个施工过程的产品的计量单位。

所谓定时点，即是上下两个相衔接的组成部分之间的分界点。确定定时点，对于保证计时观察的精确性是不容忽略的因素。例如，砌砖过程中，取砖和将砖放在墙上这个组成部分，它的开始是工人手接触砖的那一瞬间，结束是将砖放在墙上手离开砖的那一瞬间。

确定产品计算单位，要能具体地反映产品的数量，并具有最大限度的稳定性。

3. 选择施工的正常条件

绝大多数企业和施工队、组，在合理组织施工的条件下所处的施工条件，称之为施工的正常条件。选择施工的正常条件是技术测定中的一项重要内容，也是确定定额的依据。

施工条件一般包括：工人的技术等级是否与工作等级相符、工具与设备的种类和质量、工程机械化程度、材料实际需要量、劳动的组织形式、工资报酬形式、工作地点的组织及其准备工作是否及时、安全技术措施的执行情况、气候条件、劳动竞赛开展情况等。

所有这些条件都有可能影响产品生产中的工时消耗。工时消耗的长短是随着施工条件的变化而发生变化的。因此，正确选择施工的正常条件具有十分重要的意义。

施工的正常条件应该符合有关的技术规范，符合正确的施工组织和劳动组织条件，符合已经推广的先进施工方法、先进技术和操作。所以，施工的正常条件是企业和施工队、组应该具备也能够具备的施工条件。

选择施工的正常条件，应该具体考虑下列问题：

(1)所完成的工作和产品的种类，以及对其质量的技术要求；

(2)所采用的建筑材料、制品和装配式结构配件的类别；

(3)采用的劳动工具和机械的类型；

(4)工作的组成，包括施工过程的各个组成部分；

(5)工人的组成，包括小组成员的专业、技术等级和人数；

(6)施工方法和劳动组织，包括工作地点的组织、工人配备和劳动分工、技术操作过程和完成主要工序的方法等。

选择施工的正常条件必须从实际出发，实事求是，通过认真的调查研究，确定出合理的方案。只有如此，才能使计时观察得到的数据具有客观性和可靠性。

4. 选择观察对象

所谓观察对象，就是对其进行计时观察的施工过程和完成该施工过程的工人。

在实际工作中，每一施工过程都受着不同施工条件的影响。因此，并不是现实中任何一个施工过程都可以作为计时观察的对象,而要进行选择。

选择计时观察对象,必须注意所选择的施工过程要完全符合正常施工条件;所选择的建筑安装工人,应具有与技术等级相符的工作技能和熟练程度,所承担的工作与其技术等级相等,同时应该能够完成或超额完成现行的施工劳动定额。不具备施工的正常条件,技术上尚未熟练掌握本专业技能的工人不能作为计时观察对象。专门为试验性施工所创造的具备优越的人工试验条件的施工过程、尚未推广的先进施工组织和技术方法不应选择为计时观察的对象,除非作为对照组研究。

此外,还必须准备好必要的用具和表格。如测时用的秒表或电子计时器,测量产品数量的工、器具,记录和整理测时资料用的各种表格等。如果有条件并且也有必要,还可配备电影摄像和电子记录设备。

## 三、计时观察方法

对施工过程进行观察、测时,计算实物和劳务产量,记录施工过程所处的施工条件和确定影响工时消耗的因素,是计时观察法的三项主要内容和要求。三项内容互有联系,缺一不可。计时观察法的种类很多,其中最主要的有三种(见图4-4)。

计时方法的选择,主要考虑施工过程的特点和测时精确性的要求。

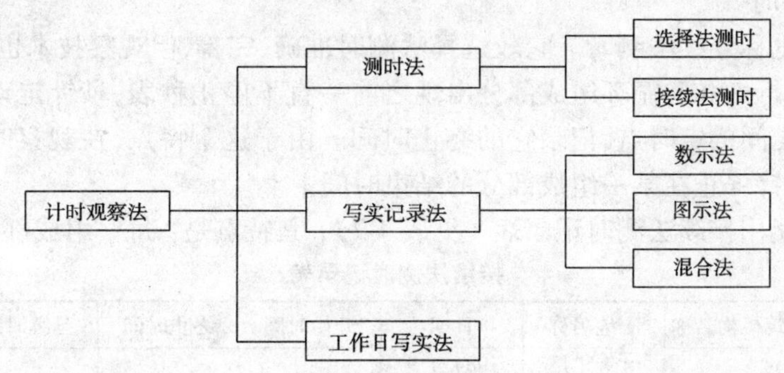


图4-4　计时观察法的种类

1. 测时法

测时法主要适用于测定那些定时重复的循环工作的工时消耗,是精确度比较高的一种计时观察法,有选择法和接续法两种。

(1)选择法测时

采用选择法测时,当被观察的某一循环工作的组成部分开始,观察者立即开动秒表,当该组成部分终止,则立即停止秒表。然后把秒表上指示的延续时间记录到选择法测时记录(循环整理)表上,并把秒针拨回到零点。下一组成部分开始,再开动秒表,如此依次观察下去,并依次记录延续时间(见表4-1)。

采用选择法测时,应特别注意掌握定时点,以避免影响测时资料的精确性。在记录时间时仍在进行的工作组成部分,应不予观察。

选择法测时记录(循环整理)表,既可记录观察资料,又可进行观察资料的整理。测时之前,应先把表头部分和各组成部分的名称填好,观察时再依次填入各组成部分的延续时间,观察结束再行整理,求出平均修正值。

**选择法测时记录(循环整理)表** 表 4-1

| 观察对象 | 大模板吊装 | 建筑机构名称 | 工地名称 | 日期 | 开始时间 | 终止时间 | 延续时间 | 观察号次 | 页/次 |
|---|---|---|---|---|---|---|---|---|---|
| | 每次循环 | ××建筑工程公司 | ×大学宿舍楼工地 | 1984 年 5 月 14 日 | 10:00 | 10:40 | 40min | 3 | 3/6 |
| 时间记载精度:1s | | 施工过程名称 | 塔式起重机(TQ3－8t)把大模板吊到 5 层楼就位点 | | | | | 工人人数: | |

| 号次 | 各组成部分名称 | 时间消耗总和(s) | 占全部时间百分比(%) | 每一次循环的工时消耗 单位:机器(s) | | | | | | | | | | 时间整理(s) | | | | | 附注 |
|---|---|---|---|---|---|---|---|---|---|---|---|---|---|---|---|---|---|---|---|
| | | | | 1 | 2 | 3 | 4 | 5 | 6 | 7 | 8 | 9 | 10 | 时间总和 | 循环次数 | 最大值 | 最小值 | 平均修正值 | |
| 1 | 挂钩 | | | 11 | 12 | 12 | 10 | 12 | 19 | 12 | 13 | 12 | 13 | 107 | 9 | 13 | 10 | 11.9 | |
| 2 | 上升回转 | | | 58 | 62 | 60 | 64 | 66 | 62 | 62 | 65 | 65 | 64 | 628 | 10 | 66 | 58 | 62.8 | |
| 3 | 下落就位 | | | 44 | 47 | 44 | 45 | 48 | 45 | 45 | 47 | 46 | 48 | 459 | 10 | 48 | 44 | 45.9 | 第六次循环挂了两次 |
| 4 | 脱钩 | | | 13 | 13 | 12 | 11 | 11 | 11 | 12 | 12 | 13 | 13 | 121 | 10 | 13 | 11 | 12.1 | |
| 5 | 空钩回转下降 | | | 42 | 40 | 42 | 41 | 40 | 42 | 43 | 43 | 45 | 43 | 421 | 10 | 45 | 40 | 42.1 | |
| | | | | | | | | | | | | | | | | | 总计 | 174.8 | |

制表： 复核：

(2)接续法测时

接续法测时也称连续法测时。它较选择法测时准确、完善,但观察技术也较之复杂。它的特点是,在工作进行中和非循环组成部分出现之前一直不停止秒表,秒针走动过程中,观察者根据各组成部分之间的定时点,记录它的终止时间。由于这个特点,在观察时,要使用双针秒表,以便使其辅助针停止在某一组成部分的结束时间上。

接续法测时使用接续法测时记录表（见表 4-2），其特点是：每一组成部分的基本计时资

**接续法测时记录表** 表 4-2

| 观察对象:混凝土搅拌机鼓的工作 | 接续法则时 | 建筑机构名称 | 工地名称 | 日期 | 开始时间 | 终止时间 | 延续时间 | 观察号次 | 页/次 |
|---|---|---|---|---|---|---|---|---|---|
| | | ××建筑公司 | ××工厂 ××车间 | 1984 年 9 月 2 日 | 9:00 | 9:21 | 21min | 3 | 3/5 |
| 观察精度:1s | | 过程名称:用 4cm－02 式混凝土搅拌机拌和混凝土 | | | | | | | |

| 号次 | 各组成部分名称 | 时间 | 观察次数 1 | | 2 | | 3 | | 4 | | 5 | | 6 | | 7 | | 8 | | 9 | | 10 | | 工人人数 | 时间整理 时间总和(s) | 循环次数 | 最大值(s) | 最小值(s) | 平均修正值(s) | 附注 |
|---|---|---|---|---|---|---|---|---|---|---|---|---|---|---|---|---|---|---|---|---|---|---|---|---|---|---|---|---|---|
| | | | min | s | min | s | min | s | min | s | min | s | min | s | min | s | min | s | min | s | min | s | | | | | | | |
| 1 | 装料入鼓 | 终止 | 0 | 15 | 2 | 16 | 4 | 20 | 6 | 30 | 8 | 33 | 10 | 39 | 12 | 44 | 14 | 56 | 17 | 4 | 19 | 5 | | 148 | 10 | 19 | 12 | 14.8 | |
| | | 延续 | | 15 | | 13 | | 13 | | 17 | | 14 | | 15 | | 16 | | 19 | | 12 | | 14 | | | | | | | |
| 2 | 搅拌 | 终止 | 1 | 45 | 3 | 48 | 5 | 55 | 7 | 57 | 10 | 4 | 12 | 9 | 14 | 20 | 16 | 28 | 18 | 33 | 20 | 38 | | 915 | 10 | 96 | 87 | 91.5 | |
| | | 延续 | | 90 | | 92 | | 95 | | 87 | | 91 | | 90 | | 96 | | 92 | | 89 | | 93 | | | | | | | |
| 3 | 卸料 | 终止 | 2 | 3 | 4 | 7 | 6 | 13 | 8 | 19 | 10 | 24 | 12 | 28 | 14 | 37 | 16 | 52 | 18 | 51 | 20 | 54 | | 191 | 10 | 24 | 16 | 19.1 | |
| | | 延续 | | 18 | | 19 | | 18 | | 22 | | 20 | | 19 | | 17 | | 24 | | 18 | | 16 | | | | | | | |
| 4 | | 终止 | | | | | | | | | | | | | | | | | | | | | | | | | 总计 | 125.4 | |
| | | 延续 | | | | | | | | | | | | | | | | | | | | | | | | | | | |
| 5 | | 终止 | | | | | | | | | | | | | | | | | | | | | | | | | | | |
| | | 延续 | | | | | | | | | | | | | | | | | | | | | | | | | | | |

制表： 复核：

料，分为互相平行的两行来填写，第一行记录组成部分的终止时间，第二行记录观察后计算出的组成部分延续时间。

同一组成部分，观察所得的延续时间，常常有着程度不同的差别。这种差别是施工过程中各种变化着的因素影响的结果。

测时法记录时间的精确度较高，一般可达到0.2～15s。

(3)测时数列的整理

所谓测时数列，是指由各次观察记录下来的施工过程中同一组成部分的不同延续时间所形成的数据序列。例如，对施工过程的同一组成部分观察10次，记录下来的必然是10个时间值。这10个时间值就形成一个测时数列。

整理测时数列主要是求算术平均值。因为在有限的观察次数下，算术平均值是最可靠值。但由于观察过程中不可避免地会受到偶然因素的干扰，因此引起时间值发生误差。为了消除偶然因素干扰，计算算术平均值之前，应将测时数列中误差极大和显然存在问题的数值抽出来，并在测时表的附注中找出引起误差的原因。如果误差是人为因素引起的，则该项数值应予剔除。例如，被观察者在工作中与别人谈天而延长了工时，或者由于观察者填写的疏忽造成个别数值偏差大，都应全部删去，以避免定额受偶然因素的影响。如果该项误差，是由于某种难以完全避免的客观因素的影响，如在木板刨光工作中，碰到了节疤太多的木板，延长了刨光时间，这类性质的数值虽要抽出，但在确定定额时，应计算此项因素在刨光木板工作中的影响。

上述剔除个别数值的工作称为修正数列。

对测时数列进行修正后，即可计算算术平均值。在技术测定工作中通常称之为平均修正值。这种平均修正值作为被观察的组成部分的确实延续时间填入测时表的时间整理专栏中。

$$\text{平均修正值} = \frac{\text{延续时间的总和}}{\text{循环次数}} \tag{4-7}$$

式中：延续时间的总和——经过剔除后的各次观察的延续时间总和；

循环次数——经过剔除后的观察次数。

2. 写实记录法

写实记录法是一种研究各种性质的工作时间消耗的方法。采用这种方法，可以获得分析工作时间消耗的全部资料，并且精确程度能达到0.5～1min，所以在实际工作中它是一种值得提倡的方法。

写实记录法的观察对象，可以是一个工人，也可以是一个工人小组。测时用普通表进行。写实记录法，按记录时间的方法不同分为数示法、图示法和混合法三种。

(1)数示法写实记录

数示法写实记录，是三种写实记录法中精确度较高的一种，但技术上比较复杂，使用也较少。数示法写实记录可以同时对两个工人进行观察，但不能超过两人。观察的工时消耗时间，记录在专门的数示法写实记录表中(见表4-3)，这种表格在接续法测时中也可使用，填写方法也完全一样。其区别只在于接续法测时只对循环过程进行观察，用的时间很短，精确度更高；数示法则用来对整个工作班或半个工作班进行长时间观察，能反映工人或机器工作日全部情况。

数示法写实记录表的1、2栏应在观察前预先填好，表头部分也应尽量事先填好。观察开始后，将第一个工人观察的资料记入第4～10栏，第二个工人观察的资料记录在第11～17栏中,其中第7、8栏和第14、15栏应在观察结束后再行计算填入。然后再计算出每个工人在每一组成部分中消耗的时间,填入第3栏。为了校验计算的正确性,可将第3、7、8、14、15各栏之和相比较,如果三者之和相同,则证明记录和计算无误。

**数示法写实记录表** 表4-3

| 准号 | 各组成部分的名称 | 观察对象的时间消耗量 | 建筑机构 | | 工地名称 | | 日期 | | 开始时间 | | 终止时间 | | 延续时间 | | 观察号次 | 页/次 |
|---|---|---|---|---|---|---|---|---|---|---|---|---|---|---|---|---|
| | | | ××建筑公司 | | ××中学教学楼 | | 1981年9月8日 | | 8:00 | | 12:00 | | 4h | | 2 | 2/5 |
| | | | 过程名称:准备模板用的镶合板 | | | | | | | | | | | | | |
| 1 | 2 | 3 | 观察对象:四级木工 | | | | | | | 观察对象:三级木工 | | | | | | |
| 1 | 取工具 | 6′00″/– | 组成部分号次 | 起止时间 | | 延续时间 | | 产品数量 | 附注 | 组成部分号次 | 起止时间 | | 延续时间 | | 产品数量 | 附注 |
| 2 | 取备拼条 | 12′10″/23′40″ | | | | | | | | | | | | | | |
| 3 | 工作地点中取木板 | 4′10″/4′10″ | | h:min | s | min | s | | | | h:min | s | min | s | | |
| 4 | 把饼条放在工作台上 | 2′10″/3′10″ | 4 | 5 | 6 | 7 | 8 | 9 | 10 | 11 | 12 | 13 | 14 | 15 | 16 | 17 |
| 5 | 把木板放在工作台上 | 20″/20″ | X | 8:00 | | | | | | X | 8:00 | 00 | | | | |
| 6 | 拼接木板并钉上 | 2′10″/3′10″ | 1 | 8:06 | 00 | 6 | 10 | 8根 | | 14 | 8:08 | 00 | 8 | 00 | | |
| 7 | 打墨线 | 2′50″/– | 2 | 8:18 | 00 | 12 | 10 | 拼 | | 2 | 8:14 | 10 | 6 | 10 | | |
| 8 | 粗锯镶合板 | 14′10″/– | 4 | 8:18 | 10 | 0 | 20 | 条 | 与 | 4 | 8:14 | 30 | 0 | 20 | | |
| 9 | 锯拼条两端 | 1′30″/– | 3 | 8:22 | 30 | 4 | 10 | 2块 | 三 | 16 | 8:18 | 30 | 4 | 00 | 15根 | |
| 10 | 翻转镶合板 | 10′10″ | 5 | 8:24 | 40 | 2 | 10 | 木 | 级 | 3 | 8:22 | 40 | 4 | 10 | 拼 | 为 |
| 11 | 敲弯钉子 | –/– | 6 | 8:30 | 50 | 5 | 40 | 板 | 木 | 5 | 8:25 | 50 | 3 | 10 | 条 | 下 |
| 12 | 锯木板两端 | 1′20″/– | 9 | 8:32 | 30 | 1 | 30 | 锯 | 工 | 6 | 8:31 | 20 | 5 | 30 | | 次 |
| 13 | 将制成的镶合板放在一边 | –/– | 15 | 8:39 | 00 | 7 | 50 | 去 | 共 | 15 | 8:39 | 50 | 8 | 30 | 2 | 镶 |
| 14 | 辅助工作 | 4′20″/14′30″ | 7 | 8:41 | 50 | 1 | 20 | 7 | 取 | 2 | 8:57 | 20 | 17 | 30 | 块 | 合 |
| 15 | 休息 | 7′50″/8′30″ | 6 | 8:42 | 10 | 1 | 20 | 端 | 4 | 14 | 9:03 | 50 | 6 | 30 | 木 | 板 |
| 16 | 因施工本身造成的停工 | –/4′00″ | 7 | 8:44 | 30 | 1 | 30 | 5.3m | 块 | 10 | 9:04 | 00 | 0 | 10 | 板 | 用 |
| 17 | | | 14 | 8:48 | 00 | 4 | 20 | 锯 | 木 | | | | 64 | 00 | | |
| 18 | | | 8 | 9:02 | 20 | 14 | 10 | 去 | 板 | | | | | | | |
| 19 | | | 12 | 9:03 | 30 | 1 | 20 | 4端 | | | | | | | | |
| 20 | | 64′64″ | 10 | 9:04 | 50 | 0 | 10 | | | | | | | | | |
| | | | | | 00 | 64 | 00 | | | | | | | | | |

观察者: 复核者:

(2)图示法写实记录

图示法写实记录,可同时对三个以内的工人进行观察,观察资料记入图示法写实记录表中,见表4-4。

一张图示法写实记录表,一般可观察1h,在组成部分不多时,也可观察2h。观察所得时间消耗资料记录在表的中间部分。表的中部是由60个小纵行组成的格网,每一小纵行等于1min。为清晰起见,在纵行上面标上以5min为单位的5、15、25等字样,以及以10min为单位的10、20、30等字样。

**图示法写实记录表**　　　　表 4-4

| 观察对像：五级瓦工 1 人 三级瓦工 1 人 | 建筑机构名称 | 工地名称 | 日期 | 开始时间 | 终止时间 | 延续时间 | 观察号次 | 页 / 次 |
|---|---|---|---|---|---|---|---|---|
| | ×× 建筑公司 | ×× 工地 | 1935 年 9月20 日 | 8:00 | 12:00 | 4h | 3 | 3/4 |
| | 过程名称：砌筑 0.54m 厚的块石墙 | | | | | | | |

| 号次 | 组成部分名称 \ 时间 | 时间（5 10 15 20 25 30 35 40 45 50 55 60） | 工分总计 每一执行者 | 工分总计 全部执行者 | 产品数量 每一执行者 | 产品数量 全部执行者 | 附注 |
|---|---|---|---|---|---|---|---|
| 1 | 铺灰浆 | 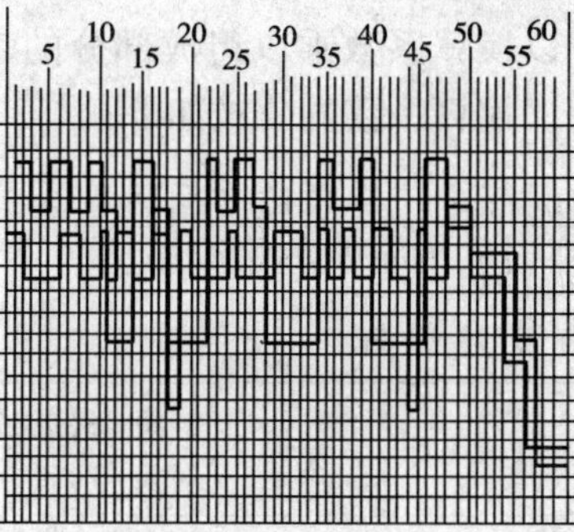 | 16 | 16 | | | 完成产品数量按一个工作班测量 |
| 2 | 搬石块放于墙上 | | 15 | 15 | | | |
| 3 | 斩块石 | | 21<br>5 | 26 | | | |
| 4 | 砌墙身两侧块石 | | 31 | 31 | | | |
| 5 | 砌墙身两侧块石 | | 21 | 21 | | | |
| 6 | 填缝 | | 2 | 2 | | | |
| 7 | | | 2 | 2 | | | |
| 8 | 休息 | | 4<br>3 | 7 | | | |
| 9 | | | | | | | |
| | | | 60<br>60 | 120 | | | |

观察者：　　　　复核者：　　　　总计：

图示法写实记录表填写的特点是：观察前先填好表头、号次和组成部分名称，观察开始后再根据各组成部分的延续时间用横线画出。这段横线必须和该组成部分的开始与结束时间相符合。为便于区分两个以上工人的工作时间消耗，又设一辅助直线，将属于同一工人的横线段连接起来。观察结束后，再分别计算出每一工人在各个组成部分上的时间消耗，以及各组成部分的工时总消耗。观察时间内完成的产品数量记入产品数量栏。

图示法较之数示法的优点，主要是时间记录清晰易懂，记录技术简便，整理图表简易，所以应用也比数示法广泛。

（3）混合法写实记录

混合法写实记录，可以同时对三个以上工人进行观察，记录观察资料的表格仍采用图示法写实记录表。填写表格时，各组成部分的延续时间用图示法填写，完成每一组成部分的工人人数，则用数字填写在该组成部分时间线段的上面。此外，混合法记录时间不能用垂直线表示工人从一个组成部分转入另一组成部分。

整理混合法的方法是将表示分钟数的线段与标在线段上面的工人人数相乘，算出每一组成部分的工时消耗，记入图示法写实记录表工分总计栏，然后再将总计垂直相加，计算出工时消耗总数。该总数应符合参加该施工过程的工人人数乘以观察时间。

对于写实记录的各项观察资料，要在事后加以整理。整理非循环过程观察资料，用摘要整理表（见表 4-5）。整理循环过程的观察资料，用选择法测时记录（循环整理）表（见表 4-1）。在编写摘要整理表时，应先将组成部分按施工工艺顺序从写实记录表上抄录下来，并摘录工时消耗。然后按工时消耗的性质，分为基本工作与辅助工作时间、休息和不可避免中断时间、违背劳动纪律时间等项。表上部的填法根据表头的要求，在工时消耗栏内填写每一组成部分时间消耗，并加以总计。工时消耗填写完毕后，按各类时间消耗进行总计，对整个观察时间也要总计。然后再计算各组成部分时间消耗占总时间的百分比，并填入相应栏内，同时填上各组成部分的产品计量单位的名称。工序产品数量从写实记录表的相应栏内抄录，或根据观察完毕后所填的产品计算资料填写。工序单位工时消耗，是以工时消耗栏的总数除以工序产品数量得到的。

摘要整理表编制完毕，只能计算出按工序计量单位计算的工时消耗，但是要编制定额，就要换算出按定额计量单位计算的工时消耗。因为工序计量单位和定额计量单位往往是不一致的。为了换算计量单位要利用换算系数。以换算系数乘以组成部分的工时消耗，就可得到按定额计量单位计算的组成部分的工时消耗。换算系数的公式如下：

$$换算系数=\frac{观察时间内工序单位产品数量}{观察时间内定额单位产品量} \tag{4-8}$$

**摘 要 整 理 表**　　　　表 4-5

<table>
<tr><td rowspan="3">产品完成：8.45m³<br>时间消耗：142 工分/m³<br>其中必需者为 122 工分/m³</td><td rowspan="3">摘要整理</td><td>建筑机构名称</td><td>工地名称</td><td>日期</td><td>开始时间</td><td>终止时间</td><td>延续时间</td><td>观察号次</td><td>页/次</td></tr>
<tr><td>××建筑公司</td><td>××工地</td><td>1984 年 8 月 8 日</td><td>8:00</td><td>12:00</td><td>4h</td><td></td><td></td></tr>
<tr><td colspan="8">过程名称：垒砌 $2\frac{1}{2}$ 砖混水墙</td></tr>
</table>

| 号次 | 各组成部分名称 | 按小时或写实记录而定的工时消耗 | | | | | 工时消耗百分比（%） | 工序单位 | 工序产品数量 | 工序单位工时消耗 |
|---|---|---|---|---|---|---|---|---|---|---|
| | | 8～9 | 9～10 | 10～11 | 11～12 | 合计 | | | | |
| 1 | 拉紧准绳 | 6 | 2 | — | — | 8 | | 1 次 | 8 | 1.0 |
| 2 | 铲灰浆 | 6 | 2 | — | 4 | 12 | | 1m³ 灰浆 | 1.86 | 6.5 |
| 3 | 铺灰浆 | 40 | 34 | 35 | 41 | 150 | | 1m³ 灰浆 | 1.86 | 80.6 |
| 4 | 分布整砖和斩砖 | 48 | 39 | 39 | 57 | 183 | | 1 000 块砖 | 3.48 | 52.6 |
| 5 | 垒砌墙身外侧砖 | 37 | 35 | 34 | 54 | 160 | | 1 000 块砖 | 1.05 | 152.4 |
| 6 | 垒砌墙身内侧砖 | 42 | 34 | 37 | 53 | 166 | | 1 000 块砖 | 1.05 | 158.1 |
| 7 | 垒砌墙身中心砖 | 36 | 33 | 36 | 54 | 159 | | 1 000 块砖 | 1.38 | 115.2 |
| 8 | 勾缝 | — | 31 | 23 | 3 | 57 | | 1m² 墙面 | 1.35 | 4.2 |
| 9 | 检验砌体 | — | 3 | 1 | 2 | 6 | | 1 次 | 6 | 1.0 |
| 10 | 工人转移 | 17 | 6 | 2 | 4 | 29 | | 1 次 | 4 | 7.3 |
| 11 | 基本工作与辅助工作时间消耗总和 | 232 | 219 | 207 | 272 | 930 | 77.5 | | | |
| 12 | 休息和不可避免中断 | 18 | 14 | 38 | 28 | 98 | 8.2 | | | |
| 13 | 必须工时消耗总和 | 250 | 233 | 245 | 300 | 1 028 | 85.7 | | | |
| 14 | 因施工本身而停工 | 25 | 67 | 55 | — | 147 | 12.2 | | | |
| 15 | 违背劳动纪律 | 25 | — | — | — | 25 | 2.1 | | | |
| 16 | 工时损失总和 | 50 | 67 | 55 | — | 172 | 14.3 | | | |
| 17 | 总计 | 300 | 300 | 300 | 300 | 1 200 | 100 | | | |

制表：　　　　　　　　　　　　复核：

循环过程中整理表，除按要求填好表头部分外，第一栏填写组成部分的编号，第二栏按完成次序填列各组成部分的名称。时间消耗总和是测时数列中各个数值相加之和。占全部时间百分比，是组成部分时间消耗总和占包括损失时间在内的施工过程时间消耗总和的比例。

3. 工作日写实法

工作日写实法，是一种研究整个工作班内各种工时消耗的方法。

运用工作日写实法主要有两个目的：一是取得编制定额的基础资料；二是检查定额的执行情况，找出缺点，改进工作。当它被用来达到第一个目的时，工作日写实的结果要获得观察对象在工作班内工时消耗的全部情况，以及产品数量和影响工时消耗的影响因素。其中工时消耗应该按工时消耗的性质分类记录。当它被用来达到第二个目的时，通过工作日写实应该做到：查明工时损失量和引起工时损失的原因，制订消除工时损失，改善劳动组织和工作地点组织的措施；查明熟练工人是否能发挥自己的专长，确定合理的小组编制和合理的小组分工；确定机器在时间利用和生产率方面的情况，找出使用不当的原因，制订改善机器使用情况的技术组织措施；计算工人或机器完成定额的实际百分比和可能百分比。

工作日写实法和测时法、写实记录法比较，具有技术简便、费力不多、应用面广和资料全面的优点，在我国是一种采用较广的编制定额的方法。

工作日写实法，利用写实记录表记录观察资料，记录方法也同图示法或混合法。它可以说是一种扩大的写实记录法。记录时间时不需要将有效工作时间分为各个组成部分，只需划分适合于技术水平和不适合于技术水平两类。但是工时消耗还需按性质分类记录。

工作日写实结果应填入工作日写实结果表中(见表 4-6)，多次观察的结果可汇总在工作日写实汇总表中(见表 4-7)。

**工作日写实结果表**(正面)　　表 4-6a)

<table>
<tr><td rowspan="2">工作日写实结果表</td><td colspan="8">观察的对象和工地：造船厂工地甲种宿舍</td></tr>
<tr><td colspan="8">工作队(小组)：小组　　工种：瓦工</td></tr>
<tr><td rowspan="3">工作(过程)名称：垒砌 2 砖混水墙<br>观察日期：1984 年 7 月 20 日<br>工作班：自 8:00 到 17:00，完成共 8 工时</td><td colspan="8">小组/工作队的工人组成</td></tr>
<tr><td>1 级</td><td>2 级</td><td>3 级</td><td>4 极</td><td>5 级</td><td>6 级</td><td>7 级</td><td>共计</td></tr>
<tr><td></td><td></td><td></td><td>2</td><td></td><td>2</td><td></td><td>4</td></tr>
</table>

<table>
<tr><td rowspan="2">号次</td><td colspan="4">工时平衡表</td></tr>
<tr><td>工时消费种类</td><td>消耗量(工分)</td><td>百分比(%)</td><td>劳动组织的主要缺点</td></tr>
<tr><td>1</td><td>1. 必须消耗的时间</td><td></td><td></td><td rowspan="12">①架子工搭设脚手板的工作没有保证质量<br><br>同时架子工的工作未按计划进度完成，以致影响了砌砖工人的工作。<br><br>②由于灰浆搅拌机时有发生故障，使灰浆不能及时供应。</td></tr>
<tr><td>2</td><td>适合于技术水平的有效工作</td><td>1 120</td><td>58.3</td></tr>
<tr><td>3</td><td>不适合于技术水平的有效工作</td><td>67</td><td>3.5</td></tr>
<tr><td>4</td><td>有效工作共计</td><td>1 187</td><td>61.8</td></tr>
<tr><td>5</td><td>休息</td><td>176</td><td>9.2</td></tr>
<tr><td>6</td><td>不可避免的中断</td><td></td><td></td></tr>
<tr><td>7</td><td>必须消耗的时间共计(A)</td><td>1 363</td><td>71.0</td></tr>
<tr><td>8</td><td>2. 损失时间</td><td></td><td></td></tr>
<tr><td>9</td><td>由于砖层垒砌不正确而加以更正</td><td>49</td><td>2.6</td></tr>
<tr><td>10</td><td>由于架子工把脚手板铺得太差而加以修正</td><td>54</td><td>2.8</td></tr>
<tr><td>11</td><td>多余和偶然工作共计</td><td>103</td><td>5.4</td></tr>
<tr><td>12</td><td>因为没有灰浆而停工</td><td>112</td><td>5.9</td></tr>
</table>

续上表

| 号次 | 工时平衡表 | | | |
|---|---|---|---|---|
| | 工时消费种类 | 消耗量(工分) | 百分比(%) | 劳动组织的主要缺点 |
| 13 | 因脚手板准备不及时而停工 | 64 | 3.3 | ③工长和工地技术人员对于工人工作指导不及时,并缺乏经验的检查、督促,致使砌砖返工,架子工搭设脚手板后,也未校验。又由于没有及时指示而造成砌砖工停工。<br>④由于工人宿舍距施工地点远,工人经常迟到 |
| 14 | 因工长耽误指示而停工 | 100 | 52.0 | |
| 15 | 由于施工本身而停工共计 | 276 | 14.4 | |
| 16 | 因雨停工 | 96 | 5.0 | |
| 17 | 因电流中断而停工 | 12 | 0.6 | |
| 18 | 非施工本身而停工共计 | 108 | 5.6 | |
| 19 | 工作班开始时迟到 | 34 | 1.7 | |
| 20 | 午后迟到 | 36 | 1.9 | |
| 21 | 违背劳动纪律共计 | 70 | 3.6 | |
| 22 | 损失时间共计 | 557 | 29.0 | |
| 23 | 总共消耗的时间(*B*) | 1 920 | 10.0 | |
| | 现行定额总共消耗时间 | | | |

完成工作数量 6.66(千块)　　　　测定者:

**工作日写实结果表(反面)**

表 4-6b)

| 完成定额情况的计算 | | | | | | | |
|---|---|---|---|---|---|---|---|
| 序号 | 定额编号 | 定额项目 | 计量单位 | 完成工作数量 | 定额工时消耗 | | 备注 |
| | | | | | 单位 | 总计 | |
| 1 | 瓦 10 | 2 砖混水墙 | 千块 | 6.66 | 4.3 | 28.64 | |
| 2 | | | | | | | |
| 3 | | | | | | | |
| 4 | | 总计 | | | | 28.64 | |
| 完成定额情况 | 实际:$\frac{60\times28.64}{1920}\times100\%=89.5\%$ | | | | | | |
| | 可能:$\frac{60\times28.64}{1363}\times100\%=126\%$ | | | | | | |

| 建议和结论 | |
|---|---|
| 建议 | 1. 建议工长和技术人员加强对砌砖工人工作的指导,并及时检查督促;<br>2. 工人开始工作前要先检验脚手板,工地领导和安全技术员必须负责贯彻技术安全规范;<br>3. 立即修好灰浆搅拌机;<br>4. 采取措施,消除上班迟到现象 |
| 结论 | 全工作日中时间损失占 29%,原因主要是施工技术人员指导不力。如果能够保证对工人小组的工作给予切实有效的指导,改善施工组织管理,劳动生产率就可以提高 35% 以上 |

上述介绍了计时观察的主要方法。在实际工作中,有时为了减少测时工作量,往往采取某些简化的方法。这在制定一些次要的、补充的和一次性定额时,是很可取的。在查明大幅度超额和完不成定额的原因时,采用简化方法也比较经济。简化的最主要途径是合并组成部分的项目。例如,把施工过程的组成部分简化为有效工作、休息、不可避免中断和损失时间四项。至于孰细孰粗,则根据实际需要来决定。

**工作日写实结果汇总表**　　表 4-7

| 写实汇总 | 工作日写实结果汇总<br>日期:1981 年 7 月 20 日 ~8 月 1 日<br>工种:瓦工 |
|---|---|
| 工地:第×车间 | |

| 号次 | 观察日期及编号 | A1<br>7/20 | A2<br>7/21 | A3<br>7/22 | A4<br>7/23 | A5<br>7/24 | A6<br>7/25 | A7<br>7/26 | A8<br>7/28 | A9<br>7/29 | A10<br>7/30 | A11<br>7/31 | A12<br>8/1 | 加权平均值 | 备注 |
|---|---|---|---|---|---|---|---|---|---|---|---|---|---|---|---|
| | 小组(工作队)工时消耗分类 | | | | | | | | | | | | | | |
| | 每班人数 | 4 | 2 | 2 | 3 | 4 | 3 | 2 | 2 | 4 | 2 | 4 | 3 | 35 | |
| 一 | 必须消耗的时间 | | | | | | | | | | | | | | 工时消耗分类按占总消耗时间百分比计算 |
| 1 | 适合于技术水平的有效工作 | 58.3 | 67.3 | 67.7 | 50.3 | 56.9 | 50.6 | 77.1 | 62.8 | 75.9 | 53.1 | 51.9 | 69.1 | 61.1 | |
| 2 | 不适合于技术水平的有效工作 | 3.5 | 17.3 | 7.6 | 31.7 | — | 21.8 | — | 6.5 | 12.8 | 3.6 | 26.4 | 10.2 | 12.3 | |
| 3 | 有效工作共计 | 61.8 | 84.6 | 75.3 | 82.0 | 56.9 | 72.4 | 77.1 | 69.3 | 88.7 | 56.7 | 78.3 | 79.3 | 73.4 | |
| 4 | 休息 | 9.2 | 9.0 | 8.7 | 10.9 | 10.8 | 11.4 | 8.6 | 17.8 | 11.3 | 13.4 | 15.1 | 10.1 | 11.4 | |
| 5 | 不可避免的中断 | — | — | — | — | — | — | — | — | — | — | — | — | — | |
| 6 | 必须消耗时间共计 | 71.0 | 93.6 | 84.0 | 92.9 | 67.7 | 83.8 | 85.7 | 87.1 | 100 | 70.1 | 93.4 | 89.4 | 84.8 | |
| 二 | 损失时间 | | | | | | | | | | | | | | |
| 1 | 多余和偶然工作 | 5.4 | 5.2 | 6.7 | — | — | 3.3 | 6.9 | — | — | — | — | 3.2 | 2.2 | |
| 2 | 由于施工本身而停工 | 14.4 | — | 6.3 | 2.6 | 26.0 | 3.8 | 4.4 | 11.3 | — | 29.9 | 6.6 | 5.1 | 9.4 | |
| 3 | 非施工本身而停工 | 5.6 | — | 1.3 | 3.6 | 6.3 | 9.1 | 3.0 | — | — | — | — | 1.7 | 2.8 | |
| 4 | 违背劳动纪律 | 3.6 | 1.2 | 1.7 | 0.9 | — | — | — | 1.6 | — | — | — | 0.6 | 0.8 | |
| 5 | 损失时间共计 | 29.0 | 6.4 | 16.0 | 7.1 | 32.3 | 16.2 | 14.3 | 12.9 | — | 29.9 | 6.6 | 10.6 | 15.2 | |
| 6 | 总共消耗时间 | 100 | 100 | 100 | 100 | 100 | 100 | 100 | 100 | 100 | 100 | 100 | 100 | 100 | |
| 完成定额(%) | 实际 | 89.5 | 115 | 107 | 113 | 95 | 98 | 102 | 110 | 116 | 97 | 114 | 101 | 104.5 | |
| | 可能 | 126 | 123 | 128 | 122 | 140 | 117 | 199 | 126 | 116 | 138 | 122 | 120 | | |

制表:　　　　复核:

## 四、影响工时消耗的因素和观察次数

1. 影响工时消耗的因素

在施工现场,影响工时消耗的因素可以按性质分为两大类,即技术因素和施工因素。

技术因素包括:

(1)完成产品(实物产品和劳务)的类别;

(2)材料、制品和预制构、配件的种类和型号等级;

(3)机器和机械化工具的种类、型号和尺寸;

(4)产品质量。

上述各种技术因素的可能结合,决定了施工过程的类型。

施工因素包括:

(1)操作方法和施工的管理与组织;

(2)工作地点的组织;

(3)人员组成和分工；

(4)工资和奖励制度；

(5)原材料和构配件的质量和供应的组织；

(6)气候条件等。

以上(1)~(3)项因素和工人、技术人员直接有关，所以也称为主观因素；(4)~(6)项因素则和参加施工过程的工人、技术人员没有直接关系，所以也称为客观因素。

在施工过程中各个因素总是不断地发生变化，在不同范围和不同程度上对工时消耗发生影响。因此，要找出工时消耗的规律，必须对施工过程及其组成部分进行多次的观察研究。

2. 观察次数和延续时间

观察次数越多，获得的施工过程及其组成部分的延续时间数据就越充足，算术平均值的误差就越小。所以，观察次数和观察延续时间极大地影响着平均值计算的准确性和可靠性。可是观察的次数越多，也就会为此投入更多的人力和耗费更多的时间。不同的施工过程对精确程度的要求是不同的，因而对观察次数和延续时间的要求也是不同的。因此，通过某种方法确定出适当的观察次数是十分必要的。

在采用测时法的情况下，对于工程量大的、施工过程延续时间长的，以及在操作上和组织上也是独立的施工过程，如大型土方工程等，精确度要求比较高；对于在操作上和组织上相互联系并在时间上有交叉的施工过程，或比较次要的、延续时间短的施工过程，精确度要求比较低。在保证一定的精确度要求的条件下，观察的次数和延续时间可以根据测时数列的分布性系数 $K$ 来确定。

$$K=\frac{M}{S} \tag{4-9}$$

式中：$M$——数列中的最大值；

$S$——数列中的最小值。

【例 4-1】 表 4-2 中装料入鼓的测时数列中，最大值是 19，最小值是 12，分布性系数则是：

$$K=\frac{19}{12}=1.58\approx1.5$$

在实际工作中往往引用表 4-8 中的数据来确定观察次数。

**测时法观察次数参考数据表** 表 4-8

| 最大允许误差 / 数列分布性系数 $K$ | 约 20% | 约 15% | 约 10% | 约 7% | 约 5% |
|---|---|---|---|---|---|
| | 观察次数 | | | | |
| 1.5 | 5 | 5 | 5 | 6 | 9 |
| 2 | 5 | 5 | 7 | 11 | 16 |
| 2.5 | 5 | 6 | 10 | 15 | 23 |
| 3 | 6 | 8 | 12 | 18 | 30 |
| 4 | 7 | 10 | 15 | 25 | 39 |
| 5 | 8 | 11 | 19 | 31 | 47 |

如例 4-1，假定装料入鼓的最大允许误差为 5%，那么查表就可确定观察次数是 9 次，不足 9 次需要补足。

在采用写实记录法的情况下，观察的次数和延续时间还取决于观察对象的人数和同时进行测定的施工过程的个数。一般来说,观察对象人数多,观察次数就相应少些,同时进行测定的同类施工过程的数目多,总的观察时间相应多些,但每个施工过程(观察对象)需要观察的时间就少些。在实际工作中常引用表 4-9 中的数值。

**写实记录法观察次数参考数据表** 表 4-9

| 项目 / 观察次数 / 观察对象的最低数目 / 同时观察的施工过程的数目 | 观察延续时间最低值(h) | | | 观察循环次数(产品测量次数)最低值 | | |
|---|---|---|---|---|---|---|
| | 1 人 | 2~3 人 | 4 人以上 | 1 人 | 2~3 人 | 4 人以上 |
| | 3 人 | 3 组 | 2 组 | | | |
| 1 | 16 | 12 | 8 | 4 | 4 | 4 |
| 2 | 23 | 18 | 12 | 6 | 6 | 6 |
| 3 | 28 | 21 | 14 | 7 | 7 | 7 |
| 4 | 32 | 24 | 16 | 8 | 8 | 8 |
| 5 | 36 | 27 | 18 | 9 | 9 | 9 |
| 6 | 39 | 30 | 20 | 10 | 10 | 10 |
| 7 | 42 | 32 | 21 | 11 | 11 | 11 |
| 8 | 45 | 34 | 23 | 11 | 11 | 11 |
| 9 | 48 | 36 | 24 | 12 | 12 | 12 |
| 10 | 50 | 38 | 25 | 13 | 13 | 13 |

在引用表 4-9 中数值时,必须注意同时满足三个最低值的要求。

## 五、计时观察资料的整理

计时观察的结果会获得大量的数据和文字记载。无论是数据还是文字记载,都是不可缺少的资料。两者相互补充,才能获得满意的效果。

1. 确定影响工时消耗的具体因素

所谓影响工时消耗的具体因素,是指在对施工过程进行观察中,实际发生的对工时消耗发生作用的那些因素。这些具体因素的确定是计时观察中不可缺少的工作。无论是采用测时法、写实记录法,还是采用工作日写实法,在测时的同时,就要观察影响工时消耗的各种因素,测时完毕立即在专用表格上或测时记录表格上记录下来,并作出必要的、详尽的说明。这样才可能对测到的时间消耗资料进行全面的分析研究。

在确定因素时,要注意两类情况的记录,一类是构成该施工过程的各个条件,一类是在观察期间各因素的变化。应确定的因素包括以下内容:

(1)观察日期、工作班时间;

(2)施工过程名称以及所属公司、工区、工程项目;

(3)气温、雨量、风力;

(4)工人的详细情况(年龄、性别、文化程度、工种、等级、工龄、从事本专业的实际工作时间、工资制度、平均工资、参加劳动竞赛的情况、工作速度、上月劳动生产率等);

(5)所使用的材料情况(材料类别、质量);

(6)工具、设备及机械的详细说明;

(7)产品的规格和质量;

(8)工作地点与施工过程的组织和技术说明;

(9)产品数量的计数。

表4-10是某建筑工程公司所填制的因素确定表的实例。

**因素确定表** 表4-10

| 施工过程名称 | 建筑机构名称 | 工地名称 | 工程概况 | 观察时间 | 气温 |
|---|---|---|---|---|---|
| 砌三层里外混水墙 | ×公司×施工队 | ×厂宿舍楼 | 三层楼每层两单元,带壁橱、阁楼、浴室。长27.6m,宽14m,高3.0m | 1984年10月23日 | 15~17℃ |
| 施工队(组)人员组成 | 瓦工队共28人,其中:一级工10人,二级工12人,五级工4人,六级工2人;男24人,女4人;50岁以上6人;高中生2人,初中生18人,小学以下8人 | | | | |
| 施工方法和机械装备 | 手工操作,里架子,配备2~5t塔吊一台,翻斗一辆 | | | | |

| | 定额项目 | 单位 | 完成产品数量 | 实际工时消耗(工日) | 定额工时消耗(工日) | | 完成定额(%) |
|---|---|---|---|---|---|---|---|
| | | | | | 单位 | 总计 | |
| 完成定额情况 | 瓦工砌3/2砖混水外墙 | $m^3$ | 96 | 64.20 | 0.45 | 43.20 | 67.29 |
| | 瓦工砌1砖混水内墙 | $m^3$ | 48 | 32.10 | 0.47 | 22.56 | 70.28 |
| | 瓦工砌1/2砖隔断墙 | $m^3$ | 16 | 10.70 | 0.72 | 11.52 | 107.66 |
| | 壮工运输和调制砂浆 | | | 105.00 | | 63.04 | 60.04 |
| | 按定额加工 | | | | | 39.55 | |
| | 总计 | | 160 | 212.00 | | 179.87 | 84.84 |
| 影响工时消耗的组织和技术因素 | 1.该宿舍楼系三层混水墙到顶、墙体厚度不一,建筑面积小,操作比较复杂;<br>2.砖的质量不好,选砖比较费时;<br>3.低级工比例过大,浪费工时现象比较普遍;<br>4.高级工比例小,低级工做高级工活也比较普遍,技壮工配合不好;<br>5.工作台位置和砖的放置,不便于工人操作;<br>6.瓦工损伤操作不符合动作经济原则,取砖和砂浆动作幅度很大,极易疲劳;<br>7.劳动纪律不太好,有些青年工人工作时间聊天、打闹 | | | | | | |
| 备注 | | | | | | | |

填表人: 填表日期:××年×月×日

2.整理施工过程观察资料的基本方法

对每次计时观察的资料进行整理之后,要对整个施工过程的观察资料进行系统的分析研究和整理。

整理观察资料的方法基本上有两种:一种是平均修正法,一种是图示整理法。

(1)平均修正法

平均修正法是一种在对测时数列进行修正的基础上,求出平均值的方法。

修正测时数列,就是剔除或修正那些偏高、偏低的可疑数值。目的是保证不受那些偶然性因素的影响。

确定偏高和偏低的时间数值方法,是计算出最大极限数值和最小极限数值以确定可疑值。超过极限值的时间数值就是可疑值。

$$最大极限值 = \overline{X} + K(M - S) \tag{4-10}$$

$$最小极限值 = \overline{X} - K(M - S) \tag{4-11}$$

式中：$\overline{X}$——测时数列的平均值；

$K$——极限系数，可参考表4-11中所列数值；

$M$——测时数列的最大值；

$S$——测时数列的最小值。

**极限系数表**　　表4-11

| 观察次数 | 极限系数$K$ | 观察次数 | 极限系数$K$ |
|---|---|---|---|
| 5 | 1.3 | 9~10 | 1.0 |
| 6 | 1.2 | 11~15 | 0.9 |
| 7~8 | 1.1 | 16~30 | 0.8 |

**【例4-2】**　通过计时观察得到以下测时数列：11、12、12、10、12、19、12、13、12、13。根据式(4-10)、式(4-11)，参照极限系数表确定应剔除的可疑值。

首先，寻找数列中的可疑值：可以初步判断出是"19"；

其次，计算数列平均值：

$$\overline{X} = \frac{11+12+12+10+12+12+13+12+13}{9} = 11.9$$

第三，计算最大极限值：$11.9 + 1 \times (13 - 10) = 14.9$

最小极限值：$11.9 - 1 \times (13 - 10) = 8.9$

第四，"19"超出最大极限值14.9，所以，应予以剔除。

计算测时数列的平均修正值，可以采用算术平均值，也可以采用加权平均值。当测时数列不受或很少受产品数量影响时，采用算术平均值可以保证获得可靠的值，如例4-2。但是，如果测时数列受到产品数量的影响，采用加权平均值则是比较适当的。因为采用加权平均值可以在计算单位产品工时消耗时，考虑到每次观察中产品数量变化的影响，从而获得可靠的值。

**【例4-3】**　通过测时获得资料如表4-12所示。

**观察结果表**(反面)　　表4-12

| 观察号次 | 1 | 2 | 3 |
|---|---|---|---|
| 各次观察的时间消耗(min) | 35.7 | 140.7 | 46.8 |
| 观察时间内完成的产品数量(件) | 10 | 30 | 15 |
| 每一件产品的时间消耗(min) | 3.57 | 4.69 | 3.12 |

根据这一资料所计算的加权平均值和算术平均值显然是不同的。

时间消耗加权平均值 = 4.06min/件

如果用各次观察的时间消耗，计算更加简单。

时间消耗算术平均值 = 3.79min/件

显然，在这里加权平均值是可靠的值。

(2)图示整理法

图示整理法只有在同一工作过程或其组成部分的产品具有数种规格时才使用。例如，挖不同深度的地槽，锯不同长度的木板等。随着地槽深度和截锯长度的变化，工时消耗也发生变化。

下面以木梁上钻孔眼工作为例，说明图示整理法的应用。

根据观察，在木梁上钻直径为5cm孔眼的工作，获得的资料见表4-13。

不同孔深延续时间表　　表4-13

| 孔的深度(cm) | 5.5 | 12 | 14 | 17 | 17 | 20 | 25 | 27 | 28.5 | 33 |
|---|---|---|---|---|---|---|---|---|---|---|
| 钻一个孔的延续时间(min) | 2.1 | 3.2 | 4.6 | 4.2 | 5.2 | 5.6 | 7.6 | 8.2 | 9.6 | 12.2 |

图示整理法，是将钻不同深度孔的工时消耗量用点画在图上，如图4-5所示，然后研究点的位置。目的是确定工时消耗量的变化与因素数值(长度、深度、直径等)的关系。这一关系在图表上以一根或数根曲线表示。

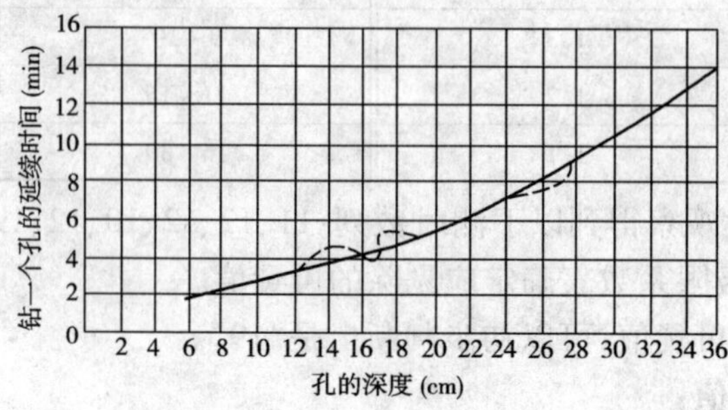


图4-5　孔深与延续时间的关系图

图上的点如果代表多次观察的平均修正值，应在点上端注明观察次数。描绘曲线时应尽量接近观察次数多的点。

图4-5中点与点之间虚线的折度很大，反映出某些因素的影响(如木质硬度)。一般情况下，钻孔深度的均匀变化应使工时消耗也发生均匀变化。图示整理法的任务，就是在剔除不正常因素影响的前提下确定出孔深对工时消耗的影响。整理方法是在原来折度很大的曲线的基础上，画出一条较均匀的曲线。这条曲线应尽量地通过更多的点，并使线外两边的点数相同。

可见，图示整理法可以显示出观察的结果，确定出所求的定额工时消耗，并可避免发生较大的错误。此外，这种方法还可以确定出某些未进行观察的同一施工过程的其他类型的延续时间。表4-14为在木梁上钻孔(直径5cm)的延续时间表。

不同孔深与延续时间表　　表4-14

| 孔的深度(cm) | 5 | 7 | 10 | 15 | 20 | 25 | 30 | 35 |
|---|---|---|---|---|---|---|---|---|
| 钻一个孔的延续时间(min) | 1.9 | 2.3 | 2.9 | 4.2 | 5.7 | 7.7 | 10.3 | 13.4 |

当某一过程或其组成部分的延续时间，不是根据1个因素数值，而是根据2个或3个因素数值转移时，那么，在图上所连成的将是2条、3条或更多条曲线。

整理后的计时观察资料可以作为评价工作的根据，也可以作为制定定额的根据。

## 第五节　施工定额的编制

### 一、劳动定额的编制方法

1. 编制施工定额的准备工作

编制施工定额是一项非常复杂的工作，必须做好充分准备和全面规划。准备工作主要有以下几点：

(1)明确编制任务和指导思想。编制施工定额首先要明确任务，是重新编制定额还是局部修订定额，要求在什么时间完成等。这些和编制工作量的大小、收集资料的范围、编制工作的组织和安排关系很大，必须事先明确规定，以免加大工作量，劳而无功。同时也必须有明确的指导思想，以保证国家有关的经济政策和技术政策能在施工定额中得到贯彻，保证达到编制定额的预期效果。

(2)充实机构和集训人员。由于编制施工定额工作十分重要，工作量又很大，原有的机构和人员往往不能适应工作需要，所以编制工作开始之前，就要健全组织机构，明确领导归属，调集和培训编制人员，明确分工，明确各个编制小组和每个工作人员的工作任务、范围和目标。

(3)系统整理和分析研究日常积累的定额基础资料。这些资料主要有三类：一类是现行定额执行情况和存在问题的资料；一类是企业和现场补充定额的资料；一类是已采用新结构、新材料、新机械和新的操作方法的资料。通过资料整理和分析研究，为拟订定额编制方案提供依据。

(4)拟订定额的编制方案。编制方案的内容包括：①根据对已有资料的分析研究，提出对拟编定额的定额水平总的设想；②根据施工作业的连续性要求和专业分工的特点，拟订定额分章、分节、分项的目录；③根据便于组织施工、便于准确计算工程量、便于统计和核算的要求，选择产品和人工、材料、机械的计量单位；④设计定额表格的形式和内容，包括工作内容说明、施工人员编制、产品类型，以及人工、材料、机械的消耗量指标及其表现形式。

(5)确定技术测定工作计划，组织技术测定。大量采用技术测定法取得编制施工定额的基本数据，是保证编出的定额具有科学技术根据的关键，所以要根据现有的技术力量、定额编制的时间和质量要求，编出计划采用技术测定法的定额项目一览表，并按照计划组织技术测定，对随机抽样得到的数据，经过必要数理分析，提供出编制施工定额的计算数据。

(6)就编制施工定额问题，和有关科室、施工队组做好协调工作，以便取得他们的配合和帮助；同时，也要在工人和工程技术人员中做必要的宣传，以帮助他们正确认识这项工作的意义，并做好必要的心理准备。

2. 拟订正常的施工条件

(1)拟订工作地点的组织。工作地点是工人施工活动场所。工作地点组织紊乱和不科学，往往是造成劳动效率不高甚至窝工的重要原因。拟订工作地点的组织时，除了应考虑有关原则外，还要特别注意使工人在操作时不受妨碍，所使用的工具和材料应按使用顺序放置于工人最便于取用的地方，以减少疲劳和提高工作效率，不用的工具和材料不应放置在工作地点。工作地点应保持清洁和秩序井然。

(2)拟订工作组成。拟订工作组成就是将工作过程按照劳动分工的可能划分为若干工序，以合理使用技术工人。可以采用两种基本方法：一种是把工作过程中个别简单的工序，划分给技术熟练程度较低的工人去完成；一种是分出若干个技术程度较低的工人，去帮助技术程度较高的工人工作。采用后一种方法就把个人完成的工作过程，变成小组完成的工作过程。例如，在一个砌砖小组中，瓦工可以完成砌内、外砖，检查砌体质量等工作；辅助工人则可以进行搅拌运输灰浆、递砖、填心等一些技术上较简单的工作。

(3)拟订施工人员编制。拟订施工人员编制即确定小组人数、技术工人的配备，以及劳动的分工和协作。拟订施工人员编制的原则，是使每个工人都能充分发挥作用，均衡地担负工作。

以上列举的施工正常条件，应是产生平均先进水平的定额的基础。

3. 拟订时间定额和产量定额

时间定额和产量定额是劳动定额的两种表现形式。拟订出时间定额，也就可以计算出产量定额；反之亦然。

时间定额是在拟订基本工作时间、辅助工作时间、不可避免中断时间、准备与结束的工作时间，以及休息时间的基础上制定的。

基本工作时间在必须消耗的工作时间中占的比例最大。在确定基本工作时间时，必须细致、精确。基本工作时间消耗一般应根据计时观察资料来确定。其做法是，首先确定工作过程每一组成部分的工时消耗，然后再综合出工作过程的工时消耗。如果组成部分的产品计量单位和工作过程的产品计量单位不符，就需先求出不同计量单位的换算系数，进行产品计量单位的换算，然后再相加，求得工作过程的工时消耗。

辅助工作和准备与结束工作时间的确定方法与基本工作时间相同。但是，如果这两项工作时间在整个工作班工作时间消耗中所占比例不超过5% ~6%，则可归纳为一项，以工作过程的计量单位表示，确定出工作过程的工时消耗，而不必再分别按各组成部分来确定。如果在计时观察时不能取得足够的测定资料，也可采用工时规范或经验数据来确定。如具有现行的工时规范，可以直接利用工时规范中规定的辅助工作和准备与结束工作时间的百分比来计算。例如，根据工时规范规定，各个工种工程的辅助和准备与结束工作、不可避免中断、休息等项，在工作日或作业时间中各占的百分比见表4-15。

**木作工程工时规范** 表4-15

| 工作项目 | 疲劳程度 | 规范时间占工作日百分比 | | | | | | 合计 |
|---|---|---|---|---|---|---|---|---|
| | | 准备与结束时间 | | 休息时间 | | 不可避免中断时间 | | |
| | | 范围 | % | 范围 | % | 范围 | % | |
| 门窗框扇安装、立木楞、吊水楞、铺地楞、钉立墙板条，以及各式室内木装修的安钉工程 | 较轻 | 装备与收拾工具、领会任务单、研究工作、穿脱衣服、转移工作地及组长指导检查等 | 3.89 | 大小便、吸烟、喝水、擦汗、恢复体力的局部休息 | 6.25 | | | 10.14 |
| 地板安装、钉天棚板条 | 中等 | 同上 | 3.89 | 同上 | 8.33 | | | 12.2 |
| 安装普通人字屋架，跨度14m以上 | 较重 | 准备工具、准备铁活、布置并清理工作地、领会任务单、看图纸、研究工作、临时整理架子、穿衣服、围裙、垫肩、收拾工具及组长指导检查等 | 7.82 | 同上 | 9.34 | 等加板、修榫等 | 2.11 | 19.27 |

附注：计算定额作业时间时，依照下表新列的辅助时间在各工序中相应增加

| 工作项目 | 占工序作业时间(%) | 工作项目 | 占工序作业时间(%) |
|---|---|---|---|
| 磨刨刀 | 12.3 | 磨线刨 | 8.3 |
| 磨槽刨 | 5.9 | 锉锯 | 8.2 |
| 磨凿子 | 3.4 | | |

利用工时规范计算时间定额用式(4-12)。

$$\text{工序作业时间} = \text{基本工作时间} \times (1 + \text{辅助时间}) \tag{4-12}$$

**【例 4-4】** 现假设测定制作门框刮料，规格 0.06mm×0.12mm×2.50mm，每根立边的基本时间为 6min，规范中磨刀时间为 12.3%，其工序作业时间为：

$$6 \times (1 + 0.123) = 6.738\text{min}$$

$$\text{定额时间} = \frac{\text{工序作业时间}}{1 - \text{规范时间\%}} \tag{4-13}$$

**【例 4-5】** 又假设，工时规范中门框刮料的准备与结束时间占 2.95%，休息时间占工作日 8h 的 8.33%，其定额时间为：

$$\frac{6.738}{1-(2.95\% + 8.33\%)} = 7.65\text{min}$$

在确定不可避免中断时间的定额时，必须注意区别两种不同的工作中断情况。一种是由于小组施工人员所担负的任务不均衡引起的，这种工作中断应该通过改善小组人员编制、合理进行劳动分工来克服；另一种情况是由工艺特点所引起的不可避免中断，此项工作消耗应列入工作过程的时间定额。

不可避免中断时间也需要根据测时资料通过整理分析获得。由于手动过程中不可避免中断发生较少，加之不易获得充足的资料，如前所述，也可以根据经验数据或工时规范，以占工作日的百分比表示此项工时消耗的时间定额，见表 4-15。

休息时间是工人恢复体力所必需的时间，应列入工作过程时间定额。休息时间应根据工作班作息制度、经验资料、计时观察资料，以及对工作的疲劳程度作全面分析来确定。同时，应考虑尽可能利用不可避免中断时间作为休息时间。

从事不同工种、不同工作的工人，疲劳程度有很大差别。为了合理确定休息时间，往往要对从事各种工作的工人进行观察、测定，以及进行生理和心理方面的测试，以便确定其疲劳程度。国内外往往按工作轻重和工作条件好坏，将各种工作划分为不同的级别。有的划分成四类：轻便工作、中等工作、沉重工作、极重工作；也有的划分成六类：最沉重、沉重、较重、中等、较轻和轻便的体力劳动。

划分出疲劳程度的等级，就可以合理规定休息需要的时间。在上面引用的规范中，按六个等级，其休息时间占工作日的百分比见表 4-16。

**休息时间占工作日的百分比**　　表 4-16

| 疲劳程度 | 轻　便 | 较　轻 | 中　等 | 较　重 | 沉　重 | 最沉重 |
|---|---|---|---|---|---|---|
| 等　级 | 1 | 2 | 3 | 4 | 5 | 6 |
| 占工作日百分比(%) | 4.16 | 6.25 | 8.33 | 11.45 | 16.7 | 22.9 |

确定的基本工作时间、辅助工作时间、准备与结束工作时间、不可避免中断时间和休息时间之和，就是劳动定额的时间定额。

**【例 4-6】** 人工挖土方，土壤系潮湿的黏性土，按土壤分类属二类土(普通土)，测时资料表明，挖 $1\text{m}^3$ 需消耗基本工作时间 60min，辅助工作时间占工作班延续时间的 2%，准备与结束工作时间占工作延续时间的 2%，不可避免的中断时间占 1%，休息时间占 20%，可计算出各项定额时间之和为：

$$\frac{60}{100\% - (2\% + 2\% + 1\% + 20\%)} = \frac{60}{75\%} = 80\text{min}$$

则时间定额为：80 ÷ 60 ÷ 8 = 0.166 工日/$m^3$

根据时间定额可以计算出产量定额：1/0.166 = 6.02 ≈ 6$m^3$/工日

4. *劳动定额测定的其他方法*

劳动定额的测定方法除第四节叙述的计时观察法以外，尚有经验估计法和统计分析法，可作为研究时间消耗的补充和比较方法。

(1)经验估计法(亦称经验估工法)

该方法简单、速度快，但易受参加制定人员主观因素和局限性影响，使制定的定额出现偏高或偏低现象。经验估计法的数据选定方法如下。

设 $M$ 为所需的平均时间，则：

$$M = \frac{a + 4c + b}{6} \tag{4-14}$$

式中：$a$——乐观时间；

$b$——保守时间；

$c$——两倍于 $a$ 的可能性和 $b$ 的可能性的时间。

相应的方差为：

$$\sigma^2 = \frac{1}{2}\left[\left(\frac{a + 4c + b}{6} - \frac{a + 2c}{3}\right)^2 + \left(\frac{a + 4c + b}{6} - \frac{2c + b}{3}\right)^2\right] = \left(\frac{b - a}{6}\right)^2 \tag{4-15}$$

所以标准偏差为：

$$\sigma = \frac{b - a}{6} \tag{4-16}$$

$\sigma$ 值越大，说明数据越分散；$\sigma$ 值越小，说明数据越集中。调整后的工时定额为 $T$，则：

$$T = M + \sigma\lambda$$

即：

$$\lambda = \frac{T - M}{\sigma} \tag{4-17}$$

$\lambda$ 为标准离差系数，从正态分布表中(表 4-17)可以查到对应于 $\lambda$ 值的概率 $P(\lambda)$，$P(\lambda)$ 值表示该项目在给定定额工时消耗 $T$ 的情况下完成的可能性程度。

**对应于 $\lambda$ 值的概率 $P(\lambda)$** 表 4-17

| $\lambda$ | $P(\lambda)$ | $\lambda$ | $P(\lambda)$ | $\lambda$ | $P(\lambda)$ | $\lambda$ | $P(\lambda)$ |
|---|---|---|---|---|---|---|---|
| -2.5 | 0.01 | -1.2 | 0.12 | 0.1 | 0.54 | 1.4 | 0.92 |
| -2.4 | 0.01 | -1.1 | 0.14 | 0.2 | 0.58 | 1.5 | 0.93 |
| -2.3 | 0.01 | -1.0 | 0.16 | 0.3 | 0.62 | 1.6 | 0.95 |
| -2.2 | 0.01 | -0.9 | 0.18 | 0.4 | 0.66 | 1.7 | 0.96 |
| -2.1 | 0.02 | -0.8 | 0.21 | 0.5 | 0.69 | 1.8 | 0.96 |
| -2.0 | 0.02 | -0.7 | 0.24 | 0.6 | 0.73 | 1.9 | 0.97 |
| -1.9 | 0.03 | -0.6 | 0.27 | 0.7 | 0.76 | 2.0 | 0.98 |
| -1.8 | 0.04 | -0.5 | 0.31 | 0.8 | 0.79 | 2.1 | 0.98 |
| -1.7 | 0.04 | -0.4 | 0.34 | 0.9 | 0.82 | 2.2 | 0.99 |
| -1.6 | 0.05 | -0.3 | 0.38 | 1.0 | 0.84 | 2.3 | 0.99 |
| -1.5 | 0.07 | -0.2 | 0.42 | 1.1 | 0.86 | 2.4 | 0.99 |
| -1.4 | 0.08 | -0.1 | 0.46 | 1.2 | 0.88 | 2.5 | 0.99 |
| -1.3 | 0.10 | 0.0 | 0.50 | 1.3 | 0.90 | | |

**【例 4-7】** 已知完成某项任务的乐观时间为 6h，保守时间为 14h，可能性最大的时间为 7h，问：①如果要求在 9.3h 内完成该项任务，其可能性有多大？②要使完成任务的可能性为 80%，即有 80% 的工人可达到这一水平，则下达的工时定额应为多少小时？

**解：**①
$$M=\frac{a+4c+b}{6}=\frac{6+4\times7+14}{6}=8\text{h}$$

$$\sigma=\frac{b-a}{6}=\frac{14-6}{6}=1.3$$

$$\lambda=\frac{T-M}{\sigma}=\frac{9.3-8}{1.3}=1.0$$

查表 4-17，如果要求 9.3h 内完成该任务，可能性为 84%，即 84% 工人能达到定额。

②$P(\lambda)=0.8$，查表 4-17，$\lambda=0.83$，则：

$$T=M+\sigma\lambda=8+1.3\times0.83=9\text{h}$$

所以要使完成任务的可能性为 80%，即有 80% 的工人可以达到定额，即下达的工时定额为 9h。

如果实际收集的时间消耗数据是 $n$ 个，可以首先把个别偏差很大的数据去掉，然后将留下的数据按大小排队，划分三个区间，再分别求出各区间中的算术平均值，作为三个估计数。

(2)统计分析法

该法是以积累的大量统计资料为基本依据，这些资料提供数据的准确性和真实性直接影响到定额的精度。凡是施工条件比较正常、定额比较稳定、原始资料比较真实的单位，采用统计分析法比采用经验估计法科学和先进。

用统计分析法制定定额时，其工时消耗可按式(4-18)计算。

$$\text{平均实耗工时 } M=\frac{\sum_{i=1}^{n}t_i}{n}\tag{4-18}$$

式中：$t_i$——统计资料所提供的完成单位合格产品的实耗时间；

$n$——提供数据中的数值个数。

可以用简便方法求出平均先进定额。

$$\text{平均选进定额}=\frac{\text{平均实耗工时}+\text{先进平均的实耗工时}}{2}\tag{4-19}$$

**【例 4-8】** 某单位产品在 12 个月的实耗工时统计资料为：12h、10h、11h、14h、10.5h、12h、13h、12.5h、11.5h、13h、12h、12.0h，求产品的平均实耗工时和平均先进定额工时。

$$\text{平均实耗工时}=\frac{\sum_{i=1}^{n}t_i}{n}=11.96\text{h}$$

$$\text{先进平均工时}=\frac{10+11+10.5+11.5}{4}=10.75\text{h}$$

$$\text{平均先进定额工时}=\frac{11.96+10.75}{2}=11.36\text{h}$$

如果把统计分析法和经验估计法的概率估计方法结合起来，可以帮助我们更加科学地掌握定额水平，使之先进合理。

例如题 4-8 所举实例，可以用计算出来的平均实耗工时，计算出标准偏差 $\sigma$。

$$\sigma=\sqrt{\frac{\sum_{i=1}^{n}(M-t_i)^2}{n}}=\sqrt{\frac{\sum_{i=1}^{n}(11.96-t_i)^2}{n}}=1.08$$

假设 $P(\lambda)=0.50$，查表得，$\lambda=0$，则：

$$T=M+\sigma\lambda=11.96+1.08\times0=11.96\text{h}$$

从概率角度理解，意味着按平均水平制定定额，若保持已有的劳动生产率水平，在执行定额初期有50%的工人可以达到或超过定额，有50%的工人达不到定额。但从经验上看，由于劳动生产率不断提高，用平均水平制定定额，多数工人（超过60%～80%）还是能达到和超过的。

若 $T=11.36\text{h}$，则：

$$\lambda=\frac{T-M}{\sigma}=\frac{11.36-11.96}{1.08}=-0.55$$

查表 $P(-0.55)=0.29$，说明把11.36h作为工时定额，按已有劳动生产率，有29%的工人可以达到或超过该定额，有71%的工人达不到定额，证明该定额水平是平均先进的，大多数工人要经过努力才能达到。

## 二、机械消耗定额的编制方法

施工机械消耗定额，是施工机械生产率的反映。高质量的施工机械定额，是合理组织机械化施工，有效利用施工机械，进一步提高机械生产率的必备条件。

编制施工机械定额，主要包括以下内容。

### 1. 拟订机械工作的正常条件

机械工作和人工操作相比，劳动生产率在更大的程度上要受到施工条件的影响。所以，编制施工定额时更应重视确定出机械工作的正常条件。拟订机械工作正常条件，主要是拟订工作地点的合理组织和合理的工人编制。

工作地点的合理组织，就是对施工地点机械和材料的放置位置、工人从事操作的场所，作出科学合理的平面布置和空间安排。它要求施工机械和操纵机械的工人在最小范围内移动，但又不阻碍机械运转和工人操作；应使机械的开关和操纵装置尽可能地集中装置在操纵工人的近旁，以节省工作时间和减轻劳动强度；应最大限度地发挥机械的效能，减少工人的手工操作。

拟订合理的工人编制，就是根据施工机械的性能和设计能力，工人的专业分工和劳动工效，合理确定操纵机械的工人和直接参加机械化施工过程的工人的编制人数，确定操纵和维护机械的工人编制人数及配合机械施工的工人编制，如配合吊装机械工作的工人等。工人的编制往往要通过计时观察、理论计算和经验资料来合理确定。

拟订合理的工人编制，应要求保持机械的正常生产率和工人正常的劳动工效。

### 2. 确定机械1h纯工作正常生产率

确定机械正常生产率时，必须首先确定出机械纯工作1h的正常生产效率。

机械纯工作时间，就是指机械的必须消耗时间，包括在满载和有根据地降低负荷下的工作时间、不可避免的无负荷工作时间和必要的中断时间。机械1h纯工作正常生产率，就是在正常施工组织条件下，由具有必需的知识和技能的技术工人操纵机械1h的生产率。

根据机械工作特点的不同,机械1h纯工作正常生产率的确定方法也有所不同。

对于按照同样次序,定期重复着固定的工作与非工作组成部分的循环动作机械,确定机械纯工作1h的正常生产率,按式(4-20)~式(4-22)计算。

$$\begin{array}{c}\text{机械1次循环的}\\\text{正常延续时间}\end{array}=\sum(\text{循环各组成部分正常延续时间})-\text{交叠时间} \tag{4-20}$$

$$\text{机械纯工作1h循环次数}=\frac{60\times60(\text{s})}{\text{1次循环的正常延续时间}} \tag{4-21}$$

$$\begin{array}{c}\text{机械纯工作1h}\\\text{正常生产率}\end{array}=\begin{array}{c}\text{机械纯工作1h}\\\text{正常循环次数}\end{array}\times\begin{array}{c}\text{1次循环生产}\\\text{的产品数量}\end{array} \tag{4-22}$$

从公式中可以看到,计算循环机械纯工作1h正常生产率的步骤是:

(1)根据现场观察资料和机械说明书确定各循环组成部分的延续时间;

(2)将各循环组成部分的延续时间相加,减去各组成部分之间的交叠时间,求出循环过程的正常延续时间;

(3)计算机械纯工作1h的正常循环次数;

(4)计算循环机械纯工作1h的正常生产率。

对于连续动作机械,确定机械纯工作1h正常生产率时,要根据机械的类型和结构特征,以及工作过程的特点来进行。计算如下:

$$\begin{array}{c}\text{连续动作机械纯工作}\\\text{1h正常生产率}\end{array}=\frac{\text{工作时间内生产的产品数量}}{\text{工作时间(h)}} \tag{4-23}$$

工作时间内的产品数量和工作时间的消耗,要通过多次现场观察和机械说明书来取得数据。

对于同一机械进行作业属于不同的工作过程,如挖掘机所挖土壤的类别不同,碎石机所破碎的石块硬度和粒径不同,均需分别确定其纯工作1h的正常生产率。

3.确定施工机械的正常利用系数

施工机械的正常利用系数,是指机械在工作班内对工作时间的利用率。机械的利用系数和机械在工作班内的工作状况有着密切的关系。所以,要确定机械的正常利用系数,首先要拟订机械工作班的正常工作状况。

拟订机械工作班正常状况,关键是如何保证合理利用工时问题。主要有:

(1)注意尽量利用不可避免的中断时间,或工作开始前与结束后的时间进行机械的维护和保养;

(2)尽量利用不可避免的中断时间作为工人休息时间;

(3)根据机械工作的特点,对担负不同工作的工人规定不同的开始与结束时间;

(4)合理组织施工现场,排除由于施工管理不善造成的机械停歇。

确定机械正常利用系数,要计算工作班正常状况下,准备与结束工作、机械启动、机械维护等工作所必须消耗的时间,以及机械有效工作的开始与结束时间。从而进一步计算出机械在工作班内的纯工作时间和机械正常利用系数。

4.计算施工机械定额

计算施工机械定额是编制机械定额工作的最后一步。在确定了机械工作正常条件、机械1h纯工作正常生产率和机械正常利用系数之后,采用式(4-23)或式(4-24)计算施工机械的产量定额。

$$施工机械台班产量定额 = 机械1h纯工作正常生产率 \times 工作班纯工作时间 \tag{4-24}$$

或

$$施工机械台班产量定额 = 机械1h纯工作正常生产率 \times 工作班延续时间 \times 机械正常利用系数 \tag{4-25}$$

根据施工机械台班产量定额，通过式(4-26)，可以计算出施工机械时间定额。

$$施工机械时间定额 = \frac{1}{机械台班产量定额} \tag{4-26}$$

## 三、材料消耗定额的编制方法

建筑材料，在建筑施工中用量大。合理地编制材料消耗定额，不仅能促使企业降低材料消耗，降低施工成本，而且对于合理利用有限资源也有很大意义。

1.材料消耗的性质

合理确定材料消耗定额，必须研究和区分材料在施工过程中消耗的性质。

施工中材料的消耗，可分为必需的材料消耗和损失的材料两类性质。

必须消耗的材料，是指在合理用料的条件下，生产合格产品所需消耗的材料。它包括：①直接用于建筑和安装工程的材料；②不可避免的施工废料；③不可避免的材料损耗。

必须消耗的材料属于施工正常消耗，是确定材料消耗定额的基本数据。其中：直接用于建筑和安装工程的材料，编制材料净用量定额；不可避免的施工废料和材料损耗，编制材料损耗定额。即：

材料必须的消耗（材料消耗定额）
- 材料净消耗量（材料净用量定额）
- 不可避免的损耗量（材料损耗定额）
  - 不可避免的废料
  - 不可避免的材料损耗

2.材料消耗定额的测定方法

确定材料净用量定额和材料损耗定额的计算数据，是通过现场技术测定、试验室试验、现场统计和理论计算等方法获得的。

(1)利用现场技术测定法，主要是编制材料损耗定额。也可以提供编制材料净用量定额的参考数据。其优点是能通过现场观察、测定，取得产品产量和材料消耗的情况，为编制材料定额提供技术根据。

(2)利用试验室试验法，主要是编制材料净用量定额。通过试验，能够对材料的结构、化学成分和物理性能以及按强度等级控制的混凝土、砂浆配比作出科学的结论，给编制材料消耗定额提供有技术根据且比较精确的计算数据。用于施工生产时，须加以必要的调整方可作为定额数据。

(3)采用现场统计法，是通过对现场进料、用料的大量统计资料进行分析计算，获得材料消耗的数据。这种方法由于不能分清材料消耗的性质，因而不能作为确定材料净用量定额和材料损耗定额的依据。

上述三种方法的选择必须符合国家有关标准规范，即材料的产品标准，计量要使用标准容器和称量设备，质量符合施工验收规范要求，以保证获得可靠的定额编制依据。

(4)理论计算法，是运用一定的数学公式计算材料消耗定额，是常用的方法。

这种理论计算必须在一定的建筑设备和一定的技术操作过程以及正确地组织施工过程和

合理地使用建筑材料的条件下，根据施工详图或标准结构图进行计算。

理论计算中有以下三种具体方法，即直数法、样板裁截法和统筹下料法。

①直数法：就是按照图纸直接数出来，它是确定构件的材料（如五金零件螺栓垫板、风勾、插销、合页等，又如电气材料开关、灯头、闸刀等）消耗定额时所采取的一种方法。

②样板裁截法：就是确定不规则的板状产品、板材消耗定额的。这种方法就是先将产品尺寸按比例缩小制成纸样板，进行图上选取最合理的截料方式，或按产品尺寸用纸制成样板，然后在板材上进行排料选取最合理的截料方式。

③统筹下料法：又称组合选择法，就是线性规划下料问题求最优解。它是确定长尺寸材料和板状材料消耗定额的。这种方法，具体来说，就是先要了解需要同规格的材料各种构件尺寸、数量和该规格的材料仓库现存数量，然后统一下料，下料前要进行截料方式选择，选择的方法就是将各种不同尺寸的构件（构件小于材料的）或长尺寸的板状材料（构件大于材料的）排列组合成各种镶拼方式或各种截料方式，以选择总消耗量最小也就是损耗率最小的一种方法。

3. 制定材料消耗定额时的必备资料

（1）施工图纸资料、定型图或临时绘制的施工草图，以此作为计算材料需要量的依据。

（2）材料试验数据。

（3）各种材料实际消耗的历史统计资料，了解它的来源渠道与准确性。

（4）施工技术规范和工艺规程等规定。

（5）各种材料的规格、性能与使用要求等有关资料和规定。

（6）有关新技术、新工艺、新设备、新材料等，以往推广使用的经验，以及今后可能应用的情况。

## 四、主要材料消耗定额的编制

现就在公路工程中使用最广泛而消耗量又大，同时，对在产品或工程的形成过程中又具有不同特点的各种主要材料，分别介绍其消耗定额制定的原则和方法。

### （一）水泥消耗定额

水泥消耗定额的制定，是以试验室的试验资料作为主要计算依据的。而其理论基础，则是利用砂来填充石子的空隙，以水泥浆又来填充砂粒的空隙，从而达到拌制密实的混凝土。

1. 混凝土的水泥消耗

由于混凝土是由水泥、砂、石子、水按适当比例配合而成的混合物，所以，要制成质量优良的混凝土，除要特别慎重选用符合技术要求的组成材料外，通常还要求具有如下四个基本条件：一是要高的强度；二是要有足够的耐久性；三是和易性要好；四是要合理使用材料，并应尽量节约水泥用量。

水灰比、用水量、砂率是混凝土配合比设计中的三个重要参数，在不改变其材料品质的情况下，改变它们相互之间的比例关系，都会影响混凝土的强度。

（1）混凝土配合比设计

混凝土配合比的设计工作，目前一般都是采用计算和试验相结合的办法进行。它的前提条件是，根据结构物的施工技术要求，如设计的混凝土强度，人工施工还是机械施工以及所需的坍落度；使用材料的情况，如水泥的强度等级，砂与粗集料的粒径等，计算出初步的配合比，再按所计算的配合比称取一定量的材料进行试配试验，并经过调整，使达到符合设计要求的施工配合比。

混凝土配合比应按下列步骤进行计算:计算混凝土配置强度$f_{cu,0}$并求出相应的水灰比;选取每立方米混凝土的用水量,并计算出每立方米混凝土的水泥用量;选取砂率,计算粗集料和细集料的用量,并提出供试配用的计算配合比。

(2)混凝土配置强度的确定

混凝土配置强度可按式(4-27)计算:

$$f_{cu,0} \geqslant f_{cu,k} + 1.645\sigma \tag{4-27}$$

式中:$f_{cu,0}$——混凝土配置强度(MPa);

$f_{cu,k}$——混凝土立方体抗压强度标准值(MPa);

$\sigma$——混凝土强度标准差(MPa)。

当现场条件与试验室条件有显著差异或C30级及以上强度等级的混凝土采用非统计方法评定时,应提高混凝土的配置强度。

(3)水灰比的确定

水灰比是指在单位体积的混凝土中水的质量与水泥质量之比。水灰比愈小,则混凝土的强度愈大。但水灰比过小时,则会影响混凝土的和易性(坍落度)。故水灰比是决定混凝土强度的主要因素,适当选择水灰比,是混凝土配合比设计中的一项重要工作。当水灰比不变时,少加水就可少用水泥。由此可见,维持适当的坍落度而少加水,就能得到既经济而又优质的混凝土。

混凝土强度等级小于C60级时,混凝土水灰比可采用鲍罗米经验公式(4-28)计算:

$$W/C = \frac{\alpha_a \cdot f_{ce}}{f_{cu,0} + \alpha_a \cdot \alpha_b \cdot f_{ce}} \tag{4-28}$$

式中:$W/C$——水灰比;

$\alpha_a$、$\alpha_b$——回归系数;

$f_{ce}$——水泥28d抗压强度实测值(MPa)。

根据混凝土的耐久性与和易性的要求,通常规范规定了选用最大水灰比和最小水泥用量的限额,见表4-18。

桥涵工程混凝土的最大水灰比和最小水泥用量　　表4-18

| 混凝土结构所处的环境 | 无筋混凝土 | | 钢筋混凝土 | |
|---|---|---|---|---|
| | 最大水灰比 | 最小水泥用量(kg/m³) | 最大水灰比 | 最小水泥用量(kg/m³) |
| 温暖或寒冷地区,无侵蚀物质影响,与土直接接触 | 0.60 | 250 | 0.55 | 275 |
| 严寒地区或使用除冰盐的桥涵 | 0.55 | 275 | 0.50 | 300 |
| 受侵蚀性物质影响 | 0.45 | 300 | 0.40 | 325 |

注:1. 本表中的最小水泥用量包括外掺混合材料。

2. 表中最小水泥用量仅适用于机械振捣,如用人工捣实时,应增加25kg/m³;当掺用外加剂且能有效改善混凝土的和易性时,水泥用量可减少25kg/m³。

3. 严寒地区系指最冷月份平均气温≤-10℃且日平均温度在≤5℃的天数≥145d的地区。

(4)用水量的确定

在水灰比已经确定的前提下,根据混凝土的最低用水量可以确定最小水泥用量。而用水量直接关系到混凝土混合物的和易性,同时也会影响混凝土的密实性、抗渗性和抗冻性。所以,确定最低用水量不仅可以保证混凝土的质量和顺利施工,而且还可达到节约水泥、降低工程成本的目的。不过,若用水量过低,则混凝土的流动性就差,造成施工困难,难以捣实,质量也会受到影响。

因为水泥、集料变化范围大,用水量难以估计准确,但可根据各种不同粒料规格和需要的坍落度,按表4-19提供的资料确定每立方米混凝土的加水量作为计算依据。

混凝土用水量参考表(单位:$kg/m^3$)　表4-19

| 拌和物稠度 | | 卵石最大粒径(mm) | | | | | | 碎石最大粒径(mm) | | | | |
|---|---|---|---|---|---|---|---|---|---|---|---|---|
| 项目 | 指标 | 10 | 16 | 20 | 25 | 31.5 | 40 | 16 | 20 | 25 | 31.5 | 40 |
| 坍落度(mm) | 10~30 | 190 | 180 | 170 | 160 | 165 | 150 | 200 | 165 | 180 | 175 | 165 |
| | 30~50 | 200 | 190 | 180 | 170 | 175 | 160 | 210 | 195 | 190 | 185 | 175 |
| | 55~70 | 210 | 200 | 190 | 180 | 185 | 170 | 220 | 205 | 200 | 195 | 185 |
| | 70~90 | 215 | 205 | 195 | 185 | 190 | 175 | 230 | 215 | 210 | 205 | 195 |

注:1.本表用水量系采用中砂时的平均值,若采用细砂时,用水量可增加5~10kg,若采用粗砂时,则可减少5~10kg。

2.掺用各种外加剂或掺和物时,用水量应相应调整。

3.本表不适用水灰比小于0.4或大于0.8时的混凝土。

流动性和大流动性混凝土的用水量可以表4-19中坍落度为90mm的用水量为基础,按坍落度每增大20mm用水量增加5kg计算未掺外加剂时的混凝土用水量。掺外加剂时的混凝土用水量可按式(4-29)计算:

$$m_{wa} = m_{w0}(1-\beta) \tag{4-29}$$

式中:$m_{wa}$——掺外加剂混凝土每立方米混凝土的用水量(kg);

$m_{w0}$——未掺外加剂混凝土每立方米混凝土的用水量(kg);

$\beta$——外加剂的减水率(%)。

(5)水泥用量的确定

在确定了水灰比、用水量之后,每立方米混凝土的水泥用量($m_{c0}$)可按式(4-30)计算:

$$m_{c0} = \frac{m_{w0}}{W/C} \tag{4-30}$$

(6)砂率的确定

所谓砂率,就是指混凝土中砂质量占砂石总质量的百分率。砂率的大小对混凝土的流动性有很大的关系。要使混凝土有很好的流动性,必须使混凝土中砂的用量能够填充粗集料之间的空隙,并略有多余,这样就能拨开粗集料颗粒。但砂率大,就要多耗水泥,不经济;若砂率过小,砂量就不足以填充粗集料之间的空隙,也难以捣实,势将使混凝土产生蜂窝、麻面。因此,一般可以根据表4-20数值资料进行试配,然后结合试拌试验结果的实际情况加以调整,从而确定一个经济合理的砂率。

混凝土最佳砂率参考表(单位:%)　表4-20

| 水灰比(W/C) | 卵石最大粒径(mm) | | | | 碎石最大粒径(mm) | | | |
|---|---|---|---|---|---|---|---|---|
| | 10 | 20 | 31.5 | 40 | 16 | 20 | 31.5 | 40 |
| 0.40 | 26~32 | 25~31 | 24~30 | 24~30 | 30~35 | 29~34 | 28~33 | 27~32 |
| 0.50 | 30~35 | 28~34 | 28~33 | 28~33 | 33~38 | 32~37 | 31~36 | 30~35 |
| 0.60 | 33~38 | 32~37 | 31~36 | 31~36 | 36~41 | 35~40 | 34~39 | 33~38 |
| 0.70 | 36~41 | 35~40 | 35~39 | 34~39 | 39~44 | 38~43 | 37~42 | 36~41 |

注:本表数值系采用中砂的选用砂率,采用细砂或粗砂时,可相应地减少或增大砂率。

(7)粗集料和细集料用量的确定

当采用重量法时,应按式(4-31)、式(4-32)计算:

$$m_{c0}+m_{g0}+m_{s0}+m_{w0}=m_{cp} \tag{4-31}$$

$$\beta_s=\frac{m_{s0}}{m_{g0}+m_{s0}}\times 100\% \tag{4-32}$$

式中:$m_{c0}$——每立方米混凝土的水泥用量(kg);

$m_{g0}$——每立方米混凝土的粗集料用量(kg);

$m_{s0}$——每立方米混凝土的细集料用量(kg);

$m_{w0}$——每立方米混凝土的用水量(kg);

$m_{cp}$——每立方米混凝土拌和物的假定质量(kg),其值可取2 350~2 450kg;

$\beta_s$——砂率(%)。

当采用体积法时,应按式(4-33)、式(4-34)计算:

$$\frac{m_{c0}}{\rho_c}+\frac{m_{g0}}{\rho_g}+\frac{m_{s0}}{\rho_s}+\frac{m_{w0}}{\rho_w}+0.01\alpha=1 \tag{4-33}$$

$$\beta_s=\frac{m_{s0}}{m_{g0}+m_{s0}}\times 100\% \tag{4-34}$$

式中:$\rho_c$——水泥的密度(kg/m$^3$),可取2 900~3 100kg/m$^3$;

$\rho_g$——粗集料的表观密度(kg/m$^3$);

$\rho_s$——细集料的表观密度(kg/m$^3$);

$\rho_w$——水的密度(kg/m$^3$),可取1 000kg/m$^3$;

$\alpha$——混凝土的含气量(%),在不使用引气型外加剂时,$\alpha$可取为1。

(8)试配与调整

根据初步求得的配合比并依照试验操作规程,试拌15L混凝土,试验坍落度是否符合要求。如果不符,则无论坍落度是偏大还是偏小,均可在保持水灰比不变的情况下相应调整用水量和砂率,直至符合要求为止。然后提出供混凝土强度试验用的基准配合比。

根据试验得出的混凝土强度与其相对应的水灰比($W/C$)的关系,用作图法或计算法求出与混凝土配置强度($f_{cu}$,0)相对应的水灰比,并按下列原则确定每立方米混凝土的材料用量:

用水量($m_w$)应在基准配合比用水量的基础上,根据制作强度试件时测得的坍落度或维勃稠度进行调整确定。

水泥用量($m_c$)应以用水量除以选定的水灰比计算确定。

集料用量($m_g$和$m_s$)应在基准配合比的基础上,按选定的水灰比进行调整后确定。

按试配确定配合比后,尚应按下列步骤进行校正:

根据上述调整后的材料用量,按式(4-35)计算混凝土的表观密度计算值$\rho_{c,c}$:

$$\rho_{c,c}=m_c+m_g+m_s+m_w \tag{4-35}$$

按式(4-36)计算混凝土配合比校正系数:

$$\delta=\frac{\rho_{c,t}}{\rho_{c,c}} \tag{4-36}$$

式中:$\rho_{c,t}$——混凝土表观密度实测值(kg/m$^3$);

$\rho_{c,c}$——混凝土表观密度计算值(kg/m$^3$)。

当混凝土表观密度实测值与计算值之差的绝对值不超过计算值的 2% 时，按上述确定的配合比即为确定的设计配合比；当二者之差超过 2% 时，应将配合比中每项材料用量均乘以校正系数 $\delta$，即为确定的设计配合比。

(9)施工配合比

上述配合比在设计的全过程中都是假定砂石材料完全是干燥的，但在实际工作中，施工现场的砂石材料总是含有一定的水分，所以必须根据实测的砂石材料的含水率，求出砂石材料的含水量。然后从用水量中予以扣除，也就是扣减砂石材料所带入的水量，以保持水灰比不变。同时，应按所扣减的砂石材料的含水量的相应质量增加砂石材料的用量。这样，就得到了所需要的施工配合比。

2. 砂浆的水泥消耗

砂浆是由胶结材料、砂和水三者按适当的配合比所组成的混合物，是建筑工程中构成工程实体的重要组成部分。按其用途可以分为砌筑砂浆和抹面砂浆两大类。

砌筑砂浆的作用是填充砖石砌体的空隙，把一块一块的砖石块料黏结成为一个整体，以传布其荷载力量。抹面砂浆则是对建筑物的表面进行装饰或用以防护，从而不仅美化了建筑物，而且还提高了建筑物的防侵蚀、防磨损、防潮、防水、隔热、隔音等性能。

砂浆中常用的胶结料，有水泥、石灰、黏土等。所以，因其拌制砂浆所用的胶结材料不同，而分为水泥砂浆、混合砂浆(水泥石灰砂浆、水泥黏土砂浆等)、石灰砂浆、黏土砂浆四种。

砂浆的主要技术性能与混凝土是基本相似的，它们之间所存在的根本区别，仅仅在于组成砂浆的混合物中不含石子。对砂浆的技术性能要求，主要是应具有良好的流动性和保水性。

砂浆配合比的确定，应按下列步骤进行：计算砂浆试配强度 $f_{m,0}$，计算出每立方米砂浆中的水泥用量 $Q_c$，按水泥用量计算每立方米砂浆掺加料用量 $Q_d$，确定每立方米砂浆砂用量 $Q_s$，按砂浆稠度选用每立方米砂浆的用水量 $Q_w$，进行砂浆试配，确定配合比。

(1)砂浆试配强度的确定

砂浆的试配强度可按式(4-37)计算：

$$f_{m,0}=f_2+0.645\sigma \tag{4-37}$$

式中：$f_{m,0}$——砂浆的试配强度(MPa)，精确至 0.1MPa；

$f_2$——砂浆抗压强度平均值(MPa)，精确至 0.1MPa；

$\sigma$——砂浆现场强度标准差(MPa)，精确至 0.01MPa，此数值可根据统计资料计算确定，也可按表 4-21 的参考值选用。

**砂浆强度标准差 $\sigma$ 选用值**(单位：MPa)　　表 4-21

| 砂浆强度等级 / 施工水平 | M2.5 | M5 | M7.5 | M10 | M15 | M20 |
|---|---|---|---|---|---|---|
| 优良 | 0.50 | 1.00 | 1.50 | 2.00 | 3.00 | 4.00 |
| 一般 | 0.62 | 1.25 | 1.88 | 2.50 | 3.75 | 5.00 |
| 较差 | 0.75 | 1.50 | 2.25 | 3.00 | 4.50 | 6.00 |

(2)水泥用量的计算

每立方米砂浆的水泥用量，可按下式计算确定：

$$Q_c=\frac{1\,000(f_{m,0}-\beta)}{\alpha\cdot f_{ce}} \tag{4-38}$$

式中：$Q_c$——每立方米砂浆的水泥用量(kg)，精确至1kg；

$f_{m,0}$——砂浆的试配强度(MPa)，精确至0.1MPa；

$f_{ce}$——水泥的实测强度(MPa)，精确至0.1MPa；

$\alpha$、$\beta$——砂浆的特征系数，$\alpha=3.03$，$\beta=-15.09$。

(3)水泥混合砂浆掺加料用量计算

在确定了水泥用量之后，可根据式(4-39)计算：

$$Q_d=Q_a-Q_c \tag{4-39}$$

式中：$Q_d$——每立方米砂浆的掺加料用量(kg)，精确至1kg；

$Q_a$——每立方米砂浆水泥和掺加料的总量(kg)，精确至1kg，宜在300～350kg之间；

$Q_c$——每立方米砂浆的水泥用量(kg)，精确至1kg。

(4)水泥砂浆材料用量的选用

水泥砂浆材料用量可按表4-22选用。

**每立方米水泥砂浆材料用量** 表4-22

| 强度等级 | 水泥用量(kg) | 砂用量(kg) | 用水量(kg) |
|---|---|---|---|
| M2.5～M5 | 200～230 | $1m^3$ 砂的堆积密度值 | 270～330 |
| M7.5～M10 | 220～280 | | |
| M15 | 280～340 | | |
| M20 | 340～400 | | |

注：1. 本表水泥强度等级为32.5级，大于32.5级水泥用量宜取下限。水泥用量应根据施工水平合理选择。

2. 当采用细砂或粗砂时，用水量分别取上限或下限。稠度小于70mm时，用水量可小于下限。施工现场气候炎热或干燥季节，可酌量增加用水量。

(5)试配、调整与确定

在砂浆配合比初步计算完成后，按计算或查表所得配合比进行试拌，并测定其拌和物的稠度和分层度，当不能满足要求时，调整材料用量，直至符合要求为止。然后确定为试配时的砂浆基准配合比。在此基础上，在保证稠度、分层度合格的条件下，可将用水量或掺加料用量作相应调整，据以制成试件测定砂浆的强度，并选定符合试配强度要求且水泥用量最低的配合比作为砂浆配合比。

**(二)石灰消耗定额**

在公路工程施工中，石灰常用于以下几个方面。

一是用以配制成石灰土或在石灰土中掺入一定比例的碎(砾)石、天然级配砾石以及工业废渣等材料，作为各类路面的基层或垫层之用。

二是用以拌制成砂浆，做桥涵、挡土墙等砌筑工程之用。

三是用以配制成三合土，做地坪等工程。此外，还可制成石灰乳，作粉刷墙面之用。

用于拌制砌筑砂浆的石灰，应先行制成石灰膏，加水量约为生石灰体积的三至四倍。

石灰膏的密度一般为1 300～1 400kg/m³。每立方米石灰膏需生石灰630kg左右，根据石灰的不同块沫比，每立方米石灰膏需生石灰的质量或体积换算见表4-23。石灰的相对密度一般为3.1，密度800～1 000kg/m³。

**每立方米石灰膏需生石灰的换算表** 表4-23

| 块:末 | 生石灰 | | 块:末 | 生石灰 | |
|---|---|---|---|---|---|
| | kg | $m^3$ | | kg | $m^3$ |
| 10:0 | 606 | 0.412 | 4:6 | 637 | 0.502 |
| 9:1 | 611 | 0.426 | 3:7 | 640 | 0.516 |
| 8:2 | 616 | 0.441 | 2:8 | 645 | 0.531 |
| 7:3 | 620 | 0.455 | 1:9 | 650 | 0.547 |
| 6:4 | 625 | 0.470 | 0:10 | 656 | 0.564 |
| 5:5 | 630 | 0.485 | — | — | — |

1. *石灰砂浆的材料消耗定额计算*

(1)计算石灰用量

若拟采用的石灰砂浆的体积比为1:$X$,则可得下列计算公式:

$$D=\frac{1}{X} \tag{4-40}$$

$$m=Dq \tag{4-41}$$

式中:$D$——每立方米石灰砂浆所需石灰膏($m^3$);

$X$——砂的体积比项值;

$m$——每立方米石灰砂浆所需生石灰(kg);

$q$——每立方米石灰膏所需生石灰(kg)。

(2)计算砂的用量

砂的用量可以按石灰砂浆的密度计算,依其内在的相应关系,可得到经验计算式(4-42)、式(4-43):

$$S=\rho_m-D\rho_D \tag{4-42}$$

或

$$S=\left(1\,000-w-\frac{m}{G_L}\right)G_s \tag{4-43}$$

式中:$S$——每立方米石灰砂浆中砂的用量(kg);

$\rho_m$——石灰砂浆的密度,一般可采用2 000kg/$m^3$;

$\rho_D$——石灰膏的密度,一般采用1 400kg/$m^3$;

$G_L$——石灰的相对密度,一般采用3.1;

$G_s$——砂的相对密度,一般采用2.61;

$w$——每立方米石灰砂浆中计算的用水量(kg)。

上述石灰砂浆的用水量,可按经验式(4-44)来计算:

$$w=\frac{Xm}{A(1+BX)} \tag{4-44}$$

式中:$A$、$B$——经验系数,可参考选用$A=1.42$,$B=0.15$。

2. *石灰土*

石灰土是石灰与土的混合物,经拌和压实后具有相当高的整体强度。因不耐磨,所以在公路工程中,虽然作为路面结构已得到了广泛应用,但仍只适用于各类路面的基层或垫层。

石灰土中的石灰需要量，是以石灰中活性 CaO 和 MgO 的含量与土质情况而定，一般约为石灰土压实干密度的 10%。

**(三) 木材消耗定额**

目前在公路工程建设中，木材除用于沿线房屋工程的门、窗等之外，其他方面主要作为周转材料，如拱盔、支架及模板等。

在公路工程中，经过加工的、使用广泛的木材规格品种，有原木、板料、枋料等。

除杉木外，所有树种的原木材积都是按式(4-45)进行计算的：

$$V=\frac{L[(0.003\,89L+0.898\,2)d^2+(0.39L-1.219)d+(0.579\,6L+3.067)]}{1\,000} \tag{4-45}$$

式中：$V$——原木材积($m^3$)；

$L$——原木长度(m)；

$d$——小头直径(cm)。

杉原木材积的计算如下：

$$V=\frac{\pi L[(0.025L+1)d^2+(0.37L+1)d+10(L-3)]}{4\times1\,000} \tag{4-46}$$

在实际工作中，并不这样一一计算，而是以小头直径直接查阅材积表。

原木的密度，一般采用 750kg/m³。

枋板料的密度，一般采用 650kg/m³。其材积均按它的几何尺寸来计算。

在公路工程中，木材无论是用于工程结构，还是用于周转材料，都是按设计图纸尺寸所计算的数量，作为确定消耗定额的依据。因此，制定一项木材消耗定额的基本原则，通常是在图纸数量的基础上，增加一定比例的场内运输及操作损耗，然后折算成某一工程计量单位的消耗定额。

如有一钢筋混凝土预制构件，按设计图纸计算，其混凝土体积为 $V$($m^3$)，采用木模施工，一套模板要求周转 $n$ 次，根据木模施工图计算结果，需要原木为 $A$($m^3$)、板料为 $B$($m^3$)、枋料为 $C$($m^3$)，原木及枋板料的场内运输及操作损耗为 $k$(%)。这样，每立方米钢筋混凝土的木材消耗定额可按式(4-47)～式(4-49)计算：

原木：
$$Q=\frac{A(1+k)}{nV} \tag{4-47}$$

板料：
$$Q=\frac{B(1+k)}{nV} \tag{4-48}$$

枋料：
$$Q=\frac{C(1+k)}{nV} \tag{4-49}$$

式中：$Q$——每立方米钢筋混凝土的木材消耗量($m^3$)；

$k$——木材的场内运输及操作损耗(%)，通过施工实践测定。

**(四) 钢材消耗定额**

结合公路工程特点，对钢材的消耗定额，通常是按以下不同情况来计算的。

1. 钢筋的消耗定额

在公路工程中，钢筋主要用于钢筋混凝土和预应力钢筋混凝土结构中。为了简化计算和便于使用与定额管理，通常是将钢筋与混凝土分开制定定额，而钢筋则以“t”或“kg”作为定额的计量单位。

但是,这样制定的材料消耗定额,应将场内运输及操作损耗计入定额内。

2. 钢板、型钢及钢管的消耗定额

除钢梁等钢结构之外,钢板、型钢以及钢管等钢材,大都只用于预制构件的接头与连接等部位,即混凝土中的预埋件等钢材。如预制箱形拱圈的接头,预制T形梁的连接等。相对而言,其耗用量不大。

如预制一箱形拱圈或一根T形梁按设计几何尺寸计得的混凝土体积为$V(m^3)$,钢板或型钢的用量为$A(kg)$,其计算如下:

$$Q=\frac{A(1+k)}{V} \tag{4-50}$$

式中:$Q$——每立方米混凝土中钢板或型钢的消耗量($kg/m^3$);

$k$——场内运输及操作损耗(%),通过施工实践测定。

3. 非周转用的钢材及其制品的消耗定额

在公路工程中钢材及其制品用于周转材料方面的,有钢模、钢护筒、万能杆件、钢丝绳、铁件等,其消耗定额都是根据一项工程量一次性所需的上述钢材数量,以测定的周转次数或摊销次数计算确定,其计算如式(4-51)所述。这也是一个有关周转材料消耗定额的通用计算公式。

$$Q=\frac{A(1+k)}{nV} \tag{4-51}$$

式中:$Q$——每一计量单位工程所耗用的钢模等数量(kg/1计量单位工程);

$A$——工程一次性需要的周转性钢材总数量(kg);

$V$——工程的设计实体数量($m^3$、$m^2$、m、座、处等);

$n$——周转次数或摊销次数,通过施工实践测定;

$k$——场内运输及操作损耗(%),通过施工实践测定。

**(五)砂、石材料消耗定额**

砂、石材料消耗定额的编制方法,常随使用对象之不同而异。如有些是根据实践经验资料确定,有些则是通过分析计算确定。其计量单位均按“$m^3$”计,砂、碎石、砾石按松方堆方计,片石、块石按松方堆码方计,而料石(包括粗料石、细料石、盖板石等)则按紧方计。至于混凝土和砂浆中耗用砂与石子的定额,在前面已作了分析和论述,现只对其他方面有关砂、石材料的消耗定额,作如下扼要介绍。

1. 路面工程的砂与石子的消耗定额

当路面为多种材料的混合结构时,其消耗定额,可按式(4-52)来计算:

$$Q=\frac{V\rho_{11}h}{\rho_1}\times(1+k) \tag{4-52}$$

式中:$Q$——每1 000$m^2$路面,其压实厚度为$h_1$,需要耗用某种材料的数量(kg或$m^3$);

$V$——路面铺筑体积($m^3$),取1 000$h_1$;

$\rho_{11}$——路面压实混合料干密度($kg/m^3$),通过施工实践或试验测定;

$\rho_1$——某种材料松方干密度($kg/m^3$),通过施工实践或试验测定;

$h$——某种材料的含量(%);

$k$——场内运输及操作损耗(%),通过施工实践测定。

当路面为单一材料结构时,其消耗定额可按式(4-53)进行计算:

$$Q = Vk_1 \tag{4-53}$$

式中：$k_1$——某种材料的压实系数，通过施工实践或试验测定。

当路面为沥青混合料结构时，其消耗定额，可按式(4-54)来计算：

$$Q = \frac{V(1+k_2)\rho_{11}h(1-k_3)}{\rho_1} \tag{4-54}$$

式中：$k_2$——沥青混合料拌和损耗，一般为1%，可通过施工实践或试验测定；

$k_3$——油石比(%)，通过施工实践或试验测定。

2. 石料的消耗定额

片块石通常是按堆码方的体积计算数量的，而料石则是按每一块的实际几何尺寸来计算数量。

有关这方面的具体要求与规定，随不同的专业部门而有所不同，如公路、铁路、建筑等的专业定额就不尽一致。但基本上都是以石料与砂浆之间的实际经验资料作为确定石料的消耗定额的。

**(六)沥青消耗定额**

沥青混合料是石子、砂、矿粉(石粉)组成的不同矿物质集料与沥青经过合理选配而成的混合物。由于沥青混合料最能适应现代公路交通的技术要求和特点，所以，已广泛用于建筑干线公路和城市道路的路面。在公路路面工程中，最常用的有沥青表面处治路面、沥青贯入式路面、沥青碎石路面和沥青混凝土路面四种。

沥青用量按式(4-55)计算：

$$Q = V(1+k_2)\rho_{11}k_3 \tag{4-55}$$

式中：$Q$——每1 000$m^2$路面，其压实厚度为$h_1$，需要耗用沥青量(kg)；

$V$——路面铺筑体积($m^3$)，取1 000$h_1$；

$\rho_{11}$——路面压实混合料干密度($kg/m^3$)，通过施工实践或试验测定；

$k_2$——沥青混合料拌和损耗，一般为1%，可通过施工实践或试验测定；

$k_3$——油石比(%)，通过施工实践或试验测定。

按上述公式计算出来的路面材料消耗数量，不包括场内运输及操作损耗，其值应按规定另行计入。

**(七)电焊条消耗定额**

电焊条的消耗定额主要包括应焊着的金属质量和在施焊过程中电焊条的损耗两方面。

1. 确定焊着的金属质量

焊着的金属质量，以焊缝的断面积作为计算依据，随焊接接头类型和坡口形式的不同而不同。同时，因公路施工现场电弧焊工作都是手工操作，故实际焊缝的断面积往往比按焊缝断面的理论几何尺寸所求得的断面积要大，根据实践经验资料，一般要增大5%~25%。

(1)钢筋与钢筋焊接

钢筋与钢筋焊接的焊缝尺寸按《公路桥涵施工技术规范》(JTJ 041—2000)的规定，计算的焊缝断面积和每米焊着的金属质量等数值见表4-24。表中焊缝断面积和焊着金属质量是一条焊缝的资料。

钢筋与钢筋焊接每米焊缝焊着的金属质量值参考表　　表4-24

| 焊缝尺寸(mm) | | | | | 焊缝的理论断面积($mm^2$) | 增大系数 | 焊缝的实际断面积($mm^2$) | 每米焊缝焊着的金属质量(kg) |
|---|---|---|---|---|---|---|---|---|
| *d* | 0.25*d* | 0.7*d* | *a* | *h* | | | | |
| 12 | (4.0) | (10.0) | (0.6) | 1.0 | 21 | 1.25 | 26 | 0.20 |
| 14 | (4.1) | (10.6) | (1.1) | 1.0 | 25 | 1.25 | 31 | 0.24 |
| 16 | (4.2) | 11.2 | (1.6) | 1.0 | 28 | 1.25 | 35 | 0.27 |
| 18 | 4.5 | 12.6 | 2.0 | 1.0 | 35 | 1.15 | 40 | 0.31 |
| 19 | 4.8 | 13.3 | 2.1 | 1.0 | 38 | 1.15 | 44 | 0.35 |
| 20 | 5.0 | 14.0 | 2.1 | 1.0 | 41 | 1.15 | 47 | 0.37 |
| 22 | 5.5 | 15.4 | 2.4 | 1.0 | 49 | 1.15 | 56 | 0.44 |
| 24 | 6.0 | 16.8 | 2.6 | 1.0 | 58 | 1.15 | 67 | 0.53 |
| 25 | 6.3 | 17.5 | 2.7 | 1.5 | 68 | 1.10 | 75 | 0.59 |
| 26 | 6.5 | 18.2 | 2.8 | 1.5 | 73 | 1.10 | 80 | 0.63 |
| 28 | 7.0 | 19.6 | 3.0 | 1.5 | 83 | 1.10 | 91 | 0.71 |
| 30 | 7.5 | 21.0 | 3.3 | 2.0 | 101 | 1.05 | 106 | 0.83 |
| 32 | 8.0 | 22.4 | 3.5 | 2.0 | 112 | 1.05 | 118 | 0.93 |
| 36 | 9.0 | 25.2 | 4.0 | 2.0 | 139 | 1.05 | 146 | 1.15 |

注：表中带有括号的数值，是根据《公路桥涵施工技术规范》(JTJ 041—2001)0.25*d* 和0.7*d* 之值不得小于4mm和10mm的要求，作了相应调整之后的数值。

(2)钢板与钢板焊接

钢板接头的种类较多，现就较常用的"V"形对接和丁字形焊接的焊缝断面尺寸以及焊着的金属质量等数据，分别介绍如下：

"V"形对接焊的焊缝尺寸及其焊缝断面积与焊着的金属质量见表4-25。

钢板"V"形对接焊每米焊缝焊着的金属质量值参考表　　表4-25

| 焊缝尺寸(mm) | | | | | 焊缝的理论断面积($mm^2$) | 增大系数 | 焊缝的实际断面积($mm^2$) | 每米焊缝焊着的金属质量(kg) |
|---|---|---|---|---|---|---|---|---|
| δ | *a* | *b* | *c* | *h* | | | | |
| 4 | 1.5 | 10.0 | 1.5 | 2.0 | 25 | 1.25 | 31 | 0.24 |
| 6 | 1.5 | 12.5 | 1.5 | 2.0 | 42 | 1.25 | 53 | 0.42 |
| 8 | 2.0 | 15.0 | 2.0 | 2.0 | 63 | 1.25 | 79 | 0.62 |
| 10 | 2.0 | 18.5 | 2.0 | 2.5 | 101 | 1.15 | 116 | 0.91 |
| 12 | 2.0 | 21.0 | 3.0 | 2.5 | 124 | 1.15 | 143 | 1.12 |
| 14 | 2.5 | 23.5 | 3.0 | 2.5 | 164 | 1.15 | 189 | 1.48 |
| 16 | 2.5 | 26.0 | 3.0 | 2.5 | 206 | 1.15 | 237 | 1.86 |
| 18 | 2.5 | 29.5 | 4.0 | 3.0 | 256 | 1.15 | 294 | 2.31 |
| 20 | 2.5 | 31.5 | 4.0 | 3.0 | 302 | 1.15 | 347 | 2.72 |
| 22 | 3.0 | 34.5 | 4.0 | 3.0 | 370 | 1.10 | 407 | 3.20 |
| 24 | 3.0 | 37.0 | 4.0 | 3.0 | 432 | 1.10 | 475 | 3.73 |

丁字形焊接的焊缝尺寸及其焊缝断面积和焊着的金属质量等见表4-26。

**钢板丁字形焊接每米焊缝焊着的金属质量值参考表** 表4-26

| 焊缝尺寸(mm) | | | | 焊缝的理论断面积($mm^2$) | 增大系数 | 焊缝的实际断面积($mm^2$) | 每米焊缝焊着的金属质量(kg) |
|---|---|---|---|---|---|---|---|
| $\delta$ | $a$ | $b$ | $h$ | | | | |
| 4 | 0.5 | 7 | 1.0 | 18 | 1.25 | 23 | 0.18 |
| 6 | 0.5 | 9 | 1.5 | 32 | 1.25 | 40 | 0.31 |
| 8 | 0.5 | 12 | 1.5 | 52 | 1.25 | 65 | 0.51 |
| 10 | 1.0 | 15 | 2.0 | 86 | 1.25 | 108 | 0.85 |
| 12 | 1.0 | 18 | 2.0 | 117 | 1.15 | 135 | 1.06 |
| 14 | 1.0 | 21 | 2.5 | 159 | 1.15 | 183 | 1.44 |
| 16 | 1.0 | 24 | 2.5 | 199 | 1.15 | 229 | 1.80 |
| 18 | 1.0 | 27 | 2.5 | 244 | 1.15 | 281 | 2.21 |
| 20 | 1.5 | 30 | 3.0 | 314 | 1.10 | 345 | 2.71 |
| 22 | 1.5 | 33 | 3.0 | 370 | 1.10 | 407 | 3.19 |
| 24 | 1.5 | 36 | 3.0 | 430 | 1.10 | 473 | 3.71 |

(3)钢筋与钢板焊接

钢筋与钢板焊接的焊缝尺寸按《公路桥涵施工技术规范》(JTJ 041—2000)的规定,计算的焊缝断面积和焊着的金属质量等资料见表4-27。表中焊缝断面积和焊着金属质量是一条焊缝的资料。

**钢筋与钢板焊接每米焊缝焊着的金属质量值参考表** 表4-27

| 焊缝尺寸(mm) | | | | | 焊缝的理论断面积($mm^2$) | 增大系数 | 焊缝的实际断面积($mm^2$) | 每米焊缝焊着的金属质量(kg) |
|---|---|---|---|---|---|---|---|---|
| $d$ | $0.35d$ | $0.5d$ | $a$ | $h$ | | | | |
| 12 | (6.0) | (8.0) | 3.0 | 1.0 | 31 | 1.15 | 36 | 0.28 |
| 14 | (6.1) | (8.2) | 3.1 | 1.0 | 33 | 1.15 | 38 | 0.30 |
| 16 | (6.2) | (8.5) | 3.3 | 1.0 | 35 | 1.15 | 40 | 0.31 |
| 18 | 6.3 | 9.0 | 4.2 | 1.5 | 40 | 1.15 | 46 | 0.36 |
| 19 | 6.7 | 9.5 | 4.3 | 1.5 | 44 | 1.15 | 51 | 0.40 |
| 20 | 7.0 | 10.0 | 4.5 | 1.5 | 48 | 1.10 | 53 | 0.42 |
| 22 | 7.7 | 11.0 | 4.8 | 1.5 | 58 | 1.10 | 64 | 0.50 |
| 24 | 8.4 | 12.0 | 5.1 | 1.5 | 69 | 1.10 | 76 | 0.60 |
| 25 | 8.8 | 12.5 | 5.2 | 1.5 | 74 | 1.10 | 81 | 0.64 |
| 26 | 9.1 | 13.0 | 5.4 | 1.5 | 80 | 1.10 | 88 | 0.69 |
| 28 | 9.8 | 14.0 | 5.7 | 1.5 | 92 | 1.10 | 101 | 0.79 |
| 30 | 10.5 | 15.0 | 6.5 | 2.0 | 108 | 1.05 | 113 | 0.89 |
| 32 | 11.2 | 16.0 | 6.8 | 2.0 | 122 | 1.05 | 128 | 1.00 |
| 36 | 12.6 | 18.0 | 7.4 | 2.0 | 153 | 1.05 | 161 | 1.26 |

注:表中带有括号的数值,是根据《公路桥涵施工技术规范》(JTJ 041—2000)$0.35d$ 和 $0.5d$ 之值不得小于6mm和8mm的要求,作了相应调整之后的数值。

2.施焊过程中电焊条的损耗

在施焊过程中,电焊条的损耗应包括烧损和飞溅损耗及电焊条的残值两个方面。

(1)施焊时烧损和飞溅损耗 $k_1$

根据实践经验,电焊条的烧损和飞溅损耗一般要达到25%左右,可通过施工实践测定。

(2)电焊条的残值 $k_2$

电焊条的残值,就是残头剩余长度,一般约为电焊条的20%,可通过施工实践测定。

(3)电焊条的消耗定额

根据以上所述,焊缝焊着的金属质量和施焊过程中的损耗资料,每米焊缝电焊条的消耗定额,可按式(4-56)进行计算:

$$Q = G(1 + k_1)(1 + k_2) \tag{4-56}$$

式中:$Q$——每米焊缝电焊条的消耗量(kg);

$G$——每米焊缝焊着的金属质量(kg),可参考表4-24～表4-27所列资料选用。

## 五、周转材料消耗定额的编制

周转材料,顾名思义,就是多次周而复始地重复进行使用的材料,如工程中的模板、脚手架等,它只在施工生产过程中参与工程的修建,而不构成工程的主要实体。但由于公路工程的结构形式不一,情况各异,所以能充分周转使用的次数也不尽相同,这是在实际工作中比较难以确定的一个参数。由于这样,通常是以实际施工生产经验资料,结合工程的具体情况,在适当留有余地的基础上,分别对各种周转材料预计可能达到的周转次数,作为计算确定周转材料的消耗定额。公路工程中各种材料的周转及摊销次数,一般通过施工实践测定。

综上所述,各种材料的周转及摊销定额,可按式(4-57)进行计算:

$$Q = \frac{A(1 + k)}{nV} \tag{4-57}$$

式中:$Q$——周转材料的单位定额用量($m^3$ 或 $kg/m^3$);

$A$——周转材料的图纸总用量(kg 或 $m^3$),如一套模板等的总量;

$k$——场内运输及操作损耗(%),可通过施工实践测定;

$n$——周转及摊销次数;

$V$——工程设计实体($m^3$)。

所以,编制周转材料的消耗定额,基本上是以设计图纸或施工图纸为依据的。首先计算出建筑工程的体积和各种周转材料的图纸一次使用量,然后按实测的周转及摊销次数进行计算。

周转材料只包括木料、铁件、铁钉、铁丝、钢丝绳以及钢结构等几种材料。

# 第六节　施工定额的贯彻

## 一、贯彻施工定额的程序

施工定额的贯彻直接关系到对建筑安装工人劳动成果的评价及其切身的物质利益,也关系到对企业生产管理水平的评价。它在很大程度上影响着企业素质的提高和市场竞争能力。

贯彻新编施工定额应采取以下程序。

(1)在工人和技术人员中征询意见。将拟订好的施工定额草案拿到有关工人和工程技术人员中去,征求他们对于定额水平、定额项目划分、定额表现形式等方面的意见。同时讨论和研究如何改善施工组织和加强企业管理,以创造出贯彻定额和执行定额的良好条件。

(2)选点试验。在条件许可的情况下,尽可能就一些主要工种工程,选择一些施工队或班组,进行贯彻新编施工定额的试点,以验证新编定额的科学合理性,存在的问题及改进的意见和建议。

(3)根据来自工人和技术人员的意见及试点的情况,修正确实不合理的问题。

(4)配合施工定额的贯彻,采取必要的技术组织措施。如对定额员和工长进行新定额培训。

(5)全面贯彻施工定额前,必须在工人和技术人员中进行广泛的宣传和教育。宣传贯彻新编定额的必要性;解释新定额的各项具体规定和要求,以及执行新定额应注意的问题和工资报酬的关系。说明贯彻新定额对企业管理、经济效益的关系,同发展生产、节约资源消耗、推动社会生产力发展的意义。教育工人努力掌握新的操作方法,提高劳动技能,遵守工作班制度和劳动纪律,努力提高自己的劳动工效和节约原材料。

(6)及时收集和系统积累贯彻定额的情况、改进的意见和建议。

## 二、贯彻施工定额要求,全面加强企业管理

施工定额管理是企业管理的一个环节,它和企业管理的各个环节都有密切联系,所以贯彻施工定额必须和全面加强企业管理同步实施,尤其要和建立健全各项管理制度结合起来。

### 1. 健全和完善施工任务和限额领料单制度

施工任务书(见表4-28)和限额领料单(见表4-29)是班组接受任务和执行任务的凭证,也是执行施工定额的主要技术文件。

**施 工 任 务 书**　　表4-28

施工队员:　　　　编号:

工程名称:　　　　签发日期:

| 工程编号 | 工作项目 | 计量单位 | 计划指标 | | | | | 队组作业计划及实际完成记录 | | | | | | 完成情况检查 | | | |
|---|---|---|---|---|---|---|---|---|---|---|---|---|---|---|---|---|---|
| | | | 工程量 | 工作量 | 定额工日数 | 开工日期 | 竣工日期 | 记录日期 | | | | | 合计 | 完成工程量(%) | 按实际完成折合定额工日数 | 完成定额(%) | 验收人签章 |
| | | | | | | | | 计划完成量 | | | | | | | | | |
| | | | | | | | | 实际 | 完成量 | | | | | | | | |
| | | | | | | | | | 工日数 | | | | | | | | |
| | | | | | | | | 计划完成量 | | | | | | | | | |
| | | | | | | | | 实际 | 完成量 | | | | | | | | |
| | | | | | | | | | 工日数 | | | | | | | | |
| | | | | | | | | 计划完成量 | | | | | | | | | |
| | | | | | | | | 实际 | 完成量 | | | | | | | | |
| | | | | | | | | | 工日数 | | | | | | | | |

逐日按实际完成量折合定额工日数　　签发人:

逐日实际用工合计数　　批准人:

逐日完成定额　　执行人:

**限额领料单** 表4-29

施工队组：　　　　　　施工任务书编号：　　　　　　编号：

工程名称：　　　　　　工作项目：　　　　　　签发日期：

| 材料名称 | 规格 | 单价 | 计划单价 | 计划用量 | | | 队组领用 | | | 余料退库 | | | 实际耗用 | | 按实际完成量的定额用料量 | | 节约(+)超支(-) | |
|---|---|---|---|---|---|---|---|---|---|---|---|---|---|---|---|---|---|---|
| | | | | 单位用量 | 总计用量 | 追加(+)减少(-) | 日期 | 数量 | 领料人签章 | 数量 | 新料O旧料X | 收料员签章 | 数量 | 金额 | 数量 | 金额 | 数量 | 金额 |
| | | | | | | | | | | | | | | | | | | |
| 分析说明 | | | | | | | | | | | | | | | | | | |

施工任务书的内容主要有：

(1)施工任务量、定额工日数、开竣工日期等计划指标；

(2)队组作业计划和实际完成情况的记录；

(3)完成情况的检查。

限额领料单的内容主要有：

(1)计划用料量；

(2)队组领料记录；

(3)余料退库记录；

(4)材料消耗的节约与超支记录。

可见，施工定额正是需要通过施工任务书和限额领料单，通过定额工日数、计划用料数量、定额完成情况、实际用料的节约与超支等来贯彻的。

2. 建立和健全考勤制度和质量检验制度

考勤制度是严格企业劳动纪律，培养工人自觉的劳动态度，保证施工生产正常活动和按时完成施工任务的重要手段，施工定额的贯彻必须有严格的考勤制度作保证。施工定额中的各项消耗指标，并不只是数量概念，而是在保证产品质量的前提下的数量指标。如果产品不合格，即使工人完成定额的情况再好，材料使用再节约，也是对社会劳动的浪费。质量不合格是最大的浪费。因此，贯彻施工定额必须和执行严格的产品质量检验制度密切结合起来。

3. 建立和健全物质资源的保证体系

在施工生产中，物质资源按计划和需要适时的、定量的供应，是正常的施工组织条件中最重要的内容之一。材料供应不及时引起的停工待料，材料品质低劣导致的耗用量增大和工效降低，施工机械运行状态不好引起的工作中断等，都是贯彻施工定额的严重障碍。因此，物质资源保证体系是贯彻施工定额的必备条件。

4. 完善劳动力调配和组织

劳动力是生产活动的主体，是形成生产力的三要素之一。在施工定额中，劳动定额的贯彻也是最重要的和具有决定性影响的一环。贯彻劳动定额必须在施工计划和施工作业计划中认真地进行劳动力平衡，编制出劳动力平衡计划。根据施工进度计划规定的各项工程的施工顺序和开竣工时间,合理地调配施工队、组,合理地分配施工任务,组织建筑安装工人进行协调地、均衡地生产活动,才能避免出现窝工、停工的现象。

5. 正确贯彻按劳分配原则,选择更好的工资形式

贯彻按劳分配的原则,把劳动者为社会劳动的数量和质量,直接与他们的物质利益结合起来,就能够更好地调动群众的生产积极性,努力达到定额要求。选择更能体现按劳分配原则的工资形式非常重要。例如,根据工种和工作的性质,可以选择计时工资形式,也可以选择计件工资形式。

6. 贯彻施工定额要和推广施工预算、加强班组核算结合起来

根据设计图纸,结合本企业和施工现场的实际情况编制施工预算,是加强企业计划管理、成本管理和经济核算的重要环节。施工预算是下达任务书和限额领料单的直接依据,它对于实行班组核算具有重要的作用。推广施工预算,可以促使班组有计划地、自觉地节约人工、材料和机械使用,可以加强成本的计划工作、控制成本支出和进行成本分析及考核。所以,推广施工预算,加强班组核算,是全面贯彻施工定额所必需的(见表4-30)。

施 工 预 算 表4-30

<table>
<tr><th rowspan="3">工程名称</th><th rowspan="3">部位层次</th><th rowspan="3">单位</th><th rowspan="3">工程数量</th><th colspan="4">人工工日和工资</th><th colspan="7">材料数量和定额</th><th colspan="4">机械台班数量和金额</th></tr>
<tr><th rowspan="2">瓦工</th><th rowspan="2">钢筋工</th><th rowspan="2">单价</th><th rowspan="2">金额</th><th colspan="3">钢 材</th><th colspan="3">水 泥</th><th rowspan="2">合计金额</th><th colspan="3">塔 吊</th><th rowspan="2">合计金额</th></tr>
<tr><th>数量</th><th>单价</th><th>金额</th><th>数量</th><th>单价</th><th>金额</th><th>数量</th><th>单价</th><th>金额</th></tr>
<tr><td></td><td></td><td></td><td></td><td></td><td></td><td></td><td></td><td></td><td></td><td></td><td></td><td></td><td></td><td></td><td></td><td></td><td></td><td></td></tr>
</table>

## 三、施工定额贯彻的日常工作

在施工现场贯彻施工定额主要包括以下几项日常工作:

(1)根据工程任务性质和现行施工定额签发施工任务书和限额领料单。

(2)根据施工任务特点及定额要求向工人进行技术交底。

(3)为工人完成定额创造良好的施工组织条件。

(4)随时检查定额执行和完成情况,发现问题及时解决和纠正。

(5)完工后进行验工结算。

(6)统计定额完成情况,积累定额资料。分析工人完不成定额或大幅度超额的原因,研究劳动生产率水平变化状况和进一步提高劳动生产率的可能性,提供可靠的、系统的依据。

## 思 考 题

1. 施工定额的性质是什么?

2. 施工定额的作用包括哪些方面?

3. 施工定额的内容包括哪些?

4. 劳动定额的表现形式是什么?

5. 施工定额的编制原则是什么?

6. 工人工作时间消耗包括哪两类?其中必须消耗时间(定额的时间)包括哪些内容?

7. 机械的必须消耗的时间(定额的时间)包括哪些内容?

8. 施工过程中工序的含义是什么?

9. 计时观察法一般按哪些步骤进行？

10. 计时观察法主要包括哪三种？

11. 影响工时消耗的因素有哪些？

12. 扼要叙述计时观察资料的整理，要考虑哪些方面？

13. 编制施工定额的准备工作主要有哪些？

14. 扼要叙述拟订时间定额的方法。

15. 什么是机械台班时间利用系数？

16. 材料消耗定额包括哪些内容？

17. 材料消耗定额测定方法有哪几种？

18. 混凝土配合比设计通常要求具有哪些基本条件？其配合比设计中的三个重要参数是什么？

19. 在公路工程中制作木材的消耗定额通常是怎么计算的？

20. 周转材料的含义是什么？在公路工程中用于周转的各种材料，其消耗定额是如何进行计算的？

21. 贯彻新编施工定额应采取哪些程序？

22. 贯彻施工定额要求全面加强企业管理，体现建立健全哪些制度和哪些措施？

# 第五章　公路工程机械台班费用定额

《公路工程机械台班费用定额》是编制公路基本建设工程概、预算，确定机械台班预算价格，进行经济核算和结算的依据。

## 第一节　机械台班费用定额的编制原则和依据

### 一、编制原则

(1)为合理确定和控制公路基本建设工程造价，提高投资效益，依据目前国家有关技术经济政策，充分考虑公路基本建设工程的特点以及近几年来高等级公路和施工机械技术发展情况，编制定额。

(2)有利于促进公路基本建设工程施工机械化的发展，提高公路施工企业的管理水平和自我积累、自我发展能力。

(3)施工机械选型。国产机械按国家已定型生产的，目前公路基本建设工程中常用的施工机械的型号、规格取定；进口机械中凡与国产机械性能、规格相同的一律选用国产机械，其性能、规格与国产机械不同的，则从我国公路施工中应用较广泛、成熟的机型和规格选择取定。

(4)机械预算价格的确定。国产机械，由于近年来国家对大部分施工机械的价格已经放开，因此，国产机械的预算价格主要按照机械生产厂家询价、市场价格以及各地公路施工企业的实购价格，经分析后合理取定；进口机械，按照公路施工企业实际购置或外贸部门调查的到岸完税价格取定。

(5)充分考虑公路施工机械管理部门的机械设备能力、机械完好率和利用率以及台班费的经营核算情况等。

(6)注重调查研究，广泛搜集各地公路施工企业和各部门有关施工机械的技术、经济基础数据资料。

### 二、机械分类

按机械的作业对象划分为以下11类：

(1)土、石方工程机械；

(2)路面工程机械；

(3)混凝土及灰浆机械；

(4)水平运输机械；

(5)起重及垂直运输机械；

(6)打桩、钻孔机械；

(7)泵类机械；

(8)金属、木、石加工机械；

(9)动力机械；

(10)工程船舶；

(11)其他机械。

按机械的自重划分为特大型、大型机械和中、小型机械两大部分。

(1)特大型、大型机械部分

①土、石方工程机械；

②路面工程机械；

③水平运输机械；

④起重及垂直运输机械；

⑤打桩、钻孔机械；

⑥工程船舶；

⑦其他。

(2)中、小型机械部分

①混凝土及灰浆机械；

②泵类机械；

③金属、木、石加工机械；

④动力机械；

⑤垂直及水平运输机械(皮带运输机、轨道平车、卷扬机等)；

⑥其他。

## 第二节　机械台班费用定额的构成与确定

### 一、费用项目划分

定额的费用项目划分为不变费用和可变费用两类。不变费用包括:折旧费,大修理费,经常修理费,安装拆卸及辅助设施费;可变费用包括:人工费,动力燃料费,养路费及车船使用税。

(1)折旧费,系指施工机械在规定的使用期限内陆续收回其原值的费用。

(2)大修理费,系指施工机械按规定的大修间隔台班进行必需的大修,以恢复其正常功能所需的费用。

(3)经常修理费,系指机械在寿命期内除大修理以外的各级保养(包括一、二、三级保养)以及临时故障排除所需的费用,为保障机械正常运转所需的替换设备、随机使用工具、附具摊销和维护的费用,机械运转与日常保养所需的润滑油脂、擦拭材料(布及棉纱等)费用和机械在规定年工作台班以外的维护、保养费用等。

(4)安装拆卸及辅助设施费,系指机械在施工现场进行安装、拆卸所需的人工费、材料费、机械费、试运转费以及安装所需的辅助设施费,辅助设施费包括安置机械的基础、底座及固定锚桩等项费用。

(5)人工费,系指随机操作人员的工作日工资(包括基本工资、工资性津贴、地区生活补贴、辅助工资、工资附加费、流动施工津贴和劳动保护费)。

(6)动力燃料费,系指机械在运转施工作业中所耗用的电力、固体燃料(煤、木柴)、液体燃料(汽油、柴油、重油)和水等的费用。

(7)养路费及车船使用税,系指机械按国家有关规定应缴纳的养路费和车船使用税等。

## 二、计算方法及基本数据的取定

### 1.折旧费

折旧费的计算公式为:

$$\text{台班折旧费}=\frac{\text{机械预算价格}\times(1-\text{残值率})}{\text{耐用总台班}} \tag{5-1}$$

(1)机械预算价格:由机械出厂(或到岸完税)价格和从生产厂(销售单位交货地点或口岸)运至使用单位机械管理部门验收入库的全部费用组成。即:

$$\text{国产机械预算价格}=\text{出厂(或销售)价格}+\text{供销部门手续费}+\text{一次性运杂费} \tag{5-2}$$

$$\text{国产运输机械预算价格}=\text{出厂(或销售)价格}\times(1+\text{购置附加费率})+\text{供销部门手续费}+\text{一次性运杂费} \tag{5-3}$$

$$\text{进口机械预算价格}=\text{到岸价格}+\text{关税}+\text{增值税}+\text{外贸部门手续费}+\text{银行财务费}+\text{海关监管手续费}+\text{检疫费}+\text{商检费}+\text{国内一次性运杂费} \tag{5-4}$$

$$\text{进口运输机械预算价格}=(\text{到岸价格}+\text{关税}+\text{增值税})\times(1+\text{购置附加费率})+\text{外贸部门手续费}+\text{银行财务费}+\text{海关监管手续费}+\text{检疫费}+\text{商检费}+\text{国内一次性运杂费} \tag{5-5}$$

国产机械的出厂(或销售)价格主要按照机械生产厂家询价、市场价格以及各地公路施工企业的实购价格,经分析后合理取定的。

国产机械的供销部门手续费和一次性运杂费,按机械出厂(或销售)价格的7%计算。

进口机械的到岸价格主要是依据机械到岸价格的外币值乘以定额编制期国家公布的外汇汇率计算。

进口机械的国内一次性运杂费,按机械到岸完税价格的3%计算。

机械预算价格中有关关税、增值税、车辆购置附加费、外贸部门手续费、银行财务费、海关监管手续费、检疫费、商检费按现行国家规定计算。

(2)残值率:指施工机械报废时,其回收残余价值占机械原值的比率,一般为2%~5%。其中,运输机械2%、特大型机械3%、中小型机械4%、掘进机械5%。

(3)各类施工机械的折旧年限:按财政部、中国人民建设银行(1993)财预字第6号通知颁布的《施工、房地产开发企业财务制度》中"企业固定资产分类折旧年限表"(表5-1)的规定取值。

(4)年工作台班:指机械在规定的使用期内,每年应作业的平均台班数。其数值根据国家的有关规定和公路施工企业的调查资料取定，年工作台班数据的取定，考虑了北方地区因气候寒冷施工期短而进行两班作业的因素。

企业固定资产发类折旧年限表　　表 5-1

| 类　　别 | 折旧年限 | 类　　别 | 折旧年限 |
|---|---|---|---|
| 一、房屋及建筑物 | | 其中：电动空压机 | 8～10 年 |
| 1. 房屋 | 30～40 年 | 柴油空压机 | 8～10 年 |
| 其中：简易房 | 5～10 年 | 制氮机组 | 8～10 年 |
| 2. 建筑物 | 15～25 年 | 液化气循环压缩机 | 8～10 年 |
| 3. 传导设施 | 15～28 年 | 高压空压机 | 8～10 年 |
| 二、施工机械 | | 轴气风机 | 8～10 年 |
| 1. 起重机械 | 10～14 年 | 7. 维修专用设备 | 8～10 年 |
| 其中：单转电动起重机 | 5～7 年 | 8. 其他加工设备 | 8～10 年 |
| 2. 挖掘机械 | 10～14 年 | 五、试验设备及仪器 | |
| 3. 土方铲运机械 | 10～14 年 | 1. 材料试验设备 | 7～10 年 |
| 4. 凿岩机械 | 10～14 年 | 其中：白金坩埚 | 50 年 |
| 其中：内燃凿岩机 | 4～5 年 | 2. 测定设备 | 5～10 年 |
| 风动凿岩机 | 4～5 年 | 3. 计量仪器 | 7～10 年 |
| 电动凿岩机 | 4～5 年 | 4. 探伤仪器 | 7～10 年 |
| 5. 基础及凿井机械 | 10～14 年 | 5. 测绘仪器 | 7～10 年 |
| 6. 钢筋及混凝土机械 | 8～10 年 | 六、其他固定资产 | |
| 其中：混凝土输送泵 | 4～5 年 | 1. 行政管理用车 | 6～12 年 |
| 7. 皮带螺旋运输机 | 8～10 年 | 2. 办公用具 | 10～14 年 |
| 8. 泵类 | 8～10 年 | 其中：电子计算机 | 4～8 年 |
| 三、运输设备 | | 电视机 | 5～8 年 |
| 1. 汽车及拖挂 | 6～12 年 | 复印机 | 5～8 年 |
| 2. 印刷机械 | 10～12 年 | 文字处理机 | 5～8 年 |
| 3. 小型车辆 | 6～12 年 | 3. 度量及消防用具 | 10～14 年 |
| 四、生产设备 | | 4. 印刷机械 | 10～12 年 |
| 1. 木工加工机械 | 8～10 年 | 七、非生产用固定资产 | |
| 2. 金属切削机床 | 10～14 年 | 1. 房屋 | 30～45 年 |
| 3. 锻压机械 | 10～14 年 | 2. 文体宣教用具 | 10～15 年 |
| 4. 焊接及切割设备 | 7～10 年 | 3. 炊事用具 | 8～10 年 |
| 其中：等离子切割机 | 4～5 年 | 4. 医疗器械 | 8～10 年 |
| 磁力氧气切割机 | 5 年 | 5. 其他 | 7～10 年 |
| 5. 锻造及热处理设备 | 10～14 年 | 其中：电冰箱 | 5～7 年 |
| 6. 动力设备 | 11～18 年 | 冷冻机 | 5～7 年 |

（5）耐用总台班：指机械设备从开始投入使用至报废前所使用的总台班数。

$$耐用总台班 = 年工作台班 \times 折旧年限 \quad (5\text{-}6)$$

(6)大修理间隔台班:指机械从开始投入使用至第一次大修理或自上次大修理起至下次大修理止的使用台班数。

$$大修理间隔台班 = 耐用总台班 \div 使用周期 \quad (5\text{-}7)$$

(7)使用周期:即为大修理周期,是指机械在正常施工作业条件下,在其寿命期(耐用总台班)内,按规定的大修理次数划分的工作周期数。

$$使用周期 = 大修理次数 + 1 \quad (5\text{-}8)$$

大修理间隔台班、大修理次数根据相关技术经济定额的规定,结合公路工程的施工作业特点取定。各类机械的折旧年限、年工作台班、耐用总台班、大修理间隔台班等见表5-2。

**公路工程机械台班费用定额基础数据** 表5-2

| 序号 | 机械名称 | 残值率(%) | 耐用总台班 | 折旧年限 | 年工作台班 | 使用周期 | 大修理间隔台班 | K值 |
|---|---|---|---|---|---|---|---|---|
| | 一、土、石方工程机械 | | | | | | | |
| 1 | 履带式推土机 | 3 | 2 200 | 11 | 200 | 3 | 730 | 2.40 |
| 2 | 轮胎式推土机 | 3 | 2 200 | 11 | 200 | 3 | 730 | 2.75 |
| 3 | 自行式铲运机 | 3 | 1 920 | 12 | 160 | 3 | 640 | 2.50 |
| 4 | 拖式铲运机(含头) | 3 | 1 920 | 12 | 160 | 3 | 640 | 2.40 |
| 5 | 履带式单斗挖土机 | 3 | 2 400 | 12 | 200 | 3 | 800 | 2.65 |
| 6 | 履带式装载机 | 3 | 2 400 | 12 | 200 | 3 | 800 | 2.40 |
| 7 | 轮胎式装载机 | 3 | 2 880 | 12 | 240 | 3 | 960 | 2.85 |
| 8 | 平地机 | 3 | 2 200 | 11 | 200 | 3 | 730 | 2.50 |
| 9 | 履带式拖拉机 | 3 | 2 400 | 12 | 200 | 3 | 800 | 2.12 |
| 10 | 轮胎式拖拉机 | 4 | 1 400 | 7 | 200 | 3 | 470 | 3.00 |
| 11 | 拖式羊足碾(含头) | 3 | 2 400 | 12 | 200 | 3 | 800 | 2.12 |
| 12 | 光轮压路机 | 3 | 2 200 | 11 | 200 | 3 | 730 | 3.26 |
| 13 | 振动压路机 | 3 | 2 000 | 10 | 200 | 3 | 670 | 3.50 |
| 14 | 振动压路机 | 3 | 2 000 | 10 | 200 | 3 | 670 | 3.00 |
| 15 | 振动压路机 | 3 | 2 000 | 10 | 200 | 3 | 670 | 2.70 |
| 16 | 拖式振动碾(含头) | 3 | 2 000 | 10 | 200 | 3 | 670 | 3.00 |
| 17 | 强夯机械 | 3 | 1 600 | 8 | 200 | 2 | 800 | 3.10 |
| 18 | 凿岩台车 | 3 | 2 880 | 12 | 240 | 3 | 960 | 2.10 |
| 19 | 潜孔钻机 | 4 | 2 100 | 12 | 180 | 3 | 700 | 2.10 |
| 20 | 装药台车 | 3 | 2 880 | 12 | 240 | 3 | 960 | 2.10 |
| 21 | 升降平台车 | 3 | 2 880 | 12 | 240 | 3 | 960 | 4.00 |
| 22 | 装岩机(电动) | 4 | 2 160 | 12 | 180 | 3 | 720 | 2.70 |
| 23 | 装岩机(汽动) | 4 | 2 160 | 12 | 180 | 3 | 720 | 2.70 |
| | 二、路面工程机械 | | | | | | | |
| 24 | 稳定土拌和机 | 3 | 1 800 | 12 | 150 | 3 | 600 | 3.50 |

续上表

| 序号 | 机械名称 | 残值率（%） | 耐用总台班 | 折旧年限 | 年工作台班 | 使用周期 | 大修理间隔台班 | K值 |
|---|---|---|---|---|---|---|---|---|
| 25 | 稳定土厂拌设备 | 3 | 1 650 | 11 | 150 | 3 | 550 | 2.85 |
| 26 | 沥青乳化机 | 4 | 1 200 | 8 | 150 | 3 | 400 | 2.00 |
| 27 | 沥青乳化设备 | 3 | 1 350 | 9 | 150 | 3 | 450 | 2.00 |
| 28 | 石屑撒布机 | 3 | 1 920 | 12 | 160 | 3 | 640 | 3.00 |
| 29 | 液态沥青运输车 | 2 | 1 600 | 8 | 200 | 3 | 530 | 3.50 |
| 30 | 沥青洒布机 | 4 | 720 | 6 | 120 | 2 | 360 | 2.00 |
| 31 | 沥青洒布车 | 2 | 1 200 | 8 | 150 | 2 | 600 | 3.00 |
| 32 | 黑色粒料拌和机 | 3 | 1 200 | 10 | 120 | 2 | 600 | 2.80 |
| 33 | 沥青混合料拌和设备 | 3 | 1 600 | 10 | 160 | 2 | 800 | 2.90 |
| 34 | 沥青混合料摊铺机 | 3 | 1 800 | 12 | 150 | 3 | 600 | 2.00 |
| 35 | 轮胎式压路机 | 3 | 2 200 | 11 | 200 | 3 | 730 | 3.50 |
| 36 | 热熔标线设备 | 4 | 1 200 | 8 | 150 | 2 | 600 | 2.00 |
| 37 | 路面划线车 | 4 | 720 | 6 | 120 | 2 | 360 | 2.00 |
| 38 | 汽车式划线车 | 2 | 1 200 | 8 | 150 | 2 | 600 | 3.10 |
| 39 | 水泥混凝土摊铺机 | 3 | 1 800 | 12 | 150 | 2 | 750 | 2.00 |
| 40 | 混凝土路缘石铺筑机 | 3 | 1 200 | 10 | 120 | 2 | 600 | 3.00 |
| 41 | 路面铣刨机 | 3 | 1 500 | 10 | 150 | 2 | 750 | 3.50 |
| | 三、混凝土及灰浆机械 | | | | | | | |
| 42 | 强制式混凝土搅拌机 | 4 | 1 440 | 8 | 180 | 2 | 720 | 2.55 |
| 43 | 灰浆搅拌机 | 4 | 1 440 | 8 | 180 | 2 | 720 | 4.00 |
| 44 | 混凝土喷射机 | 4 | 900 | 6 | 150 | 2 | 450 | 1.50 |
| 45 | 灰浆输送泵 | 4 | 900 | 6 | 150 | 2 | 450 | 5.53 |
| 46 | 灰气联合泵 | 4 | 900 | 6 | 150 | 2 | 450 | 5.53 |
| 47 | 水泥喷枪 | 4 | 900 | 6 | 150 | 2 | 450 | 6.50 |
| 48 | 灌浆机 | 4 | 1 080 | 6 | 180 | 2 | 540 | 3.00 |
| 49 | 散装水泥车 | 2 | 1 600 | 8 | 200 | 3 | 530 | 3.00 |
| 50 | 混凝土搅拌运输车 | 2 | 1 400 | 7 | 200 | 2 | 700 | 3.20 |
| 51 | 混凝土输送泵车 | 2 | 1 200 | 6 | 200 | 2 | 600 | 2.97 |
| 52 | 混凝土输送泵 | 3 | 1 000 | 5 | 200 | 2 | 500 | 2.10 |
| 53 | 混凝土振动台 | 4 | 1 040 | 8 | 130 | 2 | 520 | 4.50 |
| 54 | 水泥混凝土搅拌站 | 3 | 1 440 | 8 | 180 | 2 | 720 | 2.20 |
| 55 | 液压滑升机械 | 4 | 1 200 | 8 | 150 | 2 | 600 | 3.41 |
| 56 | 连续梁桥顶推设备 | 4 | 1 200 | 8 | 150 | 2 | 600 | 3.41 |
| 57 | 预应力拉伸机 | 4 | 800 | 8 | 100 | 2 | 400 | 4.50 |

续上表

| 序号 | 机械名称 | 残值率(%) | 耐用总台班 | 折旧年限 | 年工作台班 | 使用周期 | 大修理间隔台班 | K值 |
|---|---|---|---|---|---|---|---|---|
| 58 | 钢绞线拉伸设备 | 4 | 1 500 | 10 | 150 | 2 | 750 | 3.00 |
| 59 | 钢绞线压花机 | 4 | 1 500 | 10 | 150 | 2 | 750 | 3.00 |
| 60 | 钢绞线穿束机 | 4 | 1 500 | 10 | 150 | 2 | 750 | 4.00 |
| 61 | 波纹管卷制机 | 4 | 1 200 | 10 | 120 | 2 | 600 | 4.00 |
| | 四、水平运输机械 | | | | | | | |
| 62 | 载货汽车 | 2 | 1 760 | 8 | 220 | 2 | 880 | 4.50 |
| 63 | 自卸汽车 | 2 | 1 600 | 8 | 200 | 2 | 800 | 3.40 |
| 64 | 平板拖车组 | 2 | 1 440 | 9 | 160 | 2 | 720 | 4.30 |
| 65 | 运油汽车 | 2 | 1 800 | 9 | 200 | 3 | 600 | 2.80 |
| 66 | 加油汽车 | 2 | 1 800 | 9 | 200 | 3 | 600 | 2.70 |
| 67 | 洒水汽车 | 2 | 1 800 | 9 | 200 | 3 | 600 | 3.00 |
| 68 | 机动翻斗车 | 2 | 1 320 | 6 | 220 | 2 | 660 | 3.45 |
| 69 | 轨道拖车头 | 4 | 2 000 | 10 | 200 | 3 | 670 | 2.95 |
| 70 | 手扶式拖拉机(带斗) | 4 | 1 320 | 6 | 220 | 3 | 440 | 3.45 |
| 71 | 电瓶车 | 4 | 1 620 | 9 | 180 | 3 | 540 | 2.19 |
| | 五、起重及垂直运输机械 | | | | | | | |
| 72 | 履带式起重机 | 3 | 2 200 | 11 | 200 | 2 | 1 100 | 2.80 |
| 73 | 轮胎式起重机 | 3 | 2 400 | 12 | 200 | 3 | 800 | 3.20 |
| 74 | 汽车式起重机 | 3 | 2 000 | 10 | 200 | 3 | 670 | 2.85 |
| 75 | 跨缆吊机 | 4 | 2 200 | 11 | 200 | 3 | 560 | 2.80 |
| 76 | 电动卷扬机 | 4 | 1 680 | 8 | 210 | 3 | 560 | 6.35 |
| 77 | 施工电梯 | 4 | 1 920 | 8 | 240 | 3 | 640 | 1.54 |
| 78 | 塔式起重机 | 4 | 2 880 | 12 | 240 | 3 | 960 | 2.00 |
| | 六、打桩、钻孔机械 | | | | | | | |
| 79 | 柴油打桩机 | 3 | 2 300 | 10 | 230 | 3 | 770 | 2.54 |
| 80 | 振动打拔桩机 | 3 | 1 800 | 10 | 180 | 3 | 600 | 2.40 |
| 81 | 冲击钻机(电动) | 3 | 2 000 | 10 | 200 | 3 | 670 | 3.10 |
| 82 | 回旋钻机 | 3 | 2 000 | 10 | 200 | 3 | 670 | 3.10 |
| 83 | 汽车式钻孔机 | 3 | 2 000 | 10 | 200 | 3 | 670 | 2.54 |
| 84 | 潜水钻机 | 3 | 2 000 | 10 | 200 | 3 | 670 | 3.10 |
| 85 | 全套管钻孔机 | 3 | 2 000 | 10 | 200 | 3 | 670 | 3.10 |
| 86 | 泥浆搅拌机 | 4 | 1 440 | 8 | 180 | 2 | 720 | 4.90 |
| 87 | 袋装砂井机 | 4 | 1 000 | 10 | 100 | 2 | 500 | 4.50 |
| 88 | 振冲器 | 4 | 1 000 | 10 | 100 | 2 | 500 | 4.50 |

续上表

| 序号 | 机 械 名 称 | 残值率（%） | 耐用总台班 | 折旧年限 | 年工作台班 | 使用周期 | 大修理间隔台班 | K 值 |
|---|---|---|---|---|---|---|---|---|
| 89 | 螺旋钻孔机 | 3 | 1 400 | 7 | 200 | 2 | 700 | 3.10 |
| | 七、泵类机械 | | | | | | | |
| 90 | 单级自吸式水泵 | 4 | 960 | 8 | 120 | 2 | 480 | 2.35 |
| 91 | 潜水泵 | 4 | 960 | 8 | 120 | 2 | 480 | 5.40 |
| 92 | 泥浆泵 | 4 | 800 | 8 | 100 | 2 | 400 | 3.50 |
| 93 | 砂泵 | 4 | 800 | 8 | 100 | 2 | 400 | 3.12 |
| | 八、金属木石料加工机械 | | | | | | | |
| 94 | 钢筋调直机 | 4 | 900 | 9 | 100 | 2 | 450 | 2.68 |
| 95 | 钢筋切断机 | 4 | 900 | 9 | 100 | 2 | 450 | 3.56 |
| 96 | 钢筋弯曲机 | 4 | 900 | 9 | 100 | 2 | 450 | 3.69 |
| 97 | 钢筋镦头机 | 4 | 900 | 9 | 100 | 2 | 450 | 3.63 |
| 98 | 钢丝缠束机 | 4 | 800 | 8 | 100 | 2 | 400 | 3.10 |
| 99 | 钢缆缠丝机 | 4 | 1 800 | 10 | 180 | 2 | 900 | 2.10 |
| 100 | 钢缆压紧机 | 4 | 1 800 | 10 | 180 | 2 | 900 | 2.10 |
| 101 | 木工圆锯机 | 4 | 1 200 | 8 | 150 | 2 | 600 | 2.61 |
| 102 | 木工带锯机（带跑车） | 4 | 1 600 | 8 | 200 | 2 | 800 | 1.95 |
| 103 | 木工平刨床 | 4 | 1 440 | 8 | 180 | 2 | 720 | 3.76 |
| 104 | 木工压刨床 | 4 | 1 440 | 8 | 180 | 2 | 720 | 3.76 |
| 105 | 交流电焊机 | 4 | 1 500 | 10 | 150 | 2 | 750 | 4.17 |
| 106 | 自动埋弧焊机 | 4 | 1 200 | 8 | 150 | 2 | 600 | 3.05 |
| 107 | 交流对焊机 | 4 | 1 200 | 8 | 150 | 2 | 600 | 4.12 |
| 108 | 交流点焊机 | 4 | 1 500 | 10 | 150 | 2 | 750 | 3.40 |
| 109 | 颚式破碎机 | 4 | 1 280 | 8 | 160 | 2 | 640 | 13.55 |
| 110 | 筛洗石子机 | 4 | 800 | 8 | 100 | 2 | 400 | 2.53 |
| 111 | 滚筒式筛分机 | 4 | 1 200 | 8 | 150 | 2 | 600 | 3.44 |
| 112 | 惯性振动筛 | 4 | 1 200 | 10 | 140 | 2 | 700 | 2.60 |
| 113 | 偏心振动筛 | 4 | 1 200 | 10 | 140 | 2 | 700 | 2.60 |
| | 九、动力机械 | | | | | | | |
| 114 | 柴油发电机组 | 4 | 1 800 | 12 | 150 | 3 | 600 | 2.85 |
| 115 | 变压器 | 4 | 3 000 | 15 | 200 | 3 | 1 000 | 3.50 |
| 116 | 高压开关柜 | 4 | 3 000 | 15 | 200 | 4 | 750 | 2.00 |
| 117 | 低压配电屏 | 4 | 3 000 | 15 | 200 | 4 | 750 | 2.00 |
| 118 | 空气压缩机 | 4 | 1 200 | 8 | 150 | 3 | 400 | 3.49 |
| 119 | 液压动力柜 | 4 | 1 200 | 8 | 150 | 2 | 600 | 3.41 |

续上表

| 序号 | 机械名称 | 残值率(%) | 耐用总台班 | 折旧年限 | 年工作台班 | 使用周期 | 大修理间隔台班 | K值 |
|---|---|---|---|---|---|---|---|---|
| 120 | 工业锅炉 | 3 | 1 260 | 6 | 210 | 2 | 630 | 2.20 |
| | 十、工程船舶 | | | | | | | |
| 121 | 拖轮(内燃) | 3 | 2 400 | 12 | 200 | 3 | 800 | 1.53 |
| 122 | 工程驳船(铁质) | 3 | 2 760 | 12 | 230 | 2 | 1 380 | 2.05 |
| | 十一、其他机械 | | | | | | | |
| 123 | 离心式通风机 | 4 | 960 | 6 | 160 | 2 | 480 | 2.50 |

注:表中 $K$ 值为经常修理费率,$K=\frac{经常修理费}{大修理费}$。

2. 大修理费

大修理费的计算公式为:

$$台班大修理费=\frac{大修理一次费用\times(使用周期-1)}{耐用总台班} \tag{5-9}$$

大修理一次费用:指机械设备按规定的大修理范围,修理工作内容所需更换零、配件、消耗材料及机械和工时、送修运杂费等。

大修理一次费用可依据技术经济定额中的有关数据,按定额编制期的配件、辅料及工时等市场价格计算。对于少量的目前尚无大修理一次费用资料的机械项目,按同类或相近机械的大修理一次费用占机械预算价格的比例予以取定。

3. 经常修理费

经常修理费的计算公式为:

$$台班经常修理费=\frac{\sum(大修理期内各级保养一次费用\times保养次数)+临时故障排除费用}{大修理间隔台班}+\frac{\left[替换设备及工具附具费用\times(1-残值率)\right]+替换设备及工具附具维护使用}{替换设备及工具附具耐用台班}+\sum例保辅料费 \tag{5-10}$$

替换设备及工具附具包括轮胎、电缆、蓄电池、运转皮带、钢丝绳、胶皮管、履带、刀片、斗齿、锯片等消耗性设备和随机配备的全套工具附具。

台班经常修理费的计算方法是:典型机械采用按照确定经常修理范围、内容等测算的办法确定,其余机械则采用典型机械测算的台班经常修理费与台班大修理费的比值($K$值)办法推算。

计算公式为:

$$K=\frac{典型机械台班经常修理费测算值}{典型机械台班大修理费测算值} \tag{5-11}$$

即:

$$台班经常修理费=台班大修理费\times K \tag{5-12}$$

4. 安装拆卸及辅助设施费

安装拆卸及辅助设施费的计算公式为：

$$\frac{台班安装拆卸}{及辅助设施费} = \frac{机工一次安装拆卸费 \times 年平均安装拆卸次数}{年工作台班} + \frac{台班辅助设施}{摊销费} \tag{5-13}$$

各种机械的一次安装拆卸费、年平均安装拆卸次数和台班辅助设施摊销费根据各公路施工部门的资料经分析平衡后取定。

5. 人工消耗

人工消耗指随机操作人员的数量，根据机械规格型号及有关资料确定。

$$人工费 = 定额机上人工工日 \times 日工资单价 \tag{5-14}$$

6. 动力燃料消耗

动力燃料消耗指机械在运转施工作业中所耗用的电力、固体燃料（煤、木柴）、液体燃料（汽油、柴油、重油）和水等。

定额动力燃料消耗量按以下方法确定：

（1）施工现场实测数据和施工企业的统计资料；

（2）机械规格与技术经济定额中相同的机械项目，按技术经济定额中相应的燃料动力消耗量，结合公路的施工特点和机械燃料动力消耗的调查资料分析平衡后取定。

对于无法取得上述资料的机械项目按以下公式计算，参考使用：

①电力台班消耗量计算公式为：

$$Q = \frac{P \times 8 \times K_1 \times K_2 \times K_3}{K_4} \tag{5-15}$$

式中：$Q$——电力台班消耗量（kW·h）；

$P$——电动机额定功率（kW）；

$K_1$——电动机时间利用系数；

$K_2$——电动机能力利用系数；

$K_3$——低压线路损耗系数，$K_3 = 1.05$；

$K_4$——电动机有效利用系数，取与 $K_2$ 相对应的值（见表 5-3，可用内插法求值）。

**$K_4$ 取值表**　　表 5-3

| 负荷程度 | 荷载 | | | | | | |
|---|---|---|---|---|---|---|---|
| | 0 | 1/4 | 1/4～1/2 | | 1/2 | 3/4 | 1 |
| $K_2$ | 0.20 | 0.50 | 0.60 | 0.70 | 0.78 | 0.85 | 0.88 |
| $K_4$ | 0 | 0.78 | 0.80 | 0.83 | 0.85 | 0.88 | 0.89 |

②燃油台班消耗量计算公式为：

$$Q = \frac{P \times 8 \times G \times K_1 \times K_2 \times K_3 \times K_4}{1\ 000} \tag{5-16}$$

式中：$Q$——燃油台班消耗量（kg）；

$P$——发动机额定功率（kW）；

$G$——比油耗[g/（kW·h）]，汽油机 $G = 325$，柴油机见表 5-4；

$K_1$——时间利用系数；

$K_2$——能力利用系数；

$K_3$——车速耗油系数，$K_3 = 0.97 \sim 1.00$，为简化计算，取定 $K_3 = 1.00$；

$K_4$——油料损耗系数，取 $K_4 = 1.03$。

**柴油机比油耗取值表** 表 5-4

| 发动机系列 | 85 | 95 | 105 | 110 | 115 | 120 | 125 | 135 | 146 | 160 | 250 |
|---|---|---|---|---|---|---|---|---|---|---|---|
| $G$ | 271.42 | 245.58 | 258.50 | 258.50 | 252.04 | 245.58 | 245.58 | 232.66 | 271.42 | 232.66 | 226.20 |

故式(5-16)简化为：

$$Q = \frac{P \times 8 \times G \times K_1 \times K_2}{1\,000} \tag{5-17}$$

7. 养路费及车船使用税

目前，我国已经取消了公路养路费，车船使用税依据各省、自治区、直辖市及国务院有关部门规定的标准，按机械的年工作台班计入台班费中。

## 思 考 题

1. 编制机械台班费用定额时，施工机械的选型原则是什么？
2. 编制机械台班费用定额时，机械预算价格(原值)的取定原则是什么？
3. 机械台班费用定额的费用项目包括哪些内容？
4. 施工机械年工作台班、耐用总台班、大修理间隔台班、大修理周期、折旧费的含义是什么？并用公式表示出来。
5. 机械预算价格的组成包括哪些部分？并用公式分别将国产和进口机械表示出来。
6. 机械大修理费的含义是什么？并用公式表示出其计算方法。
7. 机械台班费用定额中的动力燃料费消耗量按哪些方法确定？
8. 机械台班费用定额中的养路费及车船使用税的含义及其计算公式是什么？
9. 扼要叙述在什么条件下，才能编制补充台班费用定额？

# 第六章　公路工程预算定额

## 第一节　预算定额的作用

### 一、预算定额的概念

预算定额指在合理的施工组织设计、正常施工条件下，生产一个规定计量单位合格结构件、分项工程所需的人工、材料和机械台班的社会平均消耗量标准。

预算定额是工程建设中的一项重要的技术经济文件，它的各项指标，反映了在完成规定计量单位符合设计标准和施工及验收规范要求的分项工程消耗的或劳动和物化劳动的数量限度。这种限度最终决定着单项工程和单位工程的成本和造价。

### 二、预算定额的种类

按专业性质分，预算定额有建筑工程定额和安装工程定额两大类。

建筑工程预算定额按适用对象又分建筑工程预算定额、市政工程预算定额、铁路工程预算定额、公路工程预算定额、房屋修缮工程预算定额、矿山井巷预算定额等。

安装工程预算定额按适用对象分为电气设备安装工程预算定额、机械设备安装工程预算定额、通信设备安装工程定额、化学工业设备安装工程预算定额、工业管道安装工程预算定额、工业金属结构安装工程预算定额、热力设备安装工程预算定额等。

从管理权限和执行范围分，预算定额可分为全国统一定额、行业统一定额和地区统一定额等。

预算定额按物资要素分为劳动定额、机械定额和材料消耗定额，但是它们相互依存并形成一个整体，作为编制预算定额依据，各自不具有独立性。

### 三、预算定额的作用

(1)预算定额是编制施工图预算、确定建筑安装工程造价的基础。施工图设计一经确定，工程预算造价就取决于预算定额水平和人工、材料及机械台班的价格。预算定额起着控制劳动消耗、材料消耗和机械台班的作用，进而起着控制建筑产品价格的作用。

(2)预算定额是编制施工组织设计的依据。施工组织设计的重要任务之一，是确定施工中所需人力、物力的供求量，并作出最佳安排。施工单位在缺乏本企业的施工定额的情况下，根据预算定额，亦能比较精确地计算出施工中各项资源需要量，为有计划地组织材料采购和预制构件加工、劳动力和施工机械的调配，提供了可靠的计算依据。

(3)预算定额是施工单位进行经济活动分析的依据。预算定额规定的物化劳动和劳动消耗标准，是施工单位在生产经营中允许消耗的最高标标准。施工单位必须以预算定额作为评价企业工作的重要标准，作为努力实现的目标。施工单位可根据预算定额对施工中的劳动、材料、机械的消耗情况进行具体的分析，以便找出并克服低功效、高消耗的薄弱环节，提高竞争能力。只有在施工中尽量降低劳动消耗，采用新技术、提高劳动者素质，提高劳动生产年率，才能取得较好的经济效果。

(4)预算定额是编制概算定额的基础。概算定额是在预算定额的基础上综合扩大编制的，利用预算定额作为编制依据，不但可以节省编制工作的大量人力、物力和时间，收到事半功倍的效果，还可以使概算定额在水平上与预算定额保持一致，以免造成执行中的不一致。

(5)预算定额是合理编制招标控制价、投标报价的基础。在深化改革中，预算定额的指令性作用将日益削弱，而施工单位按照个别成本报价的指导性作用仍然存在，因此预算定额作为编制标底的依据和施工企业报价的基础性作用仍将存在，这也是由于预算定额本身的科学性和权威性决定的。

## 第二节　预算定额的编制原则和依据

### 一、预算定额的编制原则

为保证预算定额的质量，充分发挥预算定额的作用，使之在实际使用中简便、合理、有效，在编制工作中应遵循以下原则：

1.按社会平均水平确定预算定额水平的原则

预算定额是确定和控制建筑安装工程造价的主要依据。因此，必须按照价值规律的客观要求，即按生产过程中所消耗的社会必要劳动时间确定定额水平。即按照“在现有的社会正常的生产条件下，在社会平均的劳动熟练程度和劳动强度下制造某种使用价值所需要的劳动时间”来确定预算定额的水平。所以预算定额的平均水平，是指在正常的施工条件、合理的施工组织和工艺条件、平均劳动熟练程度和劳动强度下，完成单位分项工程基本构造要素所需的劳动时间。

预算定额的水平以大多数施工单位的施工定额水平为基础。但是，预算定额绝不是简单地套用施工定额的水平。首先，在比施工定额的工作内容综合扩大的预算定额中，也包含了更多的可变因素，需要保留合理的幅度差。其次，预算定额应当是平均水平，而施工定额是平均先进水平，两者相比，预算定额水平相对要低一些，但是应限制在一定范围内。

2.简明适用原则

预算定额是在施工定额的基础上进一步综合，通常将建筑物分解为分部、分项工程。简明实用是指在编制预算定额时，对于那些主要的、常用的、价值量大的项目，分项工程划分宜细；次要的、不常用的、价值量相对较小的项目则可以粗一些。

定额项目的多少，与定额的步距有关。步距大，确定的子目就会减少，精确度就会降低；步距小，确定的子目就会增加，精确度也会提高。所以，确定步距时，对主要工种、主要项目、常用项目，定额步距要小一些；对于次要工种、次要项目、不常用项目，定额步距可适当大一些。

预算定额要项目齐全。要注意补充那些因采用新技术、新结构、新材料而出现的新定额项目。如果项目不全、缺项多，就会使计价工作缺少充足的可靠依据。

对定额的活口要适当设置。所谓活口，即在定额中规定当符合一定条件时，允许定额另行调整。在编制中尽量不留活口，对实际情况变化较大，影响定额水平幅度大的项目，确需留的，也应该从实际出发尽量少留；及时留有活口，也要注意尽量规定换算方法，避免采取按实计算。

简明适用还要求合理确定预算定额的计量单位，简化工程量计算，尽可能避免同一种材料用不同的计量单位和一量多用。尽量减少定额附注和换算系数。

3. 坚持统一性和因地制宜相结合原则

所谓统一性，就是从培育全国统一市场规范计价行为出发，计价定额的制定（修订）规划和组织实施由国务院建设行政主管部门归口，并负责全国统一定额制定或修订，颁发有关工程造价管理的规章制度办法等。这样，就有利于通过定额和工程造价的管理实现建筑安装工程价格的宏观调控。通过编制全国统一定额，使建筑安装工程具有一个统一的计价依据，也使考核设计和施工的经济效果具有一个统一的尺度。

所谓差别性，就是在统一性基础上，各部门和省、自治区、直辖市主管部门可以在自己的管辖范围内，根据本部门、本地区的具体情况，编制部门和地区性定额、补充性制度和管理办法，以适应我国幅员辽阔，地区间部门发展不平衡和差异过大的实际情况。

4. 专家编审责任制原则

定额的编制工作政策性、专业性强，任务重，贯彻这一原则很有必要。

首先，在定额水平的把握上，防止由于水平测算不准确而产生的定额项目之间高低不一的现象，给合理确定建筑产品价格水平带来了不利影响。其次，定额项目应灵敏地反映已经技术成熟并采用新工艺、新结构和新材料的项目，防止由于定额缺项，使定额适用性大大降低。再次，定额项目划分应贯彻工程实体消耗与工程施工措施性消耗的分离，以满足企业经济核算和按工程个别成本报价的需要。第四，克服以往临时抽调人员，突击培训，突击性收集、整理资料，任务完成后人员又各奔东西的现象。那样，既不利于按质、按时的完成，也不利于工作经验的积累和专业人员素质的提高。

5. 与公路建设相适应的原则

预算定额是为公路建设服务的，必须满足公路建设发展的需要。定额项目要能覆盖当前及今后一时期绝大部分工程项目，当前普遍采用或今后将普遍采用的新技术、新工艺、新材料、新设备都应在定额中得到反映，使预算定额与建设发展相适应。

工程定额是工程实践经验的科学总结，定额中所列工料机消耗量是通过对大量工程实践数据统计、分析、归纳、总结取定的，并体现社会平均水平。因此，工程定额的编制总是相对滞后于工程实践的。应尽量缩短这个时间，使定额项目尽量齐全，适应建设发展的需要，促进新技术的推广。

6. 贯彻国家政策、法规的原则

预算定额作为工程造价的计价依据，涉及国家、企业和劳动者的利益，具有“责任较大、通用性强、关系公共利益”的特点，必须认真贯彻包括技术、经济和安全方面的法规、条例等国家的方针政策。

为贯彻“以钢代木”的政策，如组合钢模板在公路建设中已广泛采用的情况下，定额编制时就应将能采用钢模板的项目尽量按钢模编制，以推动钢模的发展。又如某些施工单位所用的施工脚手架和人员上下支架十分简陋，虽然是很节省材料的，可以降低工程造价，但不符合技术安全规范的要求，这样的施工措施资料绝不能作为编制定额的依据。

## 二、预算定额的编制依据

1. 国家的有关规定

编制预算定额必须依据国家关于基本建设的方针、政策和各项管理制度，如基本建设程序、设计文件编制办法、预算管理工作制度等。

2. 技术标准和规范

技术标准和规范包括现行公路工程基础标准和规范、勘测设计规范、检测规程、施工技术规范、质量安全标准和规程、养护管理规范、标准及规程、技术指南。

3. 设计施工图纸

以交通运输部批准的标准设计图纸为主，没有标准设计图纸的定额项目，则可选择有代表性的设计图纸或施工详图。至于某些辅助工程如围堰、施工平台、脚手架等，既无施工详图又无技术资料可采用时，可根据施工技术规范的要求，绘制简图计算，并附在计算底稿内备查。

4. 公路工程施工定额

根据各有关单位提供的公路工程施工定额资料，通过汇总、平衡、分析提出一个合理的施工定额水平，并得到主管部门同意后，即作为编制预算定额的依据。

5. 施工方法的选择

施工方法的选择要符合当前和今后一个阶段的实际施工技术状况和管理水平，鼓励先进，鞭策落后，要体现经济效益。当一种结构类型有两种以上施工方法时，应进行技术、经济比较，一般只选择一种技术先进、经济效益好的方法作为编制依据。对确因具体条件不同，则可分别按不同的施工方法划分子目。

# 第三节　预算定额的编制程序和质量要求

## 一、编制程序

(1)在项目批准立项后，成立编制组，确定编制人员。

(2)编制组应认真学习国家有关基本建设的文件，讨论和确定定额、指标的编制原则、方法、依据，确定项目划分。

(3)确定施工定额水平(编制预算定额时)，确定各项基础数据。

(4)根据各省、自治区、直辖市提供的基础资料，按照子目划分的原则进行多方案的平衡分析，最终计算出各子目所取定的工程项目的工程量。

(5)编制定额成果或“电算数据准备表”(编制概算定额及估算指标时)，包括各项目的工程内容，复核无误后交各组组长及综合组审定。

(6)填写“编制说明书”，将确定的各项编制依据、方法、子目划分等情况填写好；写出各项目的编制说明，包括各项数据的取定依据、使用说明、存在问题及对以后工作的建议等。

(7)写出各章、节的使用说明，包括工程量的计算规则。

(8)整理各种表格，装订成册，编写目录，完成“初稿”。

(9)在“初稿”的基础上，通过初步的审查、测算、修改，完成“征求意见稿”，并将“征求意见稿”及其重点问题的征求意见提纲，印发各有关部门和单位，广泛征求意见。与此同时，编制组可根据具体情况，组织力量到重点地区和单位听取对“征求意见稿”的建议，也可同时进行有针对性的补充调查研究工作。

(10)编制组应将各方面对“征求意见稿”的意见和建议，逐条进行归纳整理，对其中某些重大问题或争议较大的问题，可视其具体情况，有的可召开专题讨论，有的可作补充调查研究，提出修改的初步意见，最后经过认真讨论修改，提出“修订稿”。

(11)编制组在进行“修订稿”编制的同时，应起草编制说明。编制说明应按照章、节顺序，对其中主要编制内容简明扼要地加以说明。编制说明的内容一般应包括：对主要问题进行调查研究的工作情况、采用的数据及其成熟程度、存在的问题以及在执行中应注意的事项。

(12)为了验证“修订稿”是否符合有关方针、政策和技术先进、经济合理、实际情况、确保质量的要求，编制组应选择有代表性的工程，进行分析比较，写出测算报告，完成“送审稿”。

测算是将新编制的定额、指标和选定工程的概、预算在同一价格条件下的比较，检验其“量差”的偏离程度是否在允许的误差范围之内，如偏离过大要查找原因，进行修正，以保证定额、指标的确切、实用。测算同时也是对编制质量进行的一次系统检查，应由专人进行，以保证测算口径的统一，在此基础上组织有关专业人员予以全面审查定稿。

在送审前，编制组的主要负责人应根据国家关于基本建设前期工作的有关办法和规定，对“送审稿”进行逐字、逐句、逐节和逐章的审查，切实把好质量关。

(13)编制组要写出送审报告，其内容一般应包括：编制过程中所进行的主要工作；对重点内容确定的依据，要通过具体事例和数字深入浅出地加以阐述清楚；同时要提出今后需要继续进行工作的问题等；尔后对编制工作作出全面的评价。

(14)主编单位应将“送审稿”和送审报告报送上级主管部门审查，并根据审查会会议纪要所提的意见，认真进行讨论、研究，并对“送审稿”进行全面修改，提出“报批稿”，本着精益求精的精神，对其文字、符号、条文内容及技术数据，认真进行总校核，以确保“报批稿”的质量。

## 二、编制工作制度和质量要求

### 1. 业务组长和编制人员职责

(1)业务组长职责

①拟订本组工作计划，安排组内人员工作，随时协调工作进度，检查工作质量。对工作中遇到的问题应及时组织有关人员讨论解决，组内解决不了的问题应及时向综合组反映。

②负责本组内工作的协调和统一，防止遗漏、重复、矛盾和错误，保质保量完成任务。

③对全组完成的成果及时进行审查，签署意见后送综合组审定。

(2)编制人员职责

①服从组长的分配，对分配的工作应提出工作计划，经组长同意后认真执行。

②对所承担的工作必须认真研究，采用的计算方法、公式和数据等应力求先进、准确。

③各种计算表格用词必须严谨、确切、前后一致、简明扼要，数字准确、清楚，一律用钢笔缮写。计算结果必须经过复核，编制人和复核人应签名，以示对编制工作负责。

④协助组长做好组内工作。

### 2. 编制稿的统一

(1)文字、用词和符号的统一

①章、节说明和项目的工程内容要用文字表达，一般不要用符号。文字要规范，要用国家

规定的简化字，不要用自造字，防止错别字，如把“零件”写成“另件”，“把圆钢筋”写成“园钢筋”等。对易混字缮写时不要潦草，如“设”与“没”、“湿”与“温”等。

②计量单位一律采用国家规定的国际单位和符号。范围号一律采用“~”，不采用“—”。

③对于适用范围的写法，采用“本定额适用于……”、“本定额不适用于……”，不采用“凡……应遵照本指标执行”。“适用范围”不采用“使用范围”、“应用范围”等。指明应按其他有关规定执行，其一般写法为“应按……执行”或“应符合……要求或规定”，不采用“遵照……”等。

④表示很严格、非这样做不可的用词，正面词采用“必须”，不采用“务必”、“一定”、“只准”等，反面词采用“严禁”，不采用“绝对禁止”、“绝不允许”等；表示严格的用词，在正常情况下，正面词采用“应”，不采用“应当”、“应该”、“需要”等，反面词采用“不应”或“不得”，不采用“不准”、“禁止”等；表示允许稍有选择，在条件许可时首先应这样做的用词，正面词采用“宜”或“可”，不采用“最好”、“建议”等，反面词采用“不宜”，不采用“最好不”、“不要”等。

⑤说明中有承上启下的连接用语时，一般采用“符合下列要求或规定”、“遵守下列规定”、“满足下列要求”三种写法表示，不采用“遵照下列规定”等。

⑥连词的应用要用得确切，如“和”、“与”字，一般用于两个类型相同的词或词组的互相连接，以表示并列的关系，如“工业与民用”。又如，用“及”字连接的前后两个词或词组，一般不能颠倒过来，同时也不能用“与”字来代替，如“施工及验收”等。

(2)表格的统一

①表内文字也应使用标点符号。上下栏、左右栏文字或数字相同时，不要用“…”代替，空档的应画“—”。

②所有涉及数量的数字，均采用阿拉伯数字。

③表头中的指标名称应写全称，不可简略。工程内容文字力求简明扼要，并能概括成果，表中各子目的主要工程内容，不可遗漏。

④成果表下附注中应注明有关采用系数的规定和抽换办法以及其他必要的说明事项，但应尽量避免系数过多、抽换过繁。

(3)定额成果表中数据小数位数的取定

应对成果表中各种规格型号的工、料、机消耗量的小数位数的取舍，作出统一的规定。小数位数的取定，主要决定于定额的计算单位和精确度的要求。精确度要求高，材料贵重，多取三位小数，如，凡以金额“元”表示的取整数、以“t”为计量单位的取三位小数等。

## 第四节　预算定额的编制

### 一、预算定额的项目划分和综合范围

预算定额要根据原交通部颁发的《公路工程基本建设项目设计文件编制办法》和《公路工程基本建设项目设计文件图表示例》中规定的施工图设计阶段提供的工程量深度，以及工程结算的方便和准确来划分项目，并根据各项目的工程内容将施工定额的有关项目进行综合。

(1)各类工程的项目划分和综合范围。各类工程的项目划分和综合范围以《公路工程预算定额》(JTG/T B06-02—2007)为基础，主要根据工程类别、施工图的工程构件或部位、材料类别、施工措施以及对工程造价的影响等因素予以划分。例如，路基工程包括路基土、石方、排

水和软基工程；路面工程包括路面基层及垫层、路面面层、路面附属工程；隧道工程包括洞身工程、洞门工程、辅助坑道、通风消防设施安装；桥涵工程包括开挖基坑，筑岛、围堰及沉井工程，打桩工程，灌注桩工程，砌筑工程，现浇混凝土及钢筋混凝土，预制、安装混凝土及钢筋混凝土构件，构件运输，拱盔、支架工程，钢结构工程，杂项工程；防护工程；交通工程及沿线设施包括安全设施、监控收费系统、通信系统、供电与照明系统、光缆与电缆敷设、配管与配线及接地工程、绿化工程；临时工程；材料采集及加工；材料运输。

(2)预算定额项目的子目划分和综合范围。定额的工程项目确定以后，对各工程项目要根据工程的难易程度，也就是人工、材料、机械消耗量的多少，按综合极限误差来确定是否划分子目。定额子目综合的极限误差应根据公路工程的特点，本着简化与准确相结合的原则，凡是工程量大，影响工程造价较大的项目，误差率应小；反之，工程量小，影响工程造价不大的项目，误差率可以适当加大。一般可参照表6-1的误差率进行综合、划分子目（或划分步距）。

**定额子目综合的极限误差表** 表6-1

| 工程项目 | 划分子目的主要因素 | 误差率 |
| --- | --- | --- |
| 人工土、石方工程 | 人工消耗量 | ±15%左右 |
| 机械土、石方工程 | 机械台班消耗量 | ±10%左右 |
| 路面工程 | 材料消耗量 | ±10%左右 |
| 打桩、造孔工程 | 机械台班消耗量 | ±10%左右 |
| 混凝土及钢筋混凝土工程 | 模板消耗量 | ±20%左右 |
| 其他构造物 | 对子目划分起主要影响的因素 | ±10%左右 |

(3)由施工定额综合为预算定额的幅度差

由施工定额综合为预算定额，其中机械定额，考虑到一些琐碎的工作难以一一计算，而且在施工中可能出现一些事先无法估计的工作及影响效率的各种因素，因此，预算定额应以施工定额综合后的数量增加一定的百分数，增加的幅度与原数之比即为幅度差。

由施工定额综合为《公路工程预算定额》(JTG/T B06-02—2007)的人工幅度差系数见表6-2。

表6-2

| 预算定额工程项目 | 系数 |
| --- | --- |
| 准备工作、土方、石方、安全设备、材料采集加工、材料运输、构件运输 | 1.04 |
| 路面、临时工程、纵向排水、整修路基、其他零星工程 | 1.06 |
| 砌筑、涵管、木作、支架、拱盔、混凝土及钢筋混凝土 | 1.08 |
| 隧道、基坑、围堰、打桩、造孔、沉井、安装、预应力钢筋、钢桥 | 1.1 |

人工幅度差主要考虑以下因素：

①工序搭接及转移工作面的间断时间；

②各工种交叉作业相互影响；

③工作开始及结束时由于放样交底及任务不饱满而影响产量；

④配合机械施工及移动管线时发生的操作间歇；

⑤检查质量及验收隐蔽工程时影响工时利用；

⑥阴雨雪或其他原因需排除故障；

⑦其他零星工作，如临时交通指挥、安全警戒、现场挖沟排水修路、材料整理堆放、场地清扫等；

⑧由于图纸或施工方法的差异需增加的工序及工作项目。

由施工定额综合为《公路工程预算定额》(JTG/T B06-02—2007)的机械台班幅度差系数见表6-3。

机械台班幅度差系数表　　表6-3

| 预算定额工程项目 | 系数 | 预算定额工程项目 | 系数 | 预算定额工程项目 | 系数 |
|---|---|---|---|---|---|
| 推土机 | 1.19 | 水泥混凝土路缘石铺筑机 | 1.42 | 皮带运输机 | 1.27 |
| 铲运机 | 1.26 | 路面铣刨机 | 1.31 | 电动葫芦 | 1.23 |
| 挖掘机 | 1.22 | 混凝土搅拌机 | 1.33 | 柴油打桩机 | 1.24 |
| 装载机 | 1.20 | 灰浆搅拌机 | 1.46 | 振动打拔桩机 | 1.25 |
| 平地机 | 1.22 | 混凝土喷射机 | 1.48 | 振动打拔桩锤 | 1.28 |
| 拖拉机 | 1.19 | 灰浆输送泵 | 1.42 | 冲击钻机 | 1.30 |
| 拖式羊足碾 | 1.19 | 灰气联合泵 | 1.46 | 回旋钻机 | 1.26 |
| 静作用压路机 | 1.21 | 水泥喷枪 | 1.57 | 潜水钻机 | 1.21 |
| 振动压路机 | 1.20 | 灌浆机 | 1.50 | 汽车式钻机 | 1.25 |
| 轮胎式压路机 | 1.18 | 散装水泥运输车 | 1.18 | 泥浆搅拌机 | 1.50 |
| 拖式振动碾 | 1.18 | 混凝土搅拌运输车 | 1.21 | 袋装砂井机 | 1.33 |
| 蛙式、内燃夯土机 | 1.20 | 混凝土输送泵、输送泵车 | 1.19 | 振冲器 | 1.34 |
| 强夯机械 | 1.30 | 混凝土搅拌站(楼) | 1.22 | 螺旋钻机 | 1.30 |
| 凿岩机 | 1.33 | 混凝土振捣器 | 1.33 | 粉体搅拌机 | 1.30 |
| 凿岩台车 | 1.28 | 液压滑升设备 | 1.29 | 水泵 | 1.30 |
| 潜孔钻机 | 1.23 | 桥梁顶推设备 | 1.24 | 泥浆泵 | 1.31 |
| 装药台车 | 1.28 | 预应力拉伸设备 | 1.35 | 砂泵 | 1.27 |
| 升降平台车 | 1.28 | 钢绞线拉伸设备 | 1.37 | 钢筋加工机械 | 1.27 |
| 装岩机 | 1.35 | 钢绞线压花机 | 1.35 | 钢丝缠束机 | 1.26 |
| 锻钎机 | 1.38 | 钢绞线穿束机 | 1.26 | 钢缆缠丝机 | 1.43 |
| 钻头磨床 | 1.38 | 波纹管卷制机 | 1.39 | 钢缆压紧机 | 1.43 |
| 修钎机 | 1.38 | 压浆机 | 1.50 | 木料加工机械 | 1.19 |
| 稳定土拌和机 | 1.29 | 载货汽车 | 1.12 | 电焊机 | 1.23 |
| 稳定土厂拌设备 | 1.21 | 自卸汽车 | 1.15 | 点焊机 | 1.24 |
| 沥青乳化机 | 1.26 | 平板拖车组 | 1.23 | 自动埋弧焊机 | 1.25 |
| 沥青乳化设备 | 1.20 | 运油汽车 | 1.23 | 对焊机 | 1.24 |
| 石屑撒布车 | 1.28 | 加油汽车 | 1.23 | 气焊设备 | 1.50 |
| 液态沥青运输车 | 1.15 | 洒水汽车 | 1.18 | 碎石机 | 1.23 |
| 沥青撒布机 | 1.15 | 机动翻斗车 | 1.20 | 筛分机 | 1.25 |
| 沥青撒布车 | 1.17 | 轨道拖车头 | 1.18 | 型材切割机 | 1.34 |
| 黑色粒料拌和机 | 1.14 | 轨道铁斗车 | 1.18 | 空气压缩机 | 1.27 |
| 沥青混合料拌和设备 | 1.12 | 电瓶车 | 1.26 | 工业锅炉 | 1.12 |
| 沥青混合料摊铺机 | 1.23 | 履带式起重机 | 1.22 | 内燃拖轮 | 1.36 |
| 路面标线设备 | 1.25 | 轮胎式起重机 | 1.22 | 工程驳船 | 1.52 |
| 水泥混凝土摊铺机 | 1.22 | 汽车式起重机 | 1.22 | 通风机械 | 1.14 |
| 真空吸水机组 | 1.47 | 跨缆吊机 | 1.27 | 潜水设备 | 1.39 |
| 混凝土抹平机 | 1.61 | 少先吊 | 1.29 | 柴油发电机组 | 1.17 |
| 混凝土切缝机、刻纹机 | 1.41 | 卷扬机 | 1.23 | 工班配合机械 | 1.05 |

机械台班幅度差主要考虑以下因素：

①正常施工组织情况下不可避免的机械空转、技术中断及合理停置时间；

②必要的备用台数造成的闲置台班；

③由于气候关系或排除故障影响台时利用；

④工地范围内机械转移的台时及自行式机械转移时所需的运载牵引工具；

⑤配套机械相互影响所损失的时间及停车场至工作地点超定额运距所需的时间；

⑥施工初期限于条件所造成的效率差及结尾时工程量不饱满所损失的时间；

⑦因供电、供水故障及水电线路的移动检修而发生的运转中断；

⑧不同厂牌机械的效率差、机械不配套造成的效率低；

⑨工程质量检查的影响。

(4)将在定额基价中占比例很小的一些材料和机具，综合到其他材料费和小型机具使用费项内。

(5)将设备钢材的原值、加工费，每年油漆、修理以及正常损耗等都综合到设备摊销费内。

## 二、预算定额的编制步骤

预算定额的编制，一般分为五个阶段，即准备工作、收集资料、编制定额、报批和整理资料阶段，见图6-1。但各阶段工作互有交叉，有些工作还有多次重复。

**第一阶段：准备工作阶段**

这个阶段的主要任务如下。

1)拟订编制方案(有的称为编制工作大纲)

(1)编制定额的目的和任务。

(2)确定定额编制范围及编制内容。

(3)明确定额的编制原则、水平要求、项目划分和表现形式。

(4)定额的编制依据。

(5)拟定参加编制定额单位及人员。

(6)确定编制地点及编制经费来源。

(7)提出编制工作的规划及时间安排。

2)抽调人员根据专业需要划分编制小组和综合组

结合公路工程实际情况，一般可划分为路基定额组、路面定额组、隧道定额组、大中桥定额组、小桥涵洞定额组、其他工程定额组(包括交叉工程、沿线设施、临时工程等)。

如费用定额(包括概算、预算编制办法)、机械台班费用定额同时编制时，则单独成立费用定额组、机械台班费用定额组。

**第二阶段：收集资料阶段**

1)普遍收集资料

在已确定的编制范围内，采取用表格化收集定额编制基础资料，以统计资料为主，注明所需要的资料内容、填表要求和时间范围。其优点是统一口径，便于资料整理，并具有广泛性。

2)专题座谈

邀请建设、设计、施工及管理单位有经验的专业人员开座谈会，请他们从不同的角度就以往定额存在的问题谈各自意见和建议,以便在编制新定额时改进。

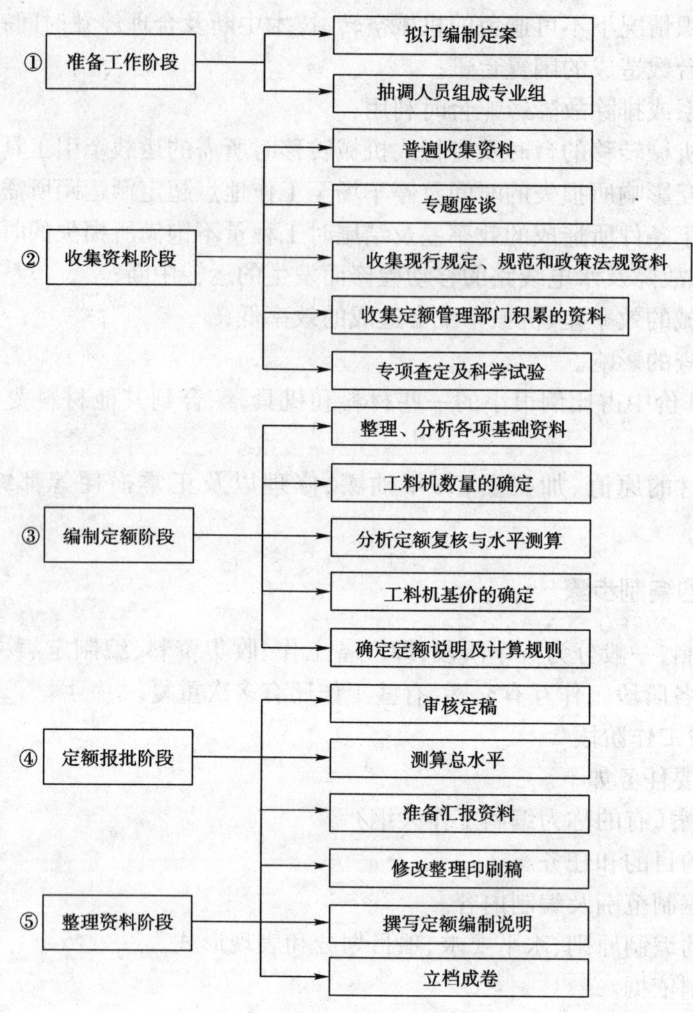


图 6-1 预算定额编制阶段组成

3)收集现行规定、规范和政策法规资料

这些资料具体包括:

(1)现行的定额及有关资料;

(2)现行的建筑安装工程施工及验收规范;

(3)安全技术操作规程和现行有关劳动保护的政策法令;

(4)国家设计标准规范;

(5)编制定额必须依据的其他有关资料。

4)收集定额管理部门积累的资料

这些资料具体包括:

(1)日常定额解释资料;

(2)补充定额资料;

(3)新结构、新工艺、新材料、新机械、新技术用于工程实践的资料。

5)专项查定及科学试验

专项查定及科学试验主要指混凝土配合比和砌筑砂浆试验资料。除收集试验试配资料外,还应收集一定数量的现场实际配合比资料。

6)公路工程定额编制基础资料

这些资料具体包括:

(1)标准图或设计、施工图纸。

(2)各项工程的施工方法。

(3)人工施工定额、机械施工定额、按台班配备的机械施工定额。

(4)材料消耗定额:

①路基土方的松方、天然密实方和压实方的相互关系及其干密度,爆破材料消耗定额;

②路面工程材料的松方干密度、混合料压实干密度及单一材料压实系数,各种路面混合料配合比;

③砌筑工程石料及砂浆耗用量、勾缝及抹面砂浆用量;

④水泥混凝土、砂浆及水泥浆配合比,各种黏合剂、填料及掺合剂配合比;

⑤钢材焊接与切割材料耗用量,钢筋接头定额;

⑥混凝土木模板、钢模板(定型模板及组合模板)、滑动模板材料图纸一次使用量;

⑦钢或木脚手架、踏步及井字架、门式吊架图纸一次使用量;

⑧混凝土养生材料耗用量及拌和养生用水量;

⑨各种材料、半成品单位质量、场内运输及操作损耗率。

(5)各种材料的周转及摊销:

①预制或现浇混凝土、钢筋混凝土模板及支架、拱盔、隧道支撑材料周转及摊销次数;

②基础及打桩工程材料摊销次数;

③吊装设备材料摊销次数;

④预制构件和块件的堆放、运输材料摊销次数;

⑤临时轨道铺设材料摊销;

⑥灌注桩设备材料摊销;

⑦脚手架、踏步、井字架、门式吊架、轻型上下架等材料摊销次数。

**第三阶段:定额编制阶段**

1)确定编制细则

(1)统一编制表格及编制方法。

(2)统一计算口径、计量单位和小数点位数的要求。

(3)统一名称、用字、专业用语、符号代码、文字要简练明确。

2)确定定额的项目划分和工程量计算规则

3)确定施工定额水平

根据交通运输部关于对定额管理工作实行统一领导、分级管理的原则,公路工程施工定额由各省、自治区、直辖市交通厅(局)负责编制和管理。由于各省的定额水平不一,不能直接用来编制预算定额。因此,在编制预算定额前必须通过汇总、平衡、分析提出一份经讨论确定的施工定额水平文件,作为编制全国通用的预算定额的依据。

4)拟定各项基本数据

对收集到的资料必须通过分析、整理制定出统一规定,对定额编制工作的标准化、规范化、系统化有着必不可少的重要作用。这些统一规定如下:

(1)各种材料、半成品单位质量、场内运输及操作损耗率;

(2)其他材料费包括的材料名称,小型机具使用费包括的机械名称;

(3)人工单价、材料单价、单位、场内运输及操作损耗、单位重、机械台班费用;

(4)半成品材料的单位及场内运输及操作损耗。

5)编制各项基本定额

基本定额是介于施工定额和预算定额之间的一种扩大施工定额,其项目是按完成某一专项作业将施工定额的有关工序加以综合制定的,根据材料的周转和摊销次数、材料场内运输和操作损耗及人工、机械的幅度差,综合为若干包括人工、材料、机械的基本定额。其目的是避免在编制预算定额时重复计算这些工序,并可统一计算方法和口径,简化计算工作。如桥涵混凝土基本定额是以浇筑 $10m^3$ 混凝土为主,综合了材料场内运输与堆放、配运料、拌和、捣固、养生等工序。

基本定额以包括定额项目名称、工程内容、定额单位、工料机消耗量表和一些附注说明为表现形式。

6)确定编制采用的图纸和施工方法

7)计算工程量,编制出定额成果

(1)根据图纸和施工方法计算出预算定额所综合的施工定额项目的工程量。

(2)根据子目划分的原则和综合误差划分子目。

(3)定额人工、材料、机械台班耗用量的计算、复核和测算。

(4)编制定额成果表(包括定额基价)。

8)写出编制说明(包括各项数据的取定依据)

9)写出各章、节的使用说明和各项的工程内容

10)整理各种表格,装订成册

**第四阶段:定额报批阶段**

1)审核定搞

定额初稿的审核工作是定额编制过程中必要的程序,是保证定额编制质量的措施之一。审稿工作的人选应由具备经验丰富、责任心强、多年从事定额工作的专业技术人员承担。审稿的主要内容如下:

(1)文字表达确切通顺,简明易懂;

(2)定额的数字准确无误;

(3)章节、项目之间有无矛盾。

2)预算定额水平测算

在新定额编制成稿向上级机关报告以前,必须与原定额进行对比测算,分析水平升降原因。测算方法如下。

(1)按工程类别比例测算。首先在定额执行范围内,选择有代表性的各类工程,分别以新旧定额对比测算,并按测算的年限,以工程所占比例加权以考察宏观影响。

(2)单项工程比较测算法。以典型工程分别用新旧定额对比测算,以考察定额水平和总

水平升降及其原因。

3)印发征求意见

定额编制初稿完成以后,需要组织征求各有关方面意见和组织讨论,通过反馈意见分析研究。在统一意见的基础上整理分类,制订修改方案。

4)修改整理报批

按修改方案的决定,将初稿按照定额的顺序进行修改后,要求整理一套完整、字体清楚,并经审核无误后形成送审稿。

5)编制送审报告,报送送审稿

送审报告的内容主要包括定额编制情况、项目增减情况及工程项目的覆盖面、定额水平等。

6)根据审查意见修改、补充

7)编制并报送报批报告

报送报批报告的内容包括审查意见的处理情况等。

**第五阶段:整理资料阶段**

1)撰写编制说明

定额批准后,为顺利的贯彻执行,需要撰写出新定额编制说明。其主要内容包括:

(1)项目、子目数量;

(2)人工、材料、机械的内容与范围;

(3)资料的依据和综合取定情况;

(4)定额中允许换算和不允许换算的规定计算资料;

(5)人工、材料、机械单价的计算和资料;

(6)施工方法、工艺的选择及材料运距的考虑;

(7)各种材料损耗率的取定资料;

(8)调整系数的使用;

(9)其他应说明的事项与计算数据、资料。

2)立档、成卷

定额编制资料是贯彻执行中需查对资料的唯一依据,也为修编定额提供历史资料数据。作为技术档案应予永久保存,并进行分类存放。

## 三、预算定额的编制方法

在定额基础资料完备可靠的条件下,编制人员应反复阅读和熟悉并掌握各项资料,在此基础上计算各个分部分项工程的人工、机械和材料的消耗量。工作内容主要包括以下几部分。

### 1.确定预算定额的计量单位

预算定额和施工定额计量单位往往不同。施工定额的计量单位一般按工序或工作过程确定;而预算定额的计量单位,主要根据分部分项工程的形体和结构构件特征及其变化确定。预算定额的计量单位具有综合的性质,所选择的计量单位要根据工程量计算规则规定并确切反映定额项目所包含的工作内容。

预算定额的计量单位按公制或自然计量单位确定。一般来说,结构的三个度量都经常发生变化时,选用“$m^3$”作为计量单位,如砖石工程和混凝土工程;如果结构的三个度量中有两个度量经常发生变化,选用"$m^2$"为计量单位,如地面、屋面工程等;当物体截面形状基本固定或呈规律性变化,采用"m"、"km"作为计量单位,如管道、线路安装工程等;如果工程量主要取决于设备或材料的质量时,还可以按"t"、"kg"作为计量单位。

预算定额中各项人工、机械和材料的计量单位选择,相对比较固定。人工和机械按"工日"、"台班"计量(国外多按"小时"、"台时"计量)。各种材料的计量单位应与产品计量单位一致。

2. 按典型设计图纸和资料计算工程数量

计算工程量的目的,是为了通过分别计算典型设计图纸所包括的施工过程的工程量,以便在编制预算定额时,有可能利用施工定额或劳动定额的劳动、机械和材料消耗指标确定预算定额所含工序的消耗量。

3. 进行子目平衡

要按照综合误差率对定额单位的工程量与所综合成分中的主要成分的工程量进行综合平衡。超过最大误差率的就应划分子目。例如,混凝土数量与模板消耗量并不都是成正比。以每$10m^3$桥墩实体所综合的模板数量来看,相同直径的桥墩,不同的墩高,其混凝土与模板消耗量成正比,这是物体的体积与其表面的函数关系;而相同的墩高,直径不同时,混凝土数量与模板数量成反比,也就是面积与周边长度的函数关系。在一本桥梁标准图中,桥梁结构虽是一样的,但不同跨径或墩高,不同荷载标准的构件,其每$10m^3$混凝土是否就不必划分子目,这要通过子目平衡表计算分析才能决定。所以子目平衡表是编制定额的重要环节。

4. 计算定额工料机数量

子目划分后就要通过"人工、机械数量计算表"、"材料数量计算表"、"其他材料费和小型机具使用费计算表"来计算定额项目的工料机消耗量。同时,要用统一的人工、各种材料及机械台班小数点取位规定,材料单位的标准名称来填写"定额成果表"。人工、材料、机械台班消耗量的计算方法分述如下。

1)人工工日消耗量的计算方法

人工的工日数有两种计算方法:一种是以施工定额的劳动定额为基础确定;另一种是采用计时观察法测定。

(1)以施工定额为基础计算人工工日数的方法

基本工:指完成单位合格产品所必须消耗的技术工种用工。按技术工种相应施工定额中的工时定额计算,以不同工种列出定额工日。

其他工:包括辅助工、超运距用工、人工幅度差。

辅助工:指技术工种施工定额内不包括而在预算定额内又必须考虑的工时,如机械土方工程配合用工、电焊着火用工等。

超运距用工:指预算定额的平均水平运距超过施工定额规定水平运距部分。

$$\text{超运距} = \text{预算定额取定运距} - \text{施工定额已包括的运距} \tag{6-1}$$

人工幅度差:指在施工定额作业时间之外在预算定额应考虑的在正常施工条件下所发生的各种工时损失。

$$\text{人工幅度差} = (\text{基本用工} + \text{超运距用工}) \times \text{人工幅度差系数} \tag{6-2}$$

(2)以现场测定资料为基础计算人工工日数的方法

遇施工定额缺项,需要进行测定项目,可采用现场工作日写实等测时方法查定和计算定额的人工耗用量。

2）材料消耗指标的计算方法

材料消耗量是指在正常施工条件下所用合格材料，完成单位合格产品所必须消耗的材料数，按用途划分为以下四种。

（1）主要材料：指直接构成工程实体的材料，其中也包括成品、半成品的材料。

（2）辅助材料：指构成工程实体除主要材料外的其他材料，如垫木钉子、铅丝等。

（3）周转性材料：指脚手架、模板等多次周转使用的不构成工程实体的摊销性材料。

（4）其他材料：指用量较少，难以计量的零星用料。

材料消耗量的计算方法如下。

（1）凡有标准规格的材料，按规范要求计算定额计量单位耗用量，如砖、防水卷材等。

（2）凡设计图纸标注尺寸及下料要求的，按设计图纸尺寸计算材料净用量，如门窗制作用材料、方、板料等。

（3）换算法：指各种胶结、涂料等材料的配合比用料，可以根据要求条件换算，得出材料用量。

（4）测定法：包括试验室试验法和现场观察法，指各种强度等级的混凝土及砌筑砂浆配合比的耗用原材料数量的计算，须按规范要求试配经过试压合格以后并经必要的调整后得出的水泥、砂、石子、水的用量。对新材料、新结构又不能用其他方法计算定额耗用量时，须用现场测定方法来确定，根据不同条件可以采用写实记录法和观察法，得出定额的消耗量。

材料损耗量，指在正常施工条件下不可避免的材料损耗，如现场材料运输损耗及施工操作过程中的损耗等。其关系式如下：

$$材料损耗率=\frac{损耗量}{净用量}\times 100\% \tag{6-3}$$

$$材料损耗量=材料净用量\times 损耗率 \tag{6-4}$$

$$\begin{aligned}材料消耗量&=材料净用量+损耗量或材料消耗量\\&=材料净用量\times(1+损耗率)\end{aligned} \tag{6-5}$$

其他材料的确定：一般按工艺测算并在定额项目材料计算表内列出名称、数量，并依编制期价格占主要材料的比率计算，列在定额材料栏之下，定额内可不列材料名称及消耗量。

3）机械台班消耗指标的确定方法

（1）根据施工定额确定机械台班消耗量的计算

这种方法是指施工定额或劳动定额中机械台班产量加机械幅度差计算预算定额的机械台班消耗量。

$$预算定额机械耗用台班=施工定额机械耗用台班\times(1+机械幅度差率) \tag{6-6}$$

（2）以现场测定资料为基础确定机械台班消耗量

如遇施工定额（劳动定额）缺项者，则需依单位时间完成的产量测定。

5. 计算定额基价

计算定额基价要用统一的人工、材料、机械台班预算单价。使全部定额在一个水平上，便于分析、比较和测算。

## 第五节 预算定额的表现形式

公路工程施工图预算的工程费用是按实物量法编制的,即按预算定额规定的人工、材料、机械的消耗量乘以工程所在地的预算单价确定的。这种计价方法具有计算准确,不受物价波动的影响,能正确地反映出工程项目在预算编制年的实际造价,便于动态管理等优点。为此,要求预算定额所列出的工料机的品种比较齐全,特别是单价较高,消耗量较大的材料、机械名称都要列出,这就决定了预算定额是以各工程项目工料机消耗量表为主的表现形式。

预算定额的内容包括总说明,章、节说明,工程定额表及附录。

### 一、预算定额的总说明及各章、节说明

1. 总说明的内容

(1)预算定额的适用范围、指导思想及作用。

(2)预算定额的编制原则、主要依据及上级下达的有关定额修编文件。

(3)对各章、节都适用的统一规定。

(4)定额所采用的标准及允许换算定额的原则。

(5)定额中包括的内容。

(6)对定额中未包括的项目需编制补充定额的规定。

2. 章、节说明的内容

(1)本章、节包括的内容。

(2)本章、节工程项目的统一规定。

(3)本章、节工程项目综合的内容及允许换算的规定。

(4)本章、节工程项目的工程量计算规则。

### 二、预算定额项目表

预算定额项目表的主要内容包括:

(1)工程项目名称及定额单位。

(2)工程项目包括的工程内容。

(3)完成定额单位工程的人工、材料、机械的名称、单位、代号、数量。数量中包括施工定额综合为预算定额项目的幅度差,施工过程中的场内运输与操作损耗及材料工地小搬运的人工工日。

(4)定额基价。将完成单位工程项目所需人工、材料、机械的数量以北京地区、某时间段费用的形式表示,并作为计算其他工程费和间接费的计价依据。

(5)有些定额项目下还列有在章、节说明中没有包括的,仅供本定额项目使用的注释。如路基工程洒水汽车洒水项目中注明,若水须计费时,水费另行计算。

### 三、定额附录

定额附录是配合定额使用不可缺少的一个重要组成部分。定额附录的作用如下。

(1)了解定额编制时采用的各种统一规定,如路面材料计算基础数据;预制构件混凝土与

模板的接触面积，每 $10m^2$ 接触面积的模板所需的人工、机械及材料的周转使用量。

(2)供抽换定额中混凝土强度等级、砂浆强度等级时使用的混凝土、砂浆配合比表。

(3)编制补充预算定额所需的统一规定，如材料周转次数、规格、单位重、代号、基价等。

(4)便于使用单位经过施工实践核定定额水平，并对定额水平提出意见，作为修订定额的重要资料。

## 第六节　补充预算定额的编制

现行公路工程预算定额是按照交通运输部和国家有关部门的规定，根据国家现行公路工程技术标准、设计规范、公路工程施工技术及验收规范、质量评定标准及安全操作规程等，按一般正常合理的施工组织和正常的施工条件编制的。也就是说，预算定额是对工程实践经验的科学总结，定额中所列的工料机消耗量是通过对大量工程实践数据统计、分析、归纳、总结取定的，并体现社会平均水平。因此，工程定额的编制总是相对滞后于工程实践的。

但是，我国公路工程建设发展很快，公路工程科学技术日新月异。随着科学技术的发展，新结构、新工艺、新材料、新设备等在公路工程上推广应用很快，但是定额的制定必须要有一定的周期，在新定额未颁布以前，为了合理确定工程造价和有效控制工程造价，综合体现新结构、新工艺、新材料、新设备的经济效益，在现行定额的基础上对定额缺项的内容需要合理编制补充定额，合理确定工程造价。

### 一、编制补充预算定额的依据

编制补充预算定额的依据除了包括编制预算定额的依据外，还包括以下主要内容：

1. 预算定额

现行的预算定额包括预算定额的附录是编制补充定额的主要依据，对于补充预算定额的编制能够采用或部分采用现行预算定额编制的，原则上采用现行预算定额编制。利用现行预算定额编制补充定额既方便计算，又能够保证补充定额的定额水平。

2. 施工定额

交通运输部颁布的施工定额，定额水平合理，是编制补充定额十分重要的依据。

3. 设计图纸

对于新结构、新工艺、新材料等预算定额缺项的内容，根据设计图纸的要求合理确定材料消耗量。

4. 施工工艺和质量标准

根据施工工艺要求和质量标准，确定补充预算定额人工和机械消耗量。

5. 施工经验和现场实测资料

对于已经在别的项目中应用的新结构、新工艺、新材料等项目，已有的施工经验是编制补充的依据；对于没有施工经验的项目，则需要按照计时观测法的要求进行现场实测。

### 二、编制补充预算定额的步骤

1. 仔细分析和阅读设计图纸资料

对于新结构、新工艺、新材料、新设备等设计项目，在编制补充定额前，应详细分析设计图纸和资料，明确施工工艺要求和质量标准。

2. 划分施工工序

确定了补充定额的项目后，应对项目进行工序划分。工序的划分粗细程度应由项目的特点确定，划分的目的在于明确补充定额所包括的工程内容。工程内容符合预算定额划分要求的，按预算定额项目划分；符合基本定额要求的，按基本定额项目划分，比如常见的模板、脚手架、混凝土数量及混凝土配比等；符合施工定额项目要求的，按施工定额项目划分。

3. 确定补充定额的计量单位

补充定额的计量单位一般参照预算定额的计量单位确定。和预算定额的计量单位一样，要求补充定额的计量单位具有综合的性质，所选择的计量单位要根据工程量计算规则规定并确切反映定额项目所包含的工作内容。

4. 按设计图纸和资料计算工程数量

计算工程量的目的，是为了通过计算设计图纸所包括的施工过程的工程量，以便在编制补充定额时，有可能利用施工定额或预算定额的劳动、机械和材料消耗指标确定补充定额所含工序的工料机消耗量。

5. 进行子目平衡

要按照综合误差率对定额单位的工程量与所综合成分中的主要成分的工程量进行综合平衡。超过最大误差率的就应划分子目。

6. 计算补充定额工料机数量

计算补充定额工料机数量同编制预算的要求一致，需要计算人工和机械的幅度差。但需要注意的是，若编制补充定额的依据是预算定额，则人工和机械不必计算幅度差；若编制补充定额的依据是施工定额或实测资料，则人工和机械都应计算幅度差；若编制补充定额的资料是基本定额，则人工需要计算幅度差，而机械不需要计算幅度差。对于材料消耗量，如果是依据预算定额，则可直接采用；若依据的是设计图纸资料，应计算场内运输及操作损耗率。

7. 计算补充定额基价

计算补充定额基价时，若是现行预算定额中已有的工料机，则应采用现行的定额基价计算；若是新增加的材料和机械，则按材料的预算单价和机械的台班预算单价计算。

## 三、补充预算定额编制实例

**【例 6-1】** 编制混凝土路面板修复的补充预算定额。

(1)工程背景。某高速公路路面改造工程，原公路路面设计为 25cm 厚的水泥混凝土路面，在通车 8 年后，路面板破坏严重，现决定在原混凝土面板上加铺沥青混凝土面层。根据设计要求，在施工过程中先要将水泥混凝土面板修复后，才能加铺沥青混凝土。

(2)工程内容分析。经分析，水泥混凝土面板修复工作包括凿除水泥混凝土旧板和浇筑水泥混凝土路面两项基本工作。

(3)施工工艺要求。施工工艺要求是在凿除水泥混凝土旧板时，不能扰动原基层和土基，以保证路面结构的稳定性，所以只能是人工凿除；浇筑水泥混凝土路面，施工工艺上不需要模板、切缝、纹理制作等工艺，只有混凝土的拌和、浇筑、养生几道工序。

(4)依据资料。人工凿除水泥混凝土旧板，没有现行定额可以使用，需要进行现场实测，浇注水泥混凝土路面，采用预算定额不适合，根据工艺要求，采用基本定额中的预制矩形板比较适合；材料消耗采用基本定额中的混凝土配合比，水的消耗量采用预算定额中水泥混凝土路面的用水量。

(5)人工凿水泥混凝土旧板工作定额测定资料如下：完成 $1m^2$ 人工凿水泥混凝土旧板消耗的基本时间为 1 600min，辅助工作时间占基本工作时间的 3%，准备结束时间占工作班定额时间的 2%，不可避免中断时间占工作班定额时间的 1%，休息时间占基本工作时间的 20%。

(6)定额单位确定为 $10m^2$。补充定额计算如下。

①完成人工凿水泥混凝土旧板的劳动定额。

设完成人工凿水泥混凝土旧板的定额时间（工作班连续时间）为 $X$，则由：

$$X = 1\,600 + 1\,600 \times 3\% + 2\% X + 1\% X + 1\,600 \times 20\%$$

得　$X = 2\,029\text{min/m}^2$

则：

时间定额 $= 2\,029 \div 60 \div 8 = 4.23$ 工日$/m^2$

②补充预算定额（参考），定额单位 $10m^2$。

人工：$4.23 \times 10 \times 1.06 + 1.166 \times 2.5 \times 1.06 = 47.93$ 工日$/10m^2$

32.5 水泥：$0.365 \times 1.02 \times 2.5 = 0.931$t

中(粗)砂：$0.49 \times 1.02 \times 2.5 = 1.25m^3$

碎石(4cm)：$0.85 \times 1.02 \times 2.5 = 2.17m^3$

水：$240 \div 200 \times 2.5 = 3m^3$

250L 搅拌机：$0.076 \times 1.02 \times 2.5 = 0.19$ 台班

插入式振捣器：$0.304 \times 1.02 \times 2.5 = 0.78$ 台班

基价：$47.93 \times 16.02 + 0.931 \times 330 + 1.25 \times 27 + 2.17 \times 28.8 + 3 \times 0.5 + 0.19 \times 69.71 + 0.76 \times 4.04 = 1\,189$ 元

③成果表，见表 6-4。

**补充定额名称：混凝土路面板修复**（成果表）　　表 6-4

工作内容：1）人工凿除水泥混凝土旧板；2）浇注水泥混凝土路面　　单位：$10m^2$

| 序号 | 项　目 | 单　位 | 代　号 | 混凝土路面板修复 | 备　注 |
|---|---|---|---|---|---|
| 1 | 人工 | 工日 | 1 | 47.93 | |
| 2 | 32.5 水泥 | 1 | 243 | 0.931 | |
| 3 | 中(粗)砂 | $m^3$ | 286 | 1.25 | |
| 4 | 碎石(4cm) | $m^3$ | 321 | 2.17 | |
| 5 | 水 | $m^3$ | 268 | 3 | |
| 6 | 250L 搅拌机 | 台班 | 569 | 0.19 | |
| 7 | 插入式振捣器 | 台班 | 615 | 0.78 | |
| 8 | 基价 | 元 | 999 | 1 189 | |

**【例 6-2】**　编制预应力锚索加固边坡的预算定额。

(1)某工程预应力锚索加固边坡深度 30.5m，$\phi 110$；砂砾层，设计图纸（略），设计材料消耗量见表 6-5。

材　料　表(142 套)　　　　表 6-5

| 编号 | 规格(mm) | 单位 | 件重(kg) | 件数 | 共重(kg) | 附　注 |
|---|---|---|---|---|---|---|
| 1 | VSL6-4 锚具 | 套 | | 142 | | |
| 2 | 钢绞线 6-4　$L=31\ 755$ | 根 | 34.64 | 568 | 19 676 | 工作长度 675mm |
| 3 | 扩张环 $\phi65\times10$ | 个 | 0.261 | 1 136 | 296 | |
| 4 | 箱环 $\phi65$　$l=4$ | 个 | 0.06 | 1 278 | 77 | |
| 5 | 定位片 $30\times2\times108$ | 个 | 0.051 | 4 544 | 232 | 弹簧钢片 |
| 6 | 导向帽 $145\times4\times200$ | 块 | 0.91 | 142 | 129 | |
| 7 | $\phi16$ 钢筋　$L=750$ | 根 | 1.185 | 4 544 | 5 385 | |
| 8 | 压浆软管 $\phi20$　$L=30\ 800$ | 根 | | 142 | 4 374m | 压力 $8\text{kg/cm}^2$ |
| 9 | 聚乙烯管 $\phi70$　$L=21\ 700$ | 根 | | 142 | 3 081 | |
| 10 | C20 混凝土 | | | | $54.5\text{m}^3$ | 混凝土垫墩 |
| 11 | M30 水泥砂浆 | | | | | 锚固长度 8.8m |

(2)制定施工工序及工作内容。

①钻孔:准备钻具,钻孔,清孔,量孔深。

②编索:灌水泥浆上导向帽,在锚固段安放扩张环、定位片、箍环。

③浇筑混凝土垫墩,安放喇叭形套管,螺旋筋。

④穿索:检查预留孔道,穿钢绞线。

⑤压浆:对锚固段压浆,用沥青麻丝堵头,不能使水泥浆进入自由段。

⑥在自由段安放聚乙烯套管。

⑦按锚具,张拉,做好张拉记录。

(3)确定定额单位:孔。

(4)编制缺项的人工、机械施工定额及预算定额。

①用 MG-50 型钻机钻孔:孔深 30m,砂砾层。

经调查为 12h 钻成一个孔,并配 $17\text{m}^3/\text{min}$ 的空压机,每机组 4 人。

人工:$4\times12\div8\times1.1=6.6$ 工日/孔

钻机:$1\times1.5\times1.54=2.31$ 台班/孔

空压机:$1\times1.5\times1.54=2.31$ 台班/孔

②编索:经调查为 4 人半天 1 孔。

人工:$4\times0.5\times1.1=2.2$ 工日/孔

③穿索、压浆、穿聚乙烯套管、安放锚具、张拉:经调查为 6 人 1 天 1 孔。

人工:$6\times1\times1.1=6.6$ 工日/孔

预应力拉伸机:$0.326\times0.8\times1.66=0.43$ 台班/孔

压浆机及灰浆搅拌机:$0.11\times3\times2=0.66$ 台班/孔

④混凝土垫墩:参照预算定额 4 076 009。

人工:$71.6\div1.01\times1.02\times54.5\div142\div10$ 工日/孔

⑤混凝土垫墩钢筋:参照预算定额 4 076 011。

人工:$30.4\times5.385\div142=1.2$ 工日/孔

(5)计算每孔的材料数量。

①M30 水泥砂浆:$\left(\frac{0.11}{2}\right)^2 \times 3.14 \times 8.8 \times 1.05 = 0.088\text{m}^3$

32.5 水泥:$0.731 \times 0.088 = 0.064$t

中(粗)砂:$0.95 \times 0.088 = 0.084\text{m}^3$

水:$1.6 \times 0.088 = 0.14\text{m}^3$

②钢绞线:$19.676 \div 142 \times 1.04 = 0.144$t

③加工钢材:$(0.296 + 0.077 + 0.232 + 0.129) \div 142 \times 1.06 = 0.006$t

④钢筋:$5.385 \div 142 \times 1.025 = 0.039$t

⑤$\phi$20 压浆软管:$4\,372 \div 142 \times 1.04 = 32$m

⑥$\phi$70 聚乙烯套管:$3\,081 \div 142 \times 1.06 = 23$m

⑦VSL6-4 锚具:$142 \div 142 \times 1.02 = 1.02$ 个

⑧C20 混凝土锚垫墩:$54.5 \div 142 = 0.384\text{m}^3$

锯材:$0.95 \div 1.01 \times 1.02 \times 0.384 \div 10 = 0.037\text{m}^3$

铁钉:$29 \div 1.01 \times 1.02 \times 0.384 \div 10 = 1.12$kg

32.5 水泥:$3.828 \div 1.01 \times 1.02 \times 0.384 \div 10 = 0.148$t

中(粗)砂:$4.85 \div 1.01 \times 1.02 \times 0.384 \div 10 = 0.188\text{m}^3$

2cm 碎石:$8.48 \div 1.01 \times 1.02 \times 0.384 \div 10 = 0.329\text{m}^3$

水:$16 \div 1.01 \times 1.02 \times 0.384 \div 10 = 0.62\text{m}^3$

其他材料费:$75.4 \div 1.01 \times 1.02 \times 0.384 \div 10 = 2.9$ 元

小型机具使用费:$14.3 \div 1.01 \times 1.02 \times 0.384 \div 10 = 0.6$ 元

(6)成果表:见表 6-6。

**补充定额名称:预应力锚索加固边坡(成果表)**　　表 6-6

工作内容:钻孔、编索、穿索、张拉、混凝土垫墩　　单位:10 孔

| 序号 | 项　目 | 单位 | 代号 | 预应力锚索 | 备　注 |
|---|---|---|---|---|---|
| 1 | 人工 | 工日 | 1 | 194 | (6.6 +2.2 +6.6 +2.8 +1.2) ×10 |
| 2 | 锯材 | $\text{m}^3$ | 11 | 0.37 | |
| 3 | Ⅱ级钢筋 | t | 17 | 0.39 | |
| 4 | 钢绞线 | t | 20 | 1.44 | |
| 5 | 加工钢材 | t | 50 | 0.06 | |
| 6 | 铁钉 | kg | 151 | 11.2 | |
| 7 | VSL6-4 锚具 | 个 | 新增 | 10.2 | |
| 8 | 32.5 水泥 | t | 242 | 2.12 | (0.148 +0.064) ×10 |
| 9 | 水 | $\text{m}^3$ | 268 | 8 | (0.62 +0.14) ×10 |
| 10 | 中(粗)砂 | $\text{m}^3$ | 286 | 2.72 | (0.188 +0.084) ×10 |
| 11 | 2cm 碎石 | $\text{m}^3$ | 320 | 3.29 | |
| 12 | $\phi$20 压浆软管 | m | 新增 | 320 | |
| 13 | $\phi$70 聚乙烯套管 | m | 新增 | 230 | |

续上表

| 序号 | 项　　目 | 单位 | 代号 | 预应力锚索 | 备　　注 |
| --- | --- | --- | --- | --- | --- |
| 14 | 其他材料费 | 元 | 391 | 29 | |
| 15 | MG-50钻机 | 台班 | 新增 | 23.1 | |
| 16 | 灰浆搅拌机 | 台班 | 575 | 6.6 | |
| 17 | 压浆机 | 台班 | 584 | 6.6 | |
| 18 | 预应力拉伸机 | 台班 | 627 | 4.3 | |
| 19 | $17m^3/min$ 空压机 | 台班 | 943 | 23.1 | |
| 20 | 小型机具使用费 | 元 | 998 | 6 | |
| 21 | 基价 | 元 | 999 | 省略 | |

## 思　考　题

1. 预算定额的含义是什么?
2. 预算定额的作用是什么?
3. 扼要叙述预算定额项目表的表现形式内容。
4. 预算定额的编制原则是什么?
5. 预算定额的编制依据是什么?
6. 由施工定额综合为预算定额的人工幅度差,包括哪些内容?
7. 由施工定额综合为预算定额的机械幅度差,包括哪些内容?
8. 扼要叙述预算定额的编制步骤。
9. 扼要叙述预算定额的编制方法。
10. 扼要叙述预算定额计量单位的重要性。
11. 扼要叙述预算定额中的天然密实方、压实方、实体、公路公里、公里、堆方、码方、实方(如料石)的含义。
12. 扼要叙述补充定额的编制依据。
13. 扼要叙述补充定额的编制步骤及注意事项。

# 第七章 公路工程概算定额

## 第一节 概算定额的作用

### 一、概算定额的概念

概算定额,是在预算定额的基础上确定完成合格的单位扩大分项工程或单位扩大结构构件所需要消耗的人工、材料和机械台班的数量标准,所以概算定额又被称做扩大结构定额。

概算定额是对预算定额的综合与扩大。它将概算定额中有联系的若干分项工程项目综合为一个概算定额项目。概算定额与预算定额的相同之处,在于它们都是以建筑物(构筑物)各个结构部分和分部分项工程为单位表示的,内容也包括人工、材料和机械台班使用量定额三个基本部分,并列项有基准价。概算定额表达的主要内容、表达的主要方式及基本使用方法都与预算定额相近。

概算定额与预算定额的不同之处,在于项目划分和综合扩大程度上的差异;同时,概算定额主要用于设计概算的编制。由于概算定额综合了分项工程的预算定额,因此使概算工程量计算和概算表的编制,都比编制施工图预算简化一些。

### 二、概算定额的作用

(1)概算定额是初步设计阶段编制建设项目概算和技术设计阶段编制修正概算的依据。

建设程序规定,采用两阶段设计时,其初步设计必须编制设计概算;采用三阶段设计时,其技术设计必须编制修正概算,对拟建项目进行总估价。

(2)概算定额是设计方案比较的依据。

所谓设计方案比较,目的是选择出技术先进可靠、经济合理的方案,在满足使用功能的条件下,达到降低造价和资源消耗。概算定额采用扩大综合后,可为设计方案的比较提供方便条件。

(3)概算定额是编制主要材料需要量的计算基础。

根据概算定额所列材料消耗指标,计算工程用料数量,可在施工图设计之前提出供应计划,为材料的采购、供应做好施工准备,提供前提条件。

(4)概算定额是编制建设项目投资估算指标的基础。

(5)在不具备施工图预算的情况下,概算定额还可以作为制定工程标底或投标控制价的基础。

(6)在实行建设项目投资包干时,其项目包干费通常也以概算定额为计算依据。

## 第二节　概算定额的编制原则和依据

### 一、概算定额的编制原则

概算定额是编制初步设计概算和技术设计修正概算的依据。初步设计概算或技术设计修正概算经批准后是控制建设项目投资的依据。因此,编制概算定额应遵循以下原则。

1.与设计深度相适应的原则

公路初步设计和技术设计的深度是根据交通运输部颁发的《公路工程基本建设项目设计文件编制办法》确定的,包括设计提供的工程量深度和设计要为建设项目计划提供人工、材料和机械台班数量的规定。初步设计或技术设计提供的工程量的深度,决定概算定额的项目划分和定额单位必须与之相配合;要满足提供工料机数量的要求,决定概算定额必须要能提供这方面的准确数值;与设计相适应还包括与公路建设发展相适应,即应及时将公路建设中采用的新技术、新工艺、新材料、新设备编入定额。

2.满足概算能控制工程造价的原则

要满足初步设计概算或技术设计修改概算能起到控制建设项目工程造价的作用,作为概算工程部分的计价依据的概算定额,就要在定额项目上能覆盖建设项目的全部工程。能控制工程造价的原则,还包括用概算定额为依据编制的概算,能做到控制预算的要求。因此,概算定额的编制,要注意取定的图纸、资料有一定代表性,所综合的工程项目不漏项,工程数量准确、合理,平衡、分析、确定水平时留有余地。

3.简明适用的原则

简明适用的原则是指定额的项目名称要与初步设计或技术设计所能提供的工程量名称相一致,定额项目的工程内容界定明确、清楚,方便使用。适用还包括尽量不留缺口要求,即定额不要留有许多不完备的内容,如注明遇到某种情况时另计,而又没有说明如何计算,给使用者带来不便。

4.贯彻国家政策、法规的原则

概算定额的编制,除在定额方面必须严格贯彻国家有关政策、法规外,对于工程造价控制方面,国家有关指导精神,如“打足投资,不留缺口”、“改进概算管理办法,解决超概算问题”、“工程造价实行动态管理”等措施要求亦应密切地贯彻到概算定额编制中去。

5.贯彻社会平均水平的原则

### 二、概算定额的编制依据

(1)国家的有关规定。编制概算定额与编制预算定额一样,必须依据国家关于基本建设的方针、政策和各项管理规定。对编制概算定额来说,还要依据国家关于宏观调控方面的管理制度和规定。

(2)技术标准和规范也与编制预算定额依据的标准、规范相同。

(3)设计、施工图纸。以交通运输部批准的标准图和设计图为主,没有标准设计图纸的定额项目,则可选择有代表性的设计图纸或施工详图。概算定额是在预算定额的基础上进行综合,因此还要收集施工组织设计资料,以掌握常规的施工办法,合理的施工工期,一些附属设施的配备。

(4)原交通部发布的现行《公路工程预算定额》。

(5)施工方法的选择。由于概算定额是在预算定额的基础上进行综合,因此在预算定额中选择了一种或几种施工方法,一般概算定额就只选择一种技术先进、常规的施工方法和施工设备以及合理的施工安排、工期,作为编制依据。

(6)编制期人工工资标准、机械台班费用、材料预算价格等。

## 第三节　概算定额的编制

### 一、概算定额的项目划分

概算定额只编列了初步设计或技术审计所能提供的主要工程项目,在主要工程项目中综合了初步设计或技术设计中难以提供的次要工程项目和施工现场设施,以避免漏项。但是考虑到概算要控制投资的要求,对某些定额项目适当加深,以提高计算的准确性。对这些在初步设计阶段或技术设计阶段一般难以提供工程量的项目,应尽可能的在章、节说明或附注中按常量列出,供编制概算时参考。

### 二、概算定额的子目划分和综合范围

#### (一)子目划分综合误差控制的规定

在建设项目中,工程量较大、对工程造价影响较大的定额项目,子目之间的基价综合误差控制在10%以内;在建设项目中,工程量不大、对工程造价影响较小的定额项目,子目之间的基价综合误差控制在15%～20%的范围内。考虑到材料、机械台班的价格变动较大,因此在子目划分时除了按基价综合误差控制外,还考虑了主要材料和主要机械台班消耗量的误差。

#### (二)由预算定额综合为概算定额的幅度差

由预算定额综合为概算定额的幅度差主要考虑以下因素:

(1)由于概算定额是以主要工程结构部位的工程量与次要结构部位的工程量按一定的比例关系综合编制的,在工程标准、工程量、施工方法等进行综合取定时,必然有一定的误差,为留有余地,需要考虑一定增加量。

(2)还有一些零星工程项目也难以一一计算,也需要适当增加一定幅度的差额。

由预算定额综合为《公路工程概算定额》(JTG/T B06-01—2007)的幅度差系数见表7-1。

幅度差系数表

表7-1

| 概算定额工程项目 | 幅度差 | |
|---|---|---|
| | 人工 | 机械 |
| 路基准备工作及土、石方 | 1.00 | 1.01 |
| 路基排水 | 1.01 | 1.01 |
| 路基防护 | 1.01 | 1.02 |
| 路基特殊路基处理 | 1.02 | 1.02 |
| 路面 | 1.03 | 1.02 |

续上表

| 概算定额工程项目 | 幅度差 | |
|---|---|---|
| | 人工 | 机械 |
| 隧道 | 1.02 | 1.02 |
| 涵洞 | 1.04 | 1.03 |
| 桥梁挖基 | 1.01 | 1.02 |
| 桥梁围堰 | 1.03 | 1.03 |
| 桥梁沉井 | 1.02 | 1.02 |
| 桥梁桩基础 | 1.01 | 1.01 |
| 桥梁承台混凝土 | 1.04 | 1.03 |
| 桥梁上、下部构造(钢筋、预应力、钢结构除外) | 1.05 | 1.03 |
| 桥梁上、下部构造钢筋、预应力、钢结构 | 1.02 | 1.02 |
| 小桥及涵洞扩大 | 1.03 | 1.03 |
| 安全设施 | 1.02 | 1.02 |
| 收费、监控、通信、供电、照明、管线、绿化 | 1.01 | 1.01 |
| 临时 | 1.04 | 1.03 |

## 三、概算定额的编制步骤

概算定额的编制,一般分为五个阶段,即准备工作阶段、收集资料阶段、编制概算定额阶段、报批阶段和整理资料立卷归档阶段。

1.准备工作阶段

准备工作阶段的主要任务如下。

(1)拟定编制工作大纲。编制工作大纲的主要内容包括:编制定额的目的和要求,编制的范围和内容,编制的原则,编制定额的依据,确定编制工作的步骤和方法,拟定编制工作的组织及领导。

(2)组织编制工作班子。概算定额是综合扩大定额,需根据图纸、资料结合目前及今后一段时间公路建设发展情况,以及编制工作人员的经验和阅历,来确定定额项目综合范围和施工方法,因此,确定编制人员十分重要。

2.收集资料阶段

概算定额资料收集分两类:一类是主要工程所综合的次要工程的含量,主要收集工程结构图纸,特别是施工详图;另一类是施工组织设计资料,包括施工场地布置、施工方法、施工设备的配置、施工进度安排等资料。

3.编制概算定额阶段

(1)制定各项统一规定。对收集到的资料必须通过分析、整理制定出统一规定,对定额编制工作的标准化、规范化、系统化有着必不可少的重要作用。这些统一规定主要包括如下内容。

①概算定额材料名称的综合、其他材料费包括的材料名称,小型机具使用费包括的机械名称。

②统一的计算表格。

③桥梁工程上部构造施工方法及现场设施取定表。包括各种桥型的桥长，平整场地面积，预制场施工设备配置的种类、数量、使用时间，构件运输机械的种类、运距，预制模板的类型，现浇混凝土设备的配置种类、数量及使用时间，安装设备的配置种类、数量及使用时间等。

(2)确定概算定额项目。根据初步设计或技术设计能提供工程量的深度及为准确计算造价而要求增加深度，一般按工程类别、结构类型、主要结构部位、大型施工设施（如围堰、拱盔支架、临时工程等）分项目。

(3)计算工程量，编制出定额成果。

①根据图纸和资料计算出主要工程及所含次要工程的工程量。

②根据子目划分的原则和综合误差划分子目。

③编制定额成果表（包括定额基价）。

(4)写出编制说明（包括各项数据的取定依据）。

(5)写出各章、节的使用说明和各项目的工程内容、工程量计算规则。

(6)整理各种表格，装订成册。

4.报批阶段

(1)测算定额水平，测算的方法一般有两种。一种是按工程类别的权重进行测算。工程类别的权重要通过对大量的工程项目统计确定。另一种是用新定额对若干典型工程重算其造价，再与原造价比较。比较的范围包括纵向比较和横向比较。纵向比较，即与原公路定额比较，包括种类工程水平、总水平。横向比较，即与其他部委的定额比较，同时还要与预算定额的水平比较。

(2)编制送审报告，报送送审稿。送审稿的内容包括定额编制概况、项目增减情况及对工程项目的覆盖面、定额水平等。

(3)根据审查意见修改、补充。

(4)编制报批报告，报送报批稿。报批稿的内容包括对审查意见的处理情况等。

5.整理资料，立卷归档阶段

定额编制过程中收集了大量资料，填写了大量计算表格，这些都要妥善整理和立档、成卷、保管，同时也要认真总结，编制总结报告。这一阶段的工作也是非常重要的。

## 四、概算定额的编制方法

(1)填写“定额编制说明书”，将确定的各项编制依据、编制方法、子目划分等填写好，主要是设计、施工图纸，施工方案，施工现场布置及施工现场设施安排，施工进度计划等。

(2)根据取定的各项依据和图纸、资料，在“工程量计算表”上计算各项目主要工程项目的工程量及所综合的次要工程项目的工程量，如桥梁工程应按不同荷载、跨径、净空、基础水深等分别计算出工程量，并列出所有工程项目所对应的预算定额表号及基价，为进行子目平衡做准备。

(3)确定概算定额各工程项目的计量单位。

计量单位包括计量的名称（如混凝土实体）和数量单位（如 $10m^3$）。

计量名称应取该定额中占造价比例最大的成分。如预制桥梁上部构造，则取构件为定额计量单位。

至于其数量单位要适中,要从对定额表中工料机数量的精确度、运用该定额时的工程量的精度以及占用定额表的篇幅综合考虑。

(4)在“概算定额子目划分平衡表”上划分子目。要按照综合误差率对各定额项目的基价进行综合平衡。超过最大误差率的,应划分子目。例如,桥梁下部构造是否按墩高划分子目,要通过子目平衡表计算分析才能决定。所以子目平衡表是编制定额的重要环节。

(5)填写“概算定额数据准备表”,包括各项目的工程内容,所综合的预算定额项目名称、项目名称的代号、工程量,交付电算。通过电算打印出概算定额成果表。成果表包括定额名称、单位、工程内容、工料机名称、代号及数量、定额基价等。

(6)写出各项定额编制说明(包括各项数据取定的依据)。写出各章、节的使用说明,包括工程量计算规则。

(7)整理各种表格,装订成册,编写目录。

## 第四节　概算定额的表现形式

概算是初步设计文件或技术设计文件的重要组成部分,为一些大的工程项目在确定技术方案时,提供经济比较的依据。正确、合理地使用概算定额,对确定工程造价、控制和节约建设投资、保证材料物资供应等方面有重要作用,因此必须明了概算定额的组成和表现形式,才能保证概算的编制质量。

### 一、概算定额的总说明及各章、节说明

1. 总说明的内容

(1)概算定额的适用范围及包括的内容。

(2)对各章、节都适用的统一规定。

(3)概算定额所采用的标准及抽换的统一规定。

(4)概算定额的材料名称在预算定额的基础上综合情况的说明,以及对应于预算定额材料名称的统一规定。

(5)概算定额中未包括的内容。

(6)概算定额中未包括的项目,须编制补充定额的规定。

2. 章、节说明

章、节的内容包括各章、节的内容,工程项目的统一规定,工程量的计算规则。

### 二、概算定额项目表

(1)工程项目名称及定额单位。

(2)工程项目包括的工程内容。

(3)完成定额单位工程的人工、单位、代号、数量,数量中包括预算定额综合为概算定额项目的人工幅度差。

(4)完成定额单位工程的材料名称、单位、代号、数量。其中,主要材料以定额消耗量或周转使用量表示,主要材料中数量很小的材料及次要材料以其他材料费表示,吊装等金属设备的折旧费以设备摊销费表示。在桥涵及隧道工程中,还包括预算定额综合为概算定额的材料幅

度差。

(5)完成定额单位工程的机械名称、单位、代号、数量。其中,主要机械以台班消耗数量表示,数量中包括预算定额综合为概算定额的机械幅度差。次要机械以小型机械使用费的形式表示。概算定额中还将机械的数量以费用的形式表示为机械使用费,以了解机械费占定额基价的比例。

(6)完成定额单位工程的定额基价。定额基价是人工费、材料费、机械使用费的合计价值,可作为各项目间技术经济比较的参考。有些定额项目下还列有在章、节说明中未包括的使用本概算定额项目的注解。

## 思 考 题

1. 概算定额的含义是什么?
2. 概算定额的作用是什么?
3. 概算定额的编制原则是什么?
4. 概算定额的编制依据是什么?
5. 概算定额的项目划分原则是什么?
6. 概算定额子目划分综合误差的控制有哪些规定?
7. 由预算定额综合为概算定额的幅度差,主要考虑哪些因素?
8. 扼要叙述概算定额的编制步骤。
9. 你认为在概算定额编制方法中比较重要的有哪些?

# 第八章　公路工程费用定额

公路工程费用定额是在编制公路工程造价时，除人工、材料、机械消耗以外的其他费用的计算依据。费用定额包括《公路基本建设工程投资估算编制办法》和《公路工程基本建设项目概算预算编制办法》中规定的费用指标和一系列费用的取费率。

## 第一节　费用定额的作用

公路工程费用定额是公路工程计价依据的重要组成部分。与估算指标、概预算定额配套使用，科学确定公路工程的投资估算、设计概算和施工图预算。具体作用如下：

(1)费用定额是编制公路基本建设项目建议书、可行性研究报告投资估算的重要依据。

(2)费用定额是编制公路基本建设项目初步设计概算(或技术设计修正概算)和施工图预算的重要依据。

(3)对施工招投标的工程，费用定额是编制工程标底或投标控制价的重要依据。

(4)费用定额是施工企业加强经营管理、提高效益、降低成本、促进企业经营体制的改变的重要依据。

## 第二节　费用定额的编制原则与依据

### 一、费用定额的编制原则

编制费用定额应基于我国社会与经济发展的实际情况，结合工程建设的技术经济特点，充分考虑各项费用消耗的真实水平，体现有利于合理确定和有效控制公路工程投资、有利于规范公路工程建设市场、有利于公路工程造价管理水平和工程造价编制质量的提高。具体的编制原则如下：

(1)与国家有关法律、法规和技术经济政策相一致。

(2)科学反映建筑安装工程费用性质和内容，定额水平合理，创造公平竞争的市场环境。

(3)结合和参照先进的财务制度和国际惯例，适应社会主义市场经济体制发展的需要。

(4)体现公路工程建设和管理的特点，促进公路工程建设管理水平的持续提高。

(5)费用项目内容明确，界定清楚，简明适用。

### 二、费用定额的编制依据

费用定额的编制依据主要为国家对公路工程基本建设管理的有关方针政策、法律法规及规章制度。自1985年，随着改革开放的不断深入和为逐步建立社会主义市场经济体制的需要，国家不断颁发或修改了工程建设管理方面的文件，其中有关公路工程概预算及费用定额方面的文件主要有：

(1)原国家计委、原中国人民建设银行计标(1985)352号文"关于印发《关于改进工程建设概预算定额管理工作的若干规定》等三个文件的通知"。

(2)原国家计委计标(1986)1313号文《关于建筑安装工程间接费定额制订修订工作的几点意见》的通知。

(3)原建设部、原中国人民建设银行建标(1993)894号文"关于印发《关于调整建筑安装工程费用项目组成的若干规定》的通知"。

(4)财政部《基本建设财务管理规定》(财建〔2002〕394号)。

(5)原建设部、财政部关于印发《建筑安装工程费用项目组成》的通知(建标〔2003〕206号)。

另外,公路基本建设工程概预算编制办法制订或修订的工作大纲、相关调研资料和反馈意见等也是制订费用定额的重要依据。

工作大纲一般包括以下内容：

(1)制订或修订工作的指导思想和基本原则。

(2)制订或修订工作的重点部分。

(3)有关费用的组成及项目划分。

(4)各项费率的取定。

(5)需要调研和解决的某些问题。

(6)修订工作的组织领导和工作进度安排。

(7)有关的附件部分,包括新的概预算费用组成及项目划分和有关费用定额所需的调查表格等。

相关调研资料主要针对全国公路建设相关企业的有关费用支出的实际情况,内容主要包括：

(1)企业的基本情况；

(2)企业费用收支情况,即管理费和其他费用收支情况；

(3)生产工人人工费情况；

(4)临时设施搭设数量和费用支出情况；

(5)劳动保护用品配备情况；

(6)属于施工管理费内的固定资产配备情况；

(7)其他方面的有关情况等。

## 第三节　编制办法的主要内容

《公路工程基本建设项目概算预算编制办法》(JTG B06—2007)的主要内容：

**第一章　总则**

主要阐述"办法"的适用范围以及概预算在公路基本建设项目中的地位、作用和如何编好概预算的一些要注意的共性问题及要求。

**第二章　概、预算编制方法**

第一节　概预算编制依据

第二节　概预算文件组成
第三节　概预算项目
第四节　概预算费用组成
**第三章　概、预算费用标准和计算方法**
第一节　建筑安装工程费
第二节　设备、工具、器具及家具购置费
第三节　工程建设其他费用
第四节　预备费
第五节　回收金额
第六节　公路工程建设各项费用的计算程序及计算方式
附录一　公路交工前养护费指标
附录二　绿化补助费指标
附录三　冬雨季及夜间施工增工百分率、临时设施用工指标
附录四　概、预算项目表
附录五　封面、目录及概(预)算表格样式
附录六　设备与材料的划分标准
附录七　全国冬季施工气温计划分表
附录八　全国雨季施工雨量区及雨季期划分表
附录九　全国风沙地区公路施工区划表

## 第四节　编制办法的项目划分

### 一、概、预算项目

《公路工程基本建设项目概算预算编制办法》(JTG B06—2007)中项目表分为项、目、节、细目四个层次,概预算项目应按项目表的序列及内容编制。根据基本建设项目费用划分的要求和《公路工程基本建设项目设计文件编制办法》的有关规定,以及《公路工程标准施工招标文件》中工程量清单的章节细目编排,对公路工程概、预算项目进行划分。

该编制办法中概预算项目主要包括以下内容:

第一部分　建筑安装工程费
第一项　临时工程
第二项　路基工程
第三项　路面工程
第四项　桥梁涵洞工程
第五项　交叉工程
第六项　隧道工程
第七项　公路设施及预埋管线工程
第八项　绿化及环境保护工程
第九项　管理、养护及服务房屋

第二部分　设备及工具、器具购置费

第三部分　工程建设其他费用

预备费

项目表的详细内容见该编制办法附录四。

## 二、概、预算费用组成

现行公路基本建设工程费用项目的划分，主要是按照原建设部、财政部关于印发《建筑安装工程费用项目组成》的通知（建标〔2003〕206号），财政部《基本建设财务管理规定》（财建〔2002〕394号），原建设部、原中国人民建设银行（1993）建标字第894号关于印发《关于调整建筑安装工程费用项目组成的若干规定》的通知和原国家计委、原中国人民建设银行计标（1985）352号文《关于工程建设其他费用项目划分暂行规定》的规定，结合公路行业的具体情况而确定的。

公路基本建设工程费用组成见图8-1。

1. 第一部分　建筑安装工程费

建筑安装工程费用包括直接费、间接费、利润及税金。

1）直接费

由直接工程费和其他直接费组成。

（1）直接工程费是指施工过程中耗费的构成工程实体和有助于工程形成的各项费用，包括人工费、材料费、施工机械使用费；

（2）其他直接费是指直接工程费以外施工过程中发生的直接用于工程的费用，包括冬季施工增加费、雨季施工增加费、夜间施工增加费、特殊地区施工增加费、行车干扰工程施工增加费、安全及文明施工措施费、临时设施费、施工辅助费、工地转移费。

2）间接费

间接费由规费和企业管理费组成。

（1）规费是指法律、法规、规章、规程规定施工企业必须缴纳的费用，包括养老保险费、失业保险费、医疗保险费、住房公积金、工伤保险费。

（2）企业管理费由基本费用、主副食运费补贴、职工探亲路费、职工取暖补贴和财务费用组成。

3）利润

利润是指施工企业完成所承包工程应取得的盈利。

4）税金

税金是指国家税法规定应计入建筑安装工程造价内的营业税、城市维护建设税和教育费附加等。

2. 第二部分　设备、工具、器具及家具购置费

1）设备购置费

设备购置费系指为满足公路的营运、管理、养护需要购置的达到固定资产标准的设备和虽低于固定资产标准但属于设计明确列入设备清单的设备的费用，包括渡口设备，隧道照明、消防、通风的动力设备，高等级公路的收费、监控、通信、供电设备，养护用的机械、设备和工具、器具等的购置费用。

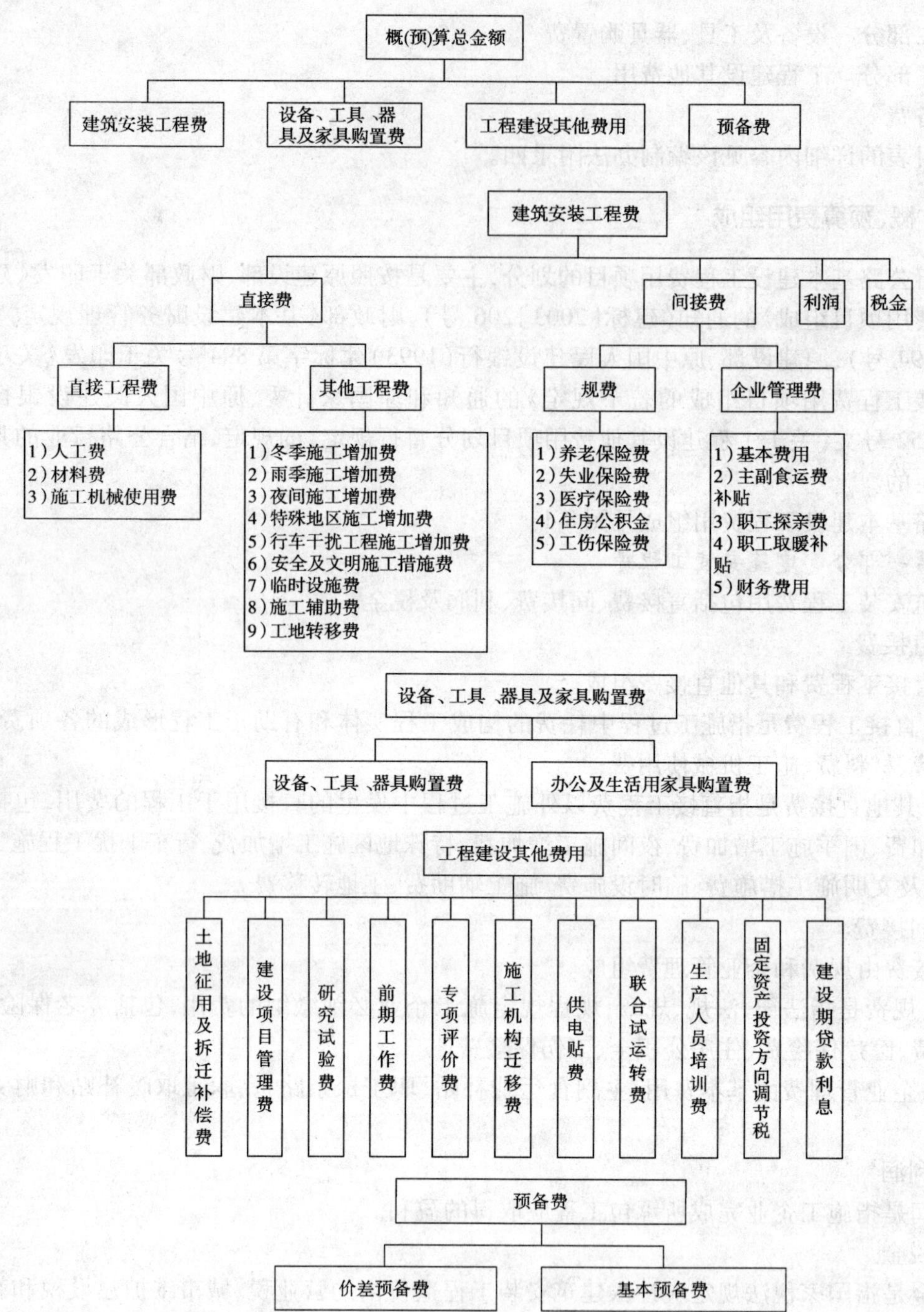


图 8-1 公路基本建设工程费用组成

2)工器具及生产家具购置费

工器具及生产家具购置费系指建设项目交付使用后,为满足初期正常营运必须购置的第一套不构成固定资产的设备、仪器、仪表、工卡模具、器具、工作台等的费用。

3)办公和生活用家具购置费

办公和生活用家具购置费是指为保证新建、改建项目初期正常生产、使用和管理所必须购置的办公和生活用家具、用具的费用。其范围包括:行政、生产部门的办公室、会议室、资料档案室、阅览室、单身宿舍及生活福利设施等的家具、用具。

3. 第三部分　工程建设其他费用

工程建设其他费用是除建筑安装工程费用和设备、工器具及家具购置费以外的一些费用。它根据有关规定应在基本建设投资中支付,并列入公路建设项目总投资金额内。

费用项目包括:

1)土地征用及拆迁补偿费

土地征用及拆迁补偿费是指按照国家有关法律法规的规定,为进行公路建设需征用土地所支付的土地征用及拆迁补偿等费用。

2)建设项目管理费

现行编制办法规定:建设单位管理费除本身费用外,工程质量监督费、工程监理费,定额编制管理费、设计文件审查费和竣(交)工验收试验检测费也在本项单独计算。

3)研究试验费

研究试验费系指为本建设项目提供或验证设计数据、资料进行必要的研究试验和按照设计规定在施工过程中必须进行试验、验证所需的费用,以及支付科技成果、先进技术的一次性技术转让费。

4)建设项目前期工作费

建设项目前期工作费系指委托勘察设计、咨询单位对建设项目进行可行性研究、工程勘察设计,以及设计、监理、施工招标文件及招标标底或造价控制值文件编制时,按规定应支付的费用。

5)专项评价(估)费

专项评价(估)费系指国家法律、法规规定须进行评价、咨询、按规定应支付的费用。

6)施工机构迁移费

施工机构迁移费系指施工机构根据建设任务的需要,经有关部门决定成建制地由原驻地迁移到另一地区所发生的一次性搬迁费用。

7)供电贴费

供电贴费是指按照国家规定,建设项目应支付的供电工程贴费和施工临时用电贴费。按国家有关规定,目前已停止征收该项费用。

8)联合试运转费

联合试运转费系指新建、改(扩)建工程项目,在竣工验收前按照设计规定的工程质量标准,进行动(静)载荷试验所需的费用,或进行整套设备带负荷联合试运转期间所需的全部费用抵扣试车期间收入的差额。

9)生产人员培训费

生产人员培训费系指新建、改(扩)建公路工程项目,为保证生产的正常运行,在工程竣工验收交付使用前对运营部门生产人员和管理人员进行培训所需的费用。

10)固定资产投资方向调节税

固定资产投资方向调节税系指依照《中华人民共和国固定资产投资方向调节税暂行条例》规定,应缴纳的固定资产投资方向调节税。按国家有关规定,目前已停止征收该项费用。

11)建设期贷款利息

建设期贷款利息系指建设项目中分年度使用国内贷款或国外贷款部分,在建设期内应归还的贷款利息。

4.预备费

预留费用由价差预备费和基本预备费两部分组成。

1)价差预备费

价差预备费系指设计文件编制年至工程竣工年期间,第一部分费用的人工费、材料费、机械使用费、其他工程费、间接费等以及第二、三部分费用,由于政策、价格变化可能发生上浮而预留的费用及外资贷款汇率变动部分的费用。

2)基本预备费

基本预备费系指在初步设计和概算中难以预料的工程和费用。

## 第五节　公路工程概预算基本计算程序

公路工程建设各项费用的计算程序见表8-1。

公路工程建设各项费用计算程序及方法　　表8-1

| 代号 | 项　目 | 说明及计算式 |
|---|---|---|
| (一) | 直接工程费(即工、料、机费) | 按编制年工程所在地的预算价格计算 |
| (二) | 其他直接费 | (一)×其他直接费综合费率,或各类工程人工费和机械费之和×其他直接费综合费率 |
| (三) | 直接费 | (一)+(二) |
| (四) | 间接费 | 各类工程人工费×规费综合费率+(三)×企业管理费综合费率 |
| (五) | 利润 | [(三)+(四)-规费]×利润率 |
| (六) | 税金 | [(三)+(四)+(五)]×综合税率 |
| (七) | 建筑安装工程费 | (三)+(四)+(五)+(六) |
| (八) | 设备、工具、器具购置费 | Σ(设备、工具、器具购置数量×单价+运杂费)×(1+采购保管费率) |
| | 办公和生活用家具购置费 | 按有关规定计算 |
| (九) | 工程建设其他费用 | |
| | 土地征用及拆迁补偿费 | 按有关规定计算 |
| | 建设单位管理费 | (七)×费率 |
| | 工程质量监督费 | (七)×费率 |
| | 工程监理费 | (七)×费率 |
| | 工程定额测定费 | (七)×费率 |
| | 设计文件审查费 | (七)×费率 |
| | 竣(交)工验收试验检测费 | 按有关规定计算 |
| | 研究试验费 | 按批准的计划编制 |
| | 前期工作费 | 按有关规定计算 |
| | 专项评价费 | 按有关规定计算 |

续上表

| 代号 | 项　　目 | 说明及计算式 |
| --- | --- | --- |
| （九） | 施工机构迁移费 | 按实计算 |
| | 供电贴费 | 按有关规定计算 |
| | 联合试运转费 | （七）×费率 |
| | 生产人员培训费 | 按有关规定计算 |
| | 固定资产投资方向调节税 | 按有关规定计算 |
| | 建设期贷款利息 | 按实际贷款数及利率计算 |
| （十） | 预备费 | |
| | 价差预备费 | 按规定的公式计算 |
| | 基本预备费 | [（七）+（八）+（九）-固定资产投资方向调节税-建设期贷款利息]×费率 |
| | 预备费中施工图预算包干系数 | [（三）+（四）]×费率 |
| （十一） | 建设项目总费用 | （七）+（八）+（九）+（十） |

## 思 考 题

1. 费用定额的含义是什么？
2. 费用定额的作用主要有哪些？
3. 公路工程的“其他工程费”包括哪些？一般是如何计算的？
4. 间接费的含义是什么？它有哪些特点？
5. 公路工程“工程建设其他费用”包括哪些内容？
6. 制定费用定额的原则是什么？

# 参 考 文 献

[1] 交通部公路工程定额站 .公路工程定额编制与管理:全国公路工程造价人员资格考试培训教材.北京:人民交通出版社,2007.

[2] 全国造价工程师执业资格考试培训教材编审员会.工程造价计价与控制.北京:中国计划出版社,2009.

[3] 李立寒.道路工程材料.5版.北京:人民交通出版社,2010.

[4] 王首绪,杨玉胜,周学林,等.公路施工组织及概预算.3版.北京:人民交通出版社,2007.

[5] 李自光.公路施工机械.北京:人民交通出版社,2008 .

[6] 交通公路工程定额站.JTG B06—2007 公路工程基本建设项目概算预算编制办法.北京:人民交通出版社,2007.

[7] 交通公路工程定额站.公路工程施工定额.北京:人民交通出版社,2009.

[8] 交通公路工程定额站.JTG/T B06-02—2007 公路工程预算定额.北京:人民交通出版社,2008.

[9] 交通公路工程定额站.JTG/T B06-01—2007 公路工程概算定额.北京:人民交通出版社,2008.

[10] 交通公路工程定额站.JTG/T B06-03—2007 公路工程机械台班费用定额.北京:人民交通出版社,2008.

[11] 国家发展与改革委员会等九部委.标准施工招标文件.北京:中国计划出版社,2007.

[12] 中华人民共和国交通运输部.公路工程标准施工招标文件.北京:人民交通出版社,2009.

[13] 蔡文元.基本建设财务会计实例解.北京:中国农业出版社,2002.

[14] 曹小琳.建筑工程定额原理与概预算.北京:中国建筑工业出版社,2008.

[15] 黄文杰.建设工程招标实务.北京:中国计划出版社,2002.

[16] 罗鼎林.国内外建设工程造价的确定与控制.北京:化学工业出版社,1997.